HEIMATBLÄTTER
des Rhein-Sieg-Kreises

80. Jahrgang 2012

Inhaltsverzeichnis

ANDREA KORTE-BÖGER 6
Die Glöckchenpredigt

CLAUDIA MARIA ARNDT/CLAUDIA HESS 14
Die Familie Linder und ihre Hotels und Gasthäuser in Siegburg

JOHANN PAUL 40
Die Belastung der Umwelt durch die frühere Zellwollfabrik in Siegburg

ELISABETH KNAUER ROMANI 68
Spielwiese, Festhof und „Botanik im Freien" –
Der Schulgarten des Siegburger Mädchengymnasiums

DIETMAR PERTZ 90
Vom Zufluchtsort vor den Nazis zum Kommunisitischen Müttererholungsheim

GERHARD DÜSTERHAUS 108
Maria Commessmann geb. Van de Sandt

SEBASTIAN LAUFF 116
Die Siedlung „Am Trerichsweiher"

HELMUT FISCHER 138
Kartengrüße an Sonntags –Private schriftliche Kommunikation
am Beginn des 20. Jahrhunderts

HELMUT BENZ 164
Genealogische Skizzen zur Geschichte der Familie (von) Ley zu Honsbach

ANDREA KORTE-BÖGER 186
Bericht aus dem Vereinsleben 2011

VOLKER FUCHS 190
Ortsliteratur Rhein-Sieg-Kreis 2011

BUCHVORSTELLUNG 202
Rolf Krieger – Erinnerungen an meine Arbeit für Siegburg
auch meine „Viel liebe Stadt"

Heimatblätter des Rhein-Sieg-Kreises

80. Jahrgang 2012

Im Auftrag des Vorstandes
herausgegeben von
Helmut Fischer, Wolfgang Herborn,
Andrea Korte-Böger

Rheinlandia Verlag

UMSCHLAGBILD
Manfred Saul, Lesendes Mädchen 1962

MITARBEITER

Dr. Claudia Maria Arndt, Archiv des Rhein-Sieg-Kreises, Kreisverwaltung, 53721 Siegburg
Hartmut Benz, Kreuzstr. 24, 53809 Rupichteroth
Dr. Gerhard Düsterhaus, Steinschönauer Str. 1, 53359 Rheinbach
Prof. Dr. Helmut Fischer, Attenberg 53, 53773 Hennef-Stadt Blankenberg
Volker Fuchs, Archiv des Rhein-Sieg-Kreises, Kreisverwaltung, 53721 Siegburg
Priv. Doz. Dr. Ralf Forsbach, Alte Poststr. 27, 53721 Siegburg
Claudia Hess, Archiv des Rhein-Sieg-Kreises, Kreisverwaltung, 53721 Siegburg
Dr. Elisabeth Knauer-Romani, Gymnasium Alleestr., 53721 Siegburg
Dr. Andrea Korte-Böger, Stadtarchiv Siegburg, Rathaus, 53721 Siegburg
Dipl.-Ing. Sebastian Lauff, Laacher See Str. 19, 53844 Troisdorf
Dr. Johann Paul, Brühlfeld 2d, 57548 Kirchen/Sieg
Dietmar Pertz, Stadtarchiv Rheinbach, Polligstr. 1, 53359 Rheinbach

SCHRIFTLEITUNG
Prof. Dr. Helmut Fischer, Dr. Wolfgang Herborn, Dr. Andrea Korte-Böger
Für den Inhalt, die sprachliche Form der Beiträge sowie die Wahl der Rechtschreibung
sind die Autoren verantwortlich.
Anschrift des Herausgebers und der Redaktion: Geschichts- und Altertumsverein für Siegburg
und den Rhein-Sieg-Kreis, Stadtarchiv, Rathaus, 53721 Siegburg
Redaktionelle Bearbeitung: Dr. Andrea Korte-Böger, Stadtarchiv Siegburg, Rathaus, 53721 Siegburg
www.gav-siegburg.de

VERLAG
© Rheinlandia Verlag Klaus Walterscheid, Siegburg 2012
www.rheinlandia.de
e-mail: k.walterscheid@rheinlandia.de

ISBN
978-3-938535-94-3

Internet
www.gav-siegburg.de · e-mail: gav@siegburg.de

Andrea Korte-Böger

DIE GLÖCKCHENPREDIGT

PROF. DR. STEFAN ANDREAE ZUM GEDENKEN

Der Tod des beliebten „Subsidiarius expositus" in Seligenthal, Prof. Dr. Stefan Andreae am 29. Januar 2011, veranlasste seine Witwe Lea Andreae, sich um eine Veröffentlichung der „Glöckchenpredigt" zu bemühen, die Prof. Andreae im August 1989 anlässlich der Weihe der neuen, nach einem Diebstahl gestifteten Glocke für die Rochuskapelle in Seligenthal dort hielt. Die Veröffentlichung einer Predigt von Prof. Andreae hat gute Tradition in den Heimatblättern, da seine Predigt anlässlich des Hahnenfestes in Seligenthal in den Heimatblättern 1989[1] zum Druck kam. Da lag es nahe, auch diese, zu einem besonderen Anlass in Seligenthal gehaltene Predigt, in unserer Zeitschrift zu veröffentlichen. Seine übrigen, fast berühmt gewordenen „Seligenthaler Predigten" veröffentlichte Prof. Andreae 1991 im Eigenverlag[2].

Werner Buhrow stellte den Kontakt her und so mag der folgende Predigttext als Erinnerung und Nachruf in einem dienen. Im Anhang folgen Vita und Schriftenverzeichnis.

Ansprache anlässlich der Einweihe des neuen, von einem Mitglied der Gemeinde gestifteten Glöckchens für die Rochus-Kapelle am 12. August 1989

„Vivos voco. Mortuos plango. Fulgura frango."
„Ich rufe die Lebenden. Ich beweine die Toten. Ich wehre den Blitzen."

Die Glöckchenpredigt - Prof. Dr. Stefan Andreae zum Gedenken

Sie wissen, wovon ich rede. Ich spreche von der Glocke. Mit der Einweihung einer solchen Glocke wollen wir heute unser „Hahnenfest" einläuten. Lassen Sie mich deshalb einiges Wenige zu Sinn und Bedeutung dieser und aller Glocken sagen.

„Vivos voco" – „Ich rufe die Lebenden„ Wenn das Glöckchen der Rochus-Kapelle heute Abend zum ersten Mal läutet, wozu ruft es uns? Und wenn die Glocken der Kirche in dieses Läuten einstimmen, wozu rufen sie uns? Ich möchte darauf mit dem Worten eines Dichters antworten: „So laß uns denn mit Fleiß betrachten, / Was durch die schwache Kraft entspringt. / Den schlechten Mann muß man verachten, / Der nie bedacht, was er vollbringt. / Das ist's ja, was den Menschen ziere, / Und dazu ward ihm der Verstand, / Daß er im innern Herzen spüre, / Was er erschafft mit seiner Hand."

Schon mehrmals ist die kleine Rochus-Kapelle in Seligenthal an der Seligenthaler Straße von Kirchenfrevlern heimgesucht worden.   Das leere Glockentürmchen der Rochus-Kapelle in Seligenthal

Von der Rochus-Kapelle die alte Glocke gestohlen
Für Wiederbeschaffung sind 1000 Mark Belohnung ausgesetzt

dü Siegburg. Durch Zufall wurde am Donnerstag vergangener Woche entdeckt, daß in dem Türmchen auf dem Dach der kleinen Rochus-Kapelle in Seligenthal die über 200 Jahre alte Glocke fehlt. Wann der Diebstahl begangen wurde, war nicht zu ermitteln.
Entdeckt wurde die Tat von einem 78jährigen Hobbygärtner, der die Anlagen rund um die etwa hundert Meter entfernt gelegene Seligenthaler St.-Antonius-Kirche pflegt. Im Vorübergehen war ihm zunächst nur aufgefallen, daß auf dem Dach des Kapelchens an der Seligenthaler Straße mehrere Pfannen ausgehoben worden waren und etwa zwei Meter entfernt auf einem Abhang lagen. Erst bei genauerem Hinsehen erkannte der Rentner, daß in dem Dachreiter die etwa 15 Kilogramm schwere Bronzeglocke aus dem 18. Jahrhundert fehlte. „Da habe ich sofort den Professor angerufen", berichtete er der „Rundschau".
Der Professor, das ist Dr. Stefan Andreae (56) aus Beuel, Hochschullehrer an der Katholischen Theologischen Universität der Universität Bonn, der sonntags in der Antoniuskirche die Messe liest. Dr. Andreae verständigte die Siegburger Kriminalpolizei.
Bei der Untersuchung des Tatortes stellte sich heraus, daß die Täter die Pfannen angehoben hatten, weil sie auf dem steilen Schrägdach sonst keinen Halt gefunden hätten. So aber konnten sie über die Dachlatten wie auf einer Leiter hinaufklettern und die Glocke abmontieren. Da sich in unmittelbarer Nähe der Rochus-Kapelle keine Häuser befinden, wurden die Diebe von niemand bemerkt. Für die Wiederbeschaffung der wertvollen Glocke hat die katholische Kirchengemeinde Liebfrauen Siegburg-Kaldauen, zu der die Expositur-Kirche unterhalb der Wahnbachtalsperre gehört, eine Belohnung von 1000 DM ausgesetzt.
Die Rochus-Kapelle wurde, wie aus der Jahreszahl über der Eingangstür hervorgeht, 1709 gebaut. Vor zwei Jahren renovierte die Dorfgemeinschaft Seligenthal das Kapellchen mit viel Mühe. Wenig später wurde aus einer Nische oberhalb der Eingangstür die kleine Statue des Heiligen Rochus gestohlen. Sie ist bis heute nicht wieder aufgetaucht.
Einmal im Jahr, zum Geburtstag des Namenspatrons, findet eine Wallfahrt zu der Kapelle statt. Außerdem ist es üblich, daß die Toten des Dorfes vor der Beerdigung auf dem Seligenthaler Friedhof in der kleinen Kapelle aufgebahrt werden.
Hinweise, die zur Ergreifung der Täter und zur Wiederbeschaffung der Glocke führen, an die Kriminalpolizei Siegburg, Ruf (0 22 41) 54 11.

Rhein-Sieg-Rundschau
09.12.1987

Die Rochuskapelle im Winter, 2010

„So laßt uns denn mit Fleiß betrachten / Was durch die schwache Kraft entspringt." Am morgigen Tag feiern wir nicht nur das Aufsetzen des Hahnes auf den Kirchturm, wir feiern auch den endgültigen Abschluß der Renovierung unserer Kirche. Auf dieses große Werk schauen wir also zurück. Es ist

Die Glöckchenpredigt - Prof. Dr. Stefan Andreae zum Gedenken

Das Aufsetzen des Kirchturmhahns, August 1989

wirklich schwachen Kräften entsprungen. Wenn nicht Alle mitgewirkt hätten, wäre es trotz großzügigster Unterstützung durch das Erzbistum und andere Stellen nicht gelungen. Darauf dürfen wir stolz sein. Der Dichter fordert uns geradezu dazu auf: „Den schlechten Mann muß man verachten / Der nie bedacht, was er vollbringt." Das, was wir mit fremder und eigener Hilfe geleistet haben, wollen wir nicht vergessen. Deshalb dieses Fest.

„Das ist's ja, was den Menschen zieret / Und dazu ward ihm der Verstand / Daß er im innern Herzen spüren / was er erschafft mit seiner Hand." Verstehen, woran das Herz hängt und es im Gedächtnis bewahren, gilt auch für das Werk, das hinter uns liegt. Es hat uns unsere Kirche in neuem Glanze wiedergegeben, das Haus Gottes unter den Menschen. In dieses Haus rufen uns die Glocken.

„Vivos voco" – „Ich rufe die Lebenden." - „Mortuos plango" – „Ich beweine die Toten." Lassen Sie mich auch dies mit den Worten des Dichters zum Ausdruck bringen: „Dem dunkln Schoß der heiligen Erde, / Vertrauen wir der Hände Tat, / Vertraut der Sämann seine Saat / Und hofft, daß sie entkeimen werde / Zum Segen, nach des Himmels Rat. / Noch köstlicheren Samen bergen, / Wir trauernd in der Erde Schoß / Und hoffen, daß er aus den Särgen / Erblühen soll zu schönem Los."

Bei diesen Versen werden Sie erkannt haben, von welchem Dichter ich rede und welches Gedicht ich zitiere. Es ist „Das Lied von der Glocke" von Friedrich Schiller. Er selbst hat diesem Gedicht das Motto gegeben: „Vivos voco. Mortuos plango. Fulgura frango."

Zur Erläuterung des „Vivos voco" hat er auf den Verstand und das Herz des Menschen verwiesen. Bei der Deutung aber des „Mortuos plango" bedient er sich der Bilder des in die Erde erfolgenden Glockengusses und der in die Erde gesenkten Saat, um der christlichen Hoffnung auf Auferstehung Ausdruck zu geben.

St. Antonius, Sommer 2012

Die Glöckchenpredigt - Prof. Dr. Stefan Andreae zum Gedenken

Bild vom Guss der Abteiglocken, Gescher 2006

Grabstein, wieder aufgestellt an der ehemaligen Klostermauer, Foto 2011

„Dem dunkln Schoß der heiligen Erde / Vertrauen wir der Hände Tat." Damit ist nichts anderes als der Glockenguß gemeint, der auch heute noch in die in der Erde fest gemauerte Form aus gebranntem Lehm erfolgt.

„Vertraut der Sämann seine Saat / Und hofft, daß sie entkeimen werde / Zum Segen, nach des Himmels Rat„ wird das Bild weitergesponnen. Dann aber heißt es: „Noch köstlicheren Samen bergen / Wir trauernd in der Erde Schoß / Und hoffen, daß er aus den Särgen / Erblühen soll zu schönem Los."

Ein gelungener Glockenguß ist immer ein kleines Wunder. Das Aufgehen des Samenkornes zur Pflanze ein noch größeres. Das größte aber aller Wunder ist die Auferstehung der Toten. Sie können wir nur im Glauben erfassen.

Die Glocke ruft nicht nur die Lebenden, sie beweint auch die Toten. Sie mahnt uns, ihrer nicht zu vergessen in der festen Hoffnung auf ein Wiedersehen. „Mortuos plango". – „Ich beweine die Toten."

„Fulgura frango." – „Ich wehre den Blitzen." Es ist alter Volksglaube, daß man durch Läuten die Gewitter vertreiben kann. Darauf spielt das Wort an. Wenn wir diesen Glauben auch nicht mehr teilen, eines empfinden wir auch heute noch als selbstverständlich, daß eine Glocke nicht zum Krieg, sondern zum Frieden ruft. Dies meint auch der Dichter: „Holder Friede / Süße Eintracht / Weilet, weilet / Freundlich über dieser Stadt." Gemeint ist die Stadt, für die die Glocke gegossen wurde.

Die Glöckchenpredigt - Prof. Dr. Stefan Andreae zum Gedenken

Prof. Dr. Stefan Andreae anlässlich seiner Amtseinführung in Seligenthal, das Foto trägt auf der Rückseite die Aufschrift: „Ich sei, gewährt mir die Bitte, in Eurem Bunde der Dritte."

Sie beweinen die Toten, daß wir ihrer nicht vergessen.
Sie wehren den Blitzen, daß Friede herrsche auf Erden.

Lassen Sie mich deshalb mit den Worten schließen, die der Dichter dem Meister nach gelungenem Glockenguß in den Mund legt: „Herein! Herein! / Gesellen alle, schließt die Reihen / Daß wir die Glocke taufend weihen! / Concordia soll ihr Name sein. / Zur Eintracht, zu herzinnigem Vereine / Versammle sie die liebende Gemeinde!"
Amen

Rochuswallfahrt 2012

„Möge nie der Tag erscheinen / Wo des rauhen Krieges Horden / Dieses stille Tal durchtoben" – heißt es weiter, ein Wunsch, den wir uns wie selbstverständlich zu eigen machen können.

„Wo der Himmel / Den des Abends sanfte Röte / Lieblich mahnt / von der Dörfer, von der Stätte / Wildem Brande schrecklich strahlt!" Vielen von Ihnen werden diese Bilder eines vom Brande erhellten Himmels noch in Erinnerung sein. Wenn wir heute das Glöckchen von der Rochus-Kapelle zum ersten Mal läuten hören, wollen wir ein Gebet zum Himmel schicken, daß solche Zeiten nie wiederkehren. „Fulgura frango." – „Ich wehre den Blitzen."

Das ist also der Sinn der Glocke, die wir heute Abend einweihen und der Sinn aller Glocken: Sie rufen die Lebenden zum Dienste Gottes.

Lebenslauf

*1931, 22.	August Geburt in Graz
1951 – 1960	Studium an der Päpstlichen Universität Gregoriana in Rom Philosophie und Theologie, Promotion zum Doktor der Theologie
1957	Priesterweihe
1960, Juli – 1963 Oktober	Kaplan in St. Pankratius, Emsdetten
1963, Nov. – 1964, Dez.	Spiritual am Collegium Luidgerianum, Münster
1965, Jan. – 1966, Dez.	Krankenhausseelsorger an der Clemens-August-Klinik, Neunkirchen i.O., Fachklinik für Psychiatrie u.a.
1967, ab	Vorbereitung zur Habilitation als Stipendiat der Deutschen Forschungsgemeinschaft
1969	Besuch des Pastoralpsychologischen Kurses, Universität Innsbruck
1969	Assistent am Pastoralpsychologischen Institut, Universität Würzburg
1970	Habilitation im Thema: Pastoralpsychologische Aspekte der Lehre Sigmund Freuds von der Sublimierung des Sexualität
1970 – 1972	Forschungsstipendium der Deutschen Forschungsgemeinschaft an der Universitätsnervenklinik Bonn
1972	Habilitation an der Katholischen Fakultät, Universität Bonn
1972	Ernennung durch Kardinal Joseph Höffner zum Leiter des neuerrichteten Pastoralpsychologischen Beratungsdienstes im Erzbistum Köln
1975, 1. Juli	Subsidiarius expositus für den innerhalb der Pfarrei St. Liebfrauen, Siegburg-Kaldauen, liegenden Bezirk
1989, 1. Januar	Vorzeitiger Ruhestand wegen langjährigem schweren Bronchialasthmas
1990, Dezember	Antrag auf Laiisierung
1991, Dezember	Dispens vom priesterlichen Zölibat durch Papst Johannes Paul II.
1992, 2. Mai	Eheschließung in der Krypta des Bonner Münsters
+2011, 29. Januar	Tod

Schriftenverzeichnis

1. Über das Verhältnis von Traum und Realität und seine Bedeutung für die Traumdeutung, in: Jahrbuch für Psychologie, Psychotherapie und medizinische Anthropologie 15 (1967), S. 100-120.
2. Zur Funktion der Angst. Versuch einer theoretischen Klägrung der Angstlehre Sigmund Freuds, in: Jahrbuch für Psychologie, Psychotherapie und medizinische Anthropologie 17 (1969), S. 206-237.
3. Seelsorge und Psychotherapie, in: Nachrichten der Evangelisch-Lutherischen Kirche in Bayern 26 (1971), S. 361-366.
4. Das Problem der empirischen Glaubensbegründung, in: Funktion und Struktur christlicher Gemeinde, Festschrift Heinz Fleckenstein, Würzburg 1972, S. 273-286.
5. Zur Frage des Beichtgesprächs, in: J. Buchmann (Hg.), Wohlstand. Chance und Gefahr, Hamm 1973, S. 2o-22.
6. Gewissensbildung und Gewissensurteil in psychoanalytischer Sicht, in: F. Böckle u. W. Böckenförde (Hg.), Naturrecht in der Kritik, Mainz 1973, S. 244-261.
7. Ortsgebundene Seelsorge, in: Ortskirche – Weltkirche, Festschrift Kardinal Joseph Döpfner, Würzburg 1973, S. 667-674.
8. Kritischer Vergleich der kirchlichen Bußpraxis und der psychoanalytischen Methode, in: Diakonia 4 (1973), S. 376-387.
9. Pastoraltheologische Aspekte der Lehre Sigmund Freuds von der Sublimierung der Sexualität, Kevelaer 1974.
10. Zum Begriff der Sublimierung bei Sigmund Freud, in: Materialien zur Psychoanalyse und analytisch orientierten Psychotherapie, 2 (1975), S. 5-52.
11. Artikel „Vertrauen" und „Pastoralpsychologie", in: Praktisches Wörterbuch der Pastoralanthropologie, Wien-Göttingen 1975.
12. Pastoralpsychologie und katholische Seelsorgspraxis, in: Wege zum Menschen 30 (1978), S. 275 - 281.
13. Rezensionen pastoralpsychologischer Literatur, in: Theologische Revue, Münster, seit 1970.
14. Geschichtliches Heil. Anthropologische Voraussetzungen theologischen Heiles, in: Theologie der Gegenwart 23 (1980), S. 29-38.
15. Seligenthaler Predigten, Selbstverlag 1991.

Anmerkungen:

1 ANDREAE, Stefan: Der Hahn auf dem Dachreiter der Kirche in Seligenthal. Predigt anlässlich des Hahnenfestes in Seligenthal am 13. August 1989. In: Heimatblätter des Rhein-Sieg-Kreises, 57. Jg., 1989, S. 216 ff.
2 ANDREAE, Stefan: Seligenthaler Predigten, Seligenthal 1991

Claudia Maria Arndt/Claudia Hess

DIE FAMILIE LINDER UND IHRE HOTELS UND GASTHÄUSER IN SIEGBURG

„DER STOLZE NEUBAU ...
DEM UNBEUGSAMEN WILLEN
UND DER WIE PECH UND SCHWEFEL
ZUSAMMENHALTENDEN FAMILIE
DES WIRTS" ZU VERDANKEN IST.

Wenn man an Hotels in Siegburg denkt, ist das Hotel „Zum Stern" sicherlich eines der ersten, das einem in den Sinn kommt. Seit vielen Jahren gehört es zu den führenden Häusern am Platz. Und auch der Name Linder ist untrennbar mit diesem Traditionshaus verbunden. Was heute allerdings nur noch wenigen bekannt sein dürfte, ist, dass die weit verzweigte Familie Linder, die Ende des 19. Jahrhunderts in Siegburg ihren Wohnsitz nahm, v. a. in der ersten Hälfte des zwanzigsten Jahrhunderts hier noch zahlreiche weitere Restaurants und Gasthöfe besaß. Durch die Bombengriffe auf Siegburg wurden aber der „Siegburger Hof" oder das ehemalige Gasthaus „Zum Michaelsberg" vollkommen zerstört, und so sind diese Gebäude auch nach und nach in Vergessenheit geraten.

Der vorliegende Beitrag möchte dieses vergessene Stück Geschichte wiederaufleben lassen und sich auch mit einigen Personen der Familie Linder beschäftigen, die die Siegburger Hotellandschaft begründet und geprägt haben.

DIE FAMILIE LINDER
Im Folgenden kann nicht eine komplette Familiengeschichte Linder dargestellt werden, das ist im Rahmen dieses Aufsatzes nicht möglich. Es soll hier in erster Linie auf die Personen eingegangen werden, die Hotels und Gasthäuser betrieben.

Heinrich Linder begründete zusammen mit seiner Ehefrau Anna die „Lindersche Dynastie" in Siegburg. Er wurde am 28. März 1848 im heute zu Lohmar gehörenden Weiler Bombach, der in einem Seitental der Agger am Dahlhauser Bach liegt, geboren.[1] Auch heute steht dort noch der Hof der Familie Linder, und zum Andenken an die verstorbenen Eheleute, Johann Peter Linder (* 1793, † 1863) und Anna Katharina geb. Lohausen (* 1814, † 1896), wurde im Jahre 1901 das Wegekreuz aus Sandstein vor dem Haus Bombach Nr. 8 errichtet.[2] Das Ehepaar hatte sieben Kinder, eines davon war genannter Heinrich. Dieser heiratete die aus Menden stammende Anna Braschoß, geboren am 27. September 1850. Beide wohnten seit den 1870-er Jahren in Siegburg,

Werbeanzeige aus dem Adreß-Buch des Kreises Sieg, 1894

wo Heinrich Linder am Markt 14 eine Metzgerei betrieb.³ 1899 übernahm er auch das direkt daneben liegende Hotel „Zum Stern" am Markt 15, die Metzgerei wurde später zur Probierstube umfunktioniert. Aus der Ehe gingen fünf Söhne und eine Tochter hervor. Heinrich Linder gehörte bald zum gesellschaftlichen Establishment in Siegburg. Er war Mitglied der Zentrumspartei, Beigeordneter, Mitglied des Kreistages, des Stadtverordnetenkollegiums und des Kirchenvorstandes. Auch in vielen Vereinen engagierte sich der Hotelier: dem Pionier-Verein für Siegburg und Umgebung, dem Kameradschaftlichen Verein Siegburg, dem Siegburger Männer-Gesangverein oder dem Siegburger Schützen-Verein. Zudem hatte er viele Jahre das Amt des Obermeisters der Fleischerinnung Siegburg inne. Er starb „unerwartet, nach kurzer Krankheit und infolge Herzlähmung" am 18. April 1915.⁴ In einem Nachruf auf ihn hieß es: „Wenn auch seine gerade, mitunter etwas derbe Art nicht Jedermanns Geschmack war, so musste man doch anerkennen, daß er gutes schaffen wollte."⁵

Im Metzgerei- und Gaststättenwesen bzw. der Hotellerie engagierten sich Heinrich Linders Söhne Roland, Ferdinand und Albert. Roland (* 1. April 1879 in Siegburg) erlernte wie sein Vater ebenfalls das Metzgerhandwerk, war Meister und übernahm auch das Geschäft am Markt. Verheiratet war er mit der aus Happerschoß gebürtigen Sibylla (Sibille) Küpper (* 1882). Während des Ersten Weltkrieges diente er im 6. Rheinischen Infanterie-Regiment Nr. 68. Seit 1929 wohnte das Ehepaar Linder in der Bahnhofstraße 13 (während der NS-Zeit in Hermann-Göring-Straße umbenannt). Nach dem Zweiten Krieg wurde die Metzgerei in der Annostraße 3 weitergeführt. Roland Linder verstarb am 26. Oktober 1957 in Siegburg.

Ferdinand Linder (* 17. Januar 1882 in Siegburg), der seit dem 12. Juni 1919 mit Magdalena geb. Zaudig (* 1882 in Köln) verheiratet war und mit ihr eine Tochter namens Anna Maria Hubertine (* 1920) hatte, wird auf der Einwohnermeldekarte der Stadt Siegburg als Gasthofpächter und Wirt bezeichnet. Er wohnte zunächst am Markt 15, ab Juni 1914 in der Bergstraße 10 und seit September 1924 in der Bahnhofstraße 34. Das ist auch die Anschrift des „Siegburger Hof", dessen Inhaber er bis zu seinem Tod war.⁶ Während des Ersten Weltkrieges diente er übrigens in der 82. Reserve-Division. Er war auch Inhaber des nur wenige Jahre existierenden Restaurants „Zum Michaelsberg" gewesen. Ferdinand engagierte sich im Übrigen sehr im Siegburger Karneval. Er trat in der Figur des „Mönchs mit der Laterne" auf und man kannte ihn auch aufgrund seiner jahrelangen Tätigkeit als Komiteepräsident als „Linder's Menn". In der Session 1926/27 übernahm der als Ferdinand I. das Prinzenzepter. Er starb am 8. Mai 1943.

Albert Linder (* 9. April 1887 in Siegburg) war verheiratet mit Anna Commes (* 19. August 1895 in Commeshof, Kreis Bitburg; † 23. April 1953 in München), mit der er

Die Familie Linder und ihre Hotels und Gasthäuser in Siegburg

Die zehn Kinder von Albert und Anna Linder (v. l. n. r.): Johannes Roland, Heinrich Mathias, Albert Ferdinand (hintere Reihe), Roland Josef, Margarete, Gertrud, Christel, Elisabeth, Anna Maria und Karl Friedrich (vordere Reihe), 1937

Elisabeth mit ihrem Vater Albert Linder, um 1950

zehn Kinder hatte. Er ließ sich im Hotelfach ausbilden und sammelte an renommierten Häusern im Ausland – so seit 1907 in Frankreich, dann in Interlaken (Schweiz) und von 1910 bis 1912 in London – Berufserfahrung. In diesen Jahren lernte im Hotel Ritz in Paris, im „Rumpelmayer" in Cannes und Nizza[7] sowie im Hotel Ritz in London. Von 1912 bis 1923 war Albert Linder mit Unterbrechungen in Köln, Breite Straße 106, gemeldet. Dorthin hatte ihn zunächst sein weiterer Werdegang geführt, da er in der Kölner Konditorei und Café Eigel, einem seit 1851 bestehenden Traditionshaus in der Schildergasse, lernte.[8] Für die Lehre dort musste seine Mutter sogar bezahlen. Als der Erste Weltkrieg ausbrach, wurde Albert Linder wie seine Brüder zum Militär eingezogen und diente im Infanterie-Regiment von Lützow (1. Rheinisches) Nr. 25. In dieser Zeit starben sowohl sein

Drei Generationen Albert Linder, um 1956

Prinz Albert I. mit Siegburgia Ria I., 1952

Vater Heinrich († 1915) als auch seine Mutter Anna († 1916). Da seine Geschwister kein Interesse an der Übernahme des Hotels „Zum Stern" hatten, zahlte er sie aus und führte nunmehr dieses Haus, das somit in der zweiten Generation in Familienbesitz blieb. Nach dem Zweiten Weltkrieg lebte die Familie eine Zeitlang in einer Baracke im Park von Schloss Auel bei Wahlscheid, nach dem Wiederaufbau des im Krieg völlig zerstörten Hotels „Zum Stern" Ende 1949 wieder in Siegburg. 1957 verstarb er im Krankenhaus zu Beuel infolge eines Herzleidens.

Bereits früh in die Fußstapfen seines Vaters Albert trat Albert Ferdinand, genannt Albert jr. (* 1922 in Siegburg). Lehrerfahrung sammelte er u. a. im Breidenbacher Hof in Düsseldorf auf der Königsallee, ein bereits im Jahre 1812 eröffnetes Luxushotel. Nach dem Tod seines Vaters bildete er mit einem Großteil der Familie die dritte Generation, die das Hotel „Zum Stern" als führendes Haus in Siegburg betrieb, bis es 1972 in „fremde Hände" kam.[9] Den älteren Siegburgern dürfte er noch aus der Karnevalssession 1951/

Albert Ferdinand, gen. Albert jr., an der Rezeption des „Breidenbacher Hof"

52 als Prinz Albert I. bekannt sein. Seine damalige Siegburgia Ria I., mit bürgerlichem Namen Maria Adolfine Müller (* 1927), ehelichte er am 26. November 1953. Dreimal war Albert Linder jr. zudem Schützenkönig der Stadt Siegburg – ganz in der Tradition seines Vaters (Schützenkönig 1925) und Großvaters (Schützenkönig 1880).[10] Am 1. September 2005 verstarb er.

Dieser – angesichts des nur begrenzt zur Verfügung stehenden Platzes – sehr verknappte Überblick über die Familie Linder muss ausreichen, um die im Folgenden die handelnden Personen wiederzuerkennen und ein Bild von ihnen zu haben.

DAS RESTAURANT „ZUM MICHAELSBERG" AN DER BERGSTRASSE

Am 22. Oktober 1910 hatte die Stadt Siegburg den Michaelsberg erworben, um dort wieder ein Benediktinerkloster zu ermöglichen. Am 28. Februar 1914 erfolgte die Genehmigung hierfür vom Staat Preußen und am 2. Juli 1914 trafen die ersten Benediktinermönche aus dem Kloster Merkelbeek (Niederlande) in Siegburg ein. Im April meldete die Siegburger Zeitung: „Der Michaelsberg ist nunmehr erschlossen und dem Besuch des Publikums freigegeben. Unzweifelhaft wird bei schöner Witterung die Gelegenheit recht lebhaft benutzt werden. Dürfte doch früher kaum 5 % der Einwohnerschaft den Berg jemals betreten haben [...] Da nun aber der Berg ein Anziehungspunkt für Einheimische und Auswärtige werden soll, so dürften die jetzigen Anlagen kaum soviel Reiz auf die Besucher ausüben, daß die Anziehungskraft auch auf die Dauer gewährleistet ist."[11] Ziel der Stadtverwaltung war es daher, aus dem Michaelsberg „ein Erholungs- bzw. Vergnügungs-Anwesen für die Bürgerschaft" zu machen.

Kein Wunder, dass genau in diese Zeit eine Ausschreibung für die Einrichtung einer Gaststätte am Michaelsberg fiel, um damit die Attraktivität für Besucher des Berges zu erhöhen. Als der Siegburger Stadtrat am 22. April 1914 seine Sitzung abhielt, stand daher auch folgendes Thema auf der Tagesordnung: Die Umgestaltung der ehemaligen Direktorenvilla an der Bergstraße Nr. 11 unterhalb der Abtei zum Gartenrestaurant. Für die Gaststättennutzung des einstigen Wohnhauses von Carl Wigand Maximilian Jacobi (* 1775, † 1858) – Geheimer Rat, Obermedizinalrat und Leiter der Provinzial-Heilanstalt in Siegburg sowie als Begründer der modernen Irrenheilkunde –, das zuletzt vom Leiter des ehemaligen Gefängnisses auf der Abtei bewohnt gewesen war, hatten sich neunzehn Bieter beworben, von denen allerdings etliche ihr Angebot zurückzogen, nachdem sie die Bedingungen der Stadt zur Kenntnis genommen hatten.[12] Sechs Bewerber reichten schließlich ihre Gebote ein: 1200 Mark Miete boten der Bäckermeister Josef Kurth und die Brauerei Breuer, 1200 bis 1500 Mark Miete Wilhelm Meyer, 1800 Mark Schwall aus Köln-Nippes, 2000 Mark Ferdinand Linder und die Kronenbrauerei aus Eitorf 2500 Mark bzw. 3000 Mark unter der Bedingung, wenn „eine bedeckte Halle errichtet werde". Zu den aussichtsreichsten Bewerbern zählten die Brauerei Breuer von der Luisenstraße, die Eitorfer Kronenbrauerei und der Ferdinand Linder. Obwohl die Kronenbrauerei das höchste Gebot vorgelegt hatte, votierte der Rat dennoch für Linder. Kommerzienrat Alfred Keller hatte nämlich in Bezug auf

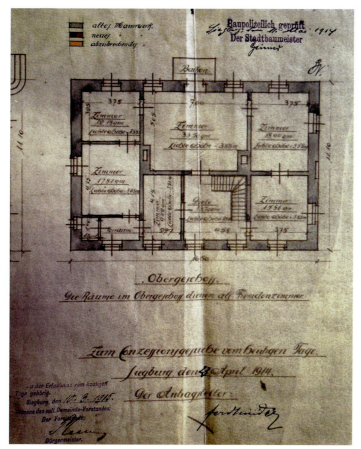

Bauplan des Gasthauses „Zum Michaelsberg, 1914/15

erklärte, „daß er mit der Sache nichts zu tun habe", wurde dies bejaht. Für 2000 Mark Jahresmiete erhielt Linder schließlich ab 1. Mai 1914 die Konzession für die nächsten fünf Jahre erteilt.

Bereits einen Tag später, am 23. April 1914, wandte sich Ferdinand Linder schriftlich an die Stadt Siegburg und bat „um bald gefällige Konzessionserteilung zur Ausübung des Wirtschaftsbetriebes (Hotel und Restaurant) in dem ehemaligen Direktionswohngebäude und Gartenanlagen auf dem Michaelsberge".[15] Dem Stadtbauamt wurde daraufhin die „baupolizeiliche Prüfung der Wirtschaftsräume" auferlegt sowie die Beantwortung des „Fragebogen zum Wirtschaftskonzessionsgesuch des Ferd[inand] Linder". Diesem ist u. a. zu entnehmen, dass es drei Galträume gab, die 11 m², 21 m² bzw. 33 m² groß waren. Sechs Gästeschlafzimmer waren vorhanden und auch sanitäre Anlagen wurden in ausreichender Zahl nachgewiesen.[15] Zahlreiche Pläne des Hauses sind noch erhalten, und so lässt sich dieses und die gesamte Anlage sehr genau beschreiben:[16] Zu dem Gebäude gelangte man über einen 190 Quadratmeter großen Hof. Eine kleine Treppe führte zum Eingang und damit ins Erdgeschoss des Hauses. Den ersten Raum, den man betrat, war die Diele mit einer Treppe ins Ober-

die Brauereien folgende Bedenken geäußert: „Dass Brauereiern als Pächter geeignet sind, will mir nicht einleuchten. Die Brauerei liefert nur ihr eigenes Bier, und in solch einem Wirtshaus muss zweierlei Bier vertreten sein."[13] Und auch andere Ratsmitglieder bemängelten die zu erwartende geringe Auswahl an verschiedenen Getränken, wenn eine Brauerei der Betreiber der Gaststätte wäre. Ebenso sprach für Linder, dass er gebürtiger Siegburger war. Da auch der Beigeordnete Heinrich Linder, also Ferdinands Vater, an der Sitzung teilnahm, musste noch geklärt werden, ob er den weiteren Verhandlungen überhaupt beiwohnen dürfe. Da dieser

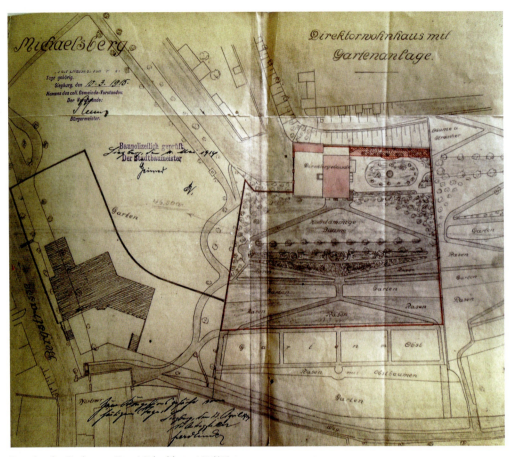

Lageplan des Gasthauses „Zum Michaelsberg, 1914/15

geschoss. Von der Diele aus führte rechts eine Tür in einen kleinen Gastraum, geradeaus eine Tür in den großen Gastraum, der durch Entfernen einer Mauer zwischen zwei Räumen entstand, und links in ein kleines Zimmer für den Wirt. Von hier aus gab es einen Zugang zur Küche mit ihrer Vorratskammer. Zwischen dem kleinen und großen Gastzimmer lag ein weiteres, dessen Zugang nur über diese beiden Räume führte. Das Obergeschoss besaß sechs Zimmer, eines davon mit Vorraum. Sie waren als Gästezimmer vorgesehen. An der linken Hofseite wurden Toilettenräume neu gebaut sowie ein Stall.

Der Betrieb wurde bald aufgenommen, und da es auf den Sommer zuging, war das circa hundert Personen fassende Gartenrestaurant mit seinen hölzernen Stühlen und Vierertischen oft bestens besetzt. In einer ganzseitigen Werbeanzeige in einem Siegburger Reiseführer pries Linder sein Hotel-Restaurant „Zum Michaelsberg" wie folgt an: „In unmittelbarer Nähe der Abtei. Vom Markt aus in 5 Minuten erreichbar. Ausgedehnte alte Parkanlagen mit bedeutender Fernsicht. Elektrische Beleuchtungsanlage. Gedeckte Terrasse. Angenehmer Aufenthalt. Konzerte. Idealer Ausflugsort für Clubs und Vereine. Erstklassige Verpfle-

Das voll besetzte Gartenrestaurant „Zum Michaelsberg", 1914

Frontseite des Gasthauses „Zum Michaelsberg", 1914

gung. Dortmunder u[nd] Münchener Biere ff. Weine. Café. Logis mit garn. Frühstück. Gesellschaftszimmer."[17] Nur wenige Monate später wurde Ferdinand Linder mit Beginn des Ersten Weltkrieges in die 82. Reserve-Division eingezogen und konnte daher nicht mehr in seinem Wirtschaftsbetrieb arbeiten, das Gasthaus „Zum Michaelsberg" wurde geschlossen. Dennoch wurde am 10. März 1915 von der Stadt Siegburg die Konzession ausgestellt, am 24. März unterschrieb Linder die Empfangsbescheinigung für „die Erlaubnisurkunde zur Betreibung einer Gastwirtschaft".[18] Einige Wochen später – am 14. April 1915 – entschied der Stadtrat in geheimer Sitzung, dem Pächter Linder die Mietkosten vom Zeitpunkt seiner Einberufung an bis Ende März 1915 zur Hälfte zu erlassen.[19] Auch während der weiteren Kriegsjahre wurde der Betrieb nicht wieder aufgenommen, denn Linder stand die gesamte Zeit im Feld. Daher wurde das Thema wiederum auf die Tagesordnung der Sitzung der Stadtverordnetenversammlung am 8. März 1916 genommen, als seine Mutter Anna um Mietnachlass für die weitere Dauer des Krieges bat.[20] Eine Wiedereröffnung des Gasthauses sei daran gescheitert, dass sich in den Kriegszeiten keine „passende Person" für die Wirtschaftsführung gefunden habe.[21] Über den Mietnachlass – 2000 Mark betrug die Jahrespacht – entbrannte eine heftige Diskussion im Stadtrat: Während Justizrat Rudolf Vieten den Antrag befürwortete, da Ferdinand Linder durch seine Einberufung ins Heer bereits die ganze Zeit seinen Verdienstausfall trage und zudem das gesamte Wirtschaftsinventar dem Lazarett in der Abtei unentgeltlich zur Verfügung gestellt habe, widersprach der Stadtverordnete Franken. Er meinte, die Wohnung im Hause müsse sich mit Sicherheit gut verpachten lassen und damit sei das Geld für die Miete zu gewinnen. Überdies wohne

Gartenrestaurant „Zum Michaelsberg", 1914

Linders Schwager derzeit dort, nachdem er seine Wohnung in Bad Godesberg gekündigt habe. Dr. Wilhelm Solbach machte stattdessen den Vorschlag, die Wohnung nach ihrem reellen Mietwert einzuschätzen und den Differenzbetrag zu erlassen. Andererseits wurde auch das Argument angeführt, dass Linder, hätte er das Gasthaus von einem Privatmann und nicht von der Stadt gepachtet, auch seine Pacht entrichten müsse. Nach langer Diskussion ging man schließlich einen Kompromiss ein und gewährte einen Mietnachlass in Höhe von 600 Mark.

Erst 1919 wurde das Restaurant wieder eröffnet.[22] Aber die Nachkriegszeit und die Hyperinflation der Jahre 1922 und 1923 waren keine guten Zeiten für gastronomische Betriebe. Am 1. Februar 1924 fand daher das kurze Kapitel des Gasthauses „Zum Michaelsberg" seinen endgültigen Schlusspunkt, als Ferdinand Linder mit Schreiben an die Stadt Siegburg seine Wirtschaftskonzession abmeldete – bereits seit dem 1. Oktober 1923 hatte er dort sein „Gewerbe [...] ganz eingestellt" – und seinen Wirtschaftsbetrieb in den „Siegburger Hof" an der Bahnhofstraße verlegte.

1931 wurde das Haus an der Bergstraße zur Dienstwohnung für den Siegburger Bürgermeister umgebaut. Ende 1944 fiel das Gebäude den schweren Bombenangriffen auf Siegburg zum Opfer, so dass wir heute das Objekt nur noch aus alten Ansichtskarten kennen. Das Gasthaus „Zum Michaelsberg" stand Zeit seiner Existenz unter keinem guten Stern.

„Siegburger Hof", Ende 19. Jh.

DER „SIEGBURGER HOF" AN DER BAHNHOFSTRASSE

Ferdinand Linder war nun also Chef des „Siegburger Hofes" an der Bahnhofstraße 34. Dieses Hotel mit großem Tanzsaal existierte bereits seit 1885 – also beinahe vierzig Jahre lang – und hatte sich in dieser Zeit einen guten Namen gemacht. Erbaut und eingerichtet hatte es „im Interesse meiner minderjährigen Kinder" der Siegburger Franz Blech[23], allerdings ohne vorher mit der Stadt abzuklären, ob hierfür auch eine Konzession für ihn erteilt werden würde.[24] Blech schrieb über seinen Hotelbau folgendes: „Nach der Bauart ist dasselbe nur für ein besseres Hotel resp[ective] Bierrestaurant bestimmt, welchem Zwecke es vollständig entspricht und sind dabei auch die baupolizeilichen Vorschriften sämmtlich erfüllt. Wenn vielleicht von gewöhnlichen Wirt-

Die Familie Linder und ihre Hotels und Gasthäuser in Siegburg

Der „Siegburger Hof" und sein großer Festsaal, um 1900

schaften Ueberfluß in hiesiger Stadt, ist doch nur ein Hotel hier, sodaß die besseren Reisenden nur auf dieses eine angewiesen sind. Dieses liegt nun in ziemlicher Entfernung vom Bahnhofe und ist somit ein näher liegendes Hotel eigentlich Bedürfnis für das reisende Publikum."[25] Die Stadt zeigte sich verärgert über das Vorpreschen des Herrn Blech und widersprach den Ausführungen nachdrücklich. Es gäbe in Siegburg weit mehr als nur ein einziges Hotel: das Hotel „Zum Stern" mit zehn Zimmern und ebensoviel Betten, das „Deutsche Haus" mit elf Zimmern und fünfzehn Betten, den Gasthof Felder mit sechs Zimmern und sechs Betten, den „Herrengarten" und das „Reichenstein". Für eine Stadt wie Siegburg mit seinen circa 7000 Einwohnern reiche dies aus, zumal die durchschnittliche Übernachtungsdauer der Besucher bei zwei Tagen läge.[26] Letztendlich erhielt Blech die Konzession und führte das Hotel fast zwanzig Jahre, bis er sich „wegen

Hülfeleistung zu betrügerischem Bankrotte in Untersuchung" wiederfand; er habe sich dadurch den Ruf „eines leichtfertigen und unzuverlässigen Mannes" erworben.[27] Daher war es nun ein Problem, dass er sein Hotel selbst weiterführte, und so stellte der von Oberkassel am 1. August 1904 nach Siegburg gezogene Gastwirt Clemens Linder[28] einen Antrag auf „Concession zur Führung einer Gast- und Schankwirtschaft" bei der Stadt Siegburg, der ihm am 21. September 1904 genehmigt wurde. Er wurde nun Pächter des „Siegburger Hof", der zu diesem Zeitpunkt folgende Räumlichkeiten aufweisen konnte: ein Gastzimmer mit 50 m² und einen Restaurationsraum mit 110 m² – beide lagen mit ihrer Fensterfront zur Bahnhofstraße hin – dazu ein Saal mit 650 m², zu dem ein zwischen den beiden Galeriemen liegender Flur führte. Die lichte Höhe der Gastzimmer betrug 4,35 Meter, ebenso die der Fremdenzimmer in der ersten Etage, die in der zweiten waren 3,20 Meter hoch. In der ersten Etage befanden sich zwei Gästezimmer, in der zweiten acht. Jede Etage hatte „einen Abort und 1 Pissoir, das Erdgeschoß 5 Aborte und 9 Pissoirstände". Der Saal mit Bühne und Empore, der 15,61 auf 25,70 Meter umfasste, also über 400 m², war riesig und konnte bis zu 2000 Personen fassen.

Schon bald gab es neue Schwierigkeiten, denn der neue Pächter lebte kurz nach der Übernahme des „Siegburger Hof" in Gütertrennung von seiner Frau, war zahlungsunfähig und gab infolgedessen den Betrieb auf. Dem Eigentümer Blech und seinen Kindern entstand dadurch „ein bedeutender Schaden". Es kam zum Konflikt aller Beteiligten – zu denen auch die Adler-Brauerei aus Bielstein (Stadt Wiehl) als Lieferant gehörte –, der darin gipfelte, dass Franz Blech die Möbel aus dem Hotel holte und infolgedessen die Brauerei Strafanzeige gegen ihn stellte. Die Konzession wurde schließlich einem Josef Nocolaus und Hubert Fouraschen aus Düren erteilt, nach einem Umbau des Hauses im September 1905 wurde der Betrieb im Herbst desselben Jahres wieder aufgenommen. Deren Nachfolger waren Heinrich Spieß, der in einer Werbeanzeige „große und kleine Säle, Gesellschaftszimmer, Billard, Kegelbahn" in seinem „Siegburger Hof" anpries,[29] und Johann Niesen.

Aufgrund seines riesigen Saales mit Bühne – dem größten in ganz Siegburg – beherbergte der „Siegburger Hof" die unterschiedlichsten Veranstaltungen und war damit fester Bestandteil des gesellschaftlichen Lebens der Stadt in jener Zeit. Karnevals-, Tanz- und Konzertveranstaltungen, Opernaufführungen und Matineen, Kinovorführungen, Vereinstreffen und Feiern aller Art fanden hier regelmäßig statt, aber auch Kurioses. So gab es vom 1. bis 3. März 1916 zweimal täglich ein Schauwaschen. Eine Mannheimer Firma führte seinerzeit einen Waschapparat vor, „der in fünf Minuten eine Bütte schmutziger Wäsche ohne Kochen, ohne Reiben und Bürsten, tadellos sauber wäscht. Eine derartige Verringerung eine der mühsamsten häuslichen Arbeiten ist der Beachtung aller Hausfrauen wert", schrieb die Siegburger Zeitung. Und der Anbieter warb in seinem Inserat: „Schmutzige Wäsche

Die Küche im „Siegburger Hof", um 1910

Der „Siegburger Hof" und Blick in den großen Saal, um 1910

Der „Siegburger Hof", um 1910

Anzeige in der Siegburger Zeitung vom 3. Dezember 1919

bitte unbedingt mitbringen, dieselbe wird gratis gewaschen."[30] Während der Kriegszeit konnte außerdem „mancher verwundete und durchreisende Krieger […] dort Unterkunft" finden.[31] So steht im Dezember 1916 in der Siegburger Zeitung folgendes zu lesen: „Ebenso mußten im Siegburger Hof, dessen großer Saal mit 215 Betten zu einer Übernachtungsstelle eingerichtet ist, bei jeder Übernachtung von Verwundetentransporten Wache gestellt werden. So sind bei etwa 40 stattgefundenen Übernachtungen von insgesamt 4.000 Verwundeten je nach Bedarf 2-4 Mann zur Wache gestellt worden. In den meisten Fällen müssen die aus dem Felde kommenden Verwundeten, bevor sie zu Bett gebracht werden, gründlich gereinigt und gebadet werden, wobei ebenfalls wieder im Vereinslazarett Samariter behilflich sind."[32] Der Keller des Hotels diente übrigens der Stadt Siegburg als Kartoffelkeller.

Nach dem Ersten Weltkrieg gaben die Besatzungstruppen im „Siegburger Hof" Varietes, Kinovorstellungen und anderes zum Besten.[33] Erst Ende 1919 gaben sie das Gebäude wieder frei und die Renovierungsar-

Anzeige in der Siegburger Zeitung vom 25. Dezember 1926

beiten begannen: „es wurde gebaut, gemalt und elektrische Einrichtungen getroffen, die Dampfheizung eingebaut, Räume neugeschaffen und mit neuen Anschlüssen an die Kanalisation wurden üble Gerüche beseitigt". Auch der Saal wurde großen Veränderungen unterzogen: Der gewaltige Gaskronleuchter musste „vorteilhafterer elektrischer Beleuchtung" weichen, wodurch auch die Sicht auf die Bühne erheblich verbessert wurde, die Bühnenbeleuchtung wurde erneuert, der untere Saal erhielt durch Einbau von Terrassen eine übersichtlichere Form, die Galerie wurde verbessert und erhielt „durch vorteilhafte Ventilation gute Lüftung". Auch die Bühne wurde erheblich renoviert.[34] Am 14. Dezember 1919 konnte man in der Siegburger Zeitung lesen: „Der Siegburger Hof ist nicht mehr, er hat dem Siegpalast weichen müssen und viel Arbeit hats gekostet und auch viel Geld." Allabendlich wurde in dem umgebauten Hotel ein Unterhaltungsprogramm angeboten, das sich „in jeder Großstadt sehen lassen" konnte. Für kleinere Gesellschaften bot der „Siegburger Hof" besondere Räume, z. B. die Weindiele in „anheimelnder Ausstattung" oder ein Café. Inhaber war seinerzeit Nikolaus Welter.[35]

1924 übernahm schließlich Ferdinand Linder den „Siegburger Hof", in dem sich übrigens damals auch die „Bodega u[nd] Weinstube ‚Im Treppchen'" befand.[36] In einer Anzeige warb er für den „Siegburger Hof": „Erstklass[iges] Bierrestaurant, Konzerte, Sälchen für kleine Festlichkeiten, separate Klub- u[nd] Gesellschaftsräume, Bodega – Tennisplatz – Kegelbahn".[37] Mit dem Tennisplatz befriedigte Linder die Ansprüche des gehobenen Publikums, denn für die eleganteren Kreise war in den 1920er Jahren Tennis die Sportart der Wahl.

Wegen seiner Nähe zum Bahnhof wurde der „Siegburger Hof" im Zweiten Weltkrieg zur Aufnahme des örtlichen Offizierkasinos beschlagnahmt. Ferdinand Linder leitete das Hotel bis zu seinem Tod 1943. Danach führte seine Tochter Anna Maria Hubertine (* 1920) während des Wehrdienstes ihres Mannes Philipp Friedrich Behrends, der als Offizier im Krieg fiel, zusammen mit ihrer Mutter den „Siegburger Hof" bis zu dessen Zerstörung bei einem der letzten Luftangriffe auf Siegburg weiter, soweit dies eben möglich war. Die kleine Restfamilie erlebte die Zerstörung des Gastronomiebetriebs nicht vor Ort mit, sondern hielt sich zu der Zeit in Nümbrecht auf. An einen Wiederaufbau nach dem Krieg war nicht zu denken. Später wurde auf dem Gelände das Amtsgericht, insbesondere dessen Parkplatz errichtet.[38]

„AUF DER ARKEN"
AN DER MÜHLENSTRASSE

Das Haus „Auf der Arken" wurde bereits 1427 erbaut und ist damit das zweitälteste in Siegburg. 1894 war der Stellmacher – das ist ein Handwerker, der Räder, Wagen und andere landwirtschaftliche Geräte aus Holz herstellt – Heinrich Lürken Eigentümer, 1910 übernahm sein Sohn Karl den Betrieb. 1925 sind beide noch im Adressbuch eingetragen.[39]

Ab 1926 war Albert Linder Besitzer des Hauses an der Mühlenstraße 37, in dem seit dem 6. April 1926 auch Ausschank stattfand, allerdings ohne Bier.[40] Pünktlich zu Silvester 1926 eröffnete Linder dann die „Altdeutschen Weinstuben ‚Auf der Arken' (op de Ark)".

Am 3. August 1933 beantragte die Kreisleitung der NSDAP eine Konzessions-

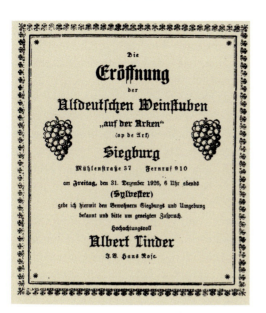

Anzeige in der Siegburger Zeitung vom 31. Dezember 1926

Das Haus „Auf der Arken", seit 1. Januar 1933 Parteihaus der NSDAP

erweiterung für das Lokal mit der Begründung: „Das Weinhaus ‚Auf der Arken' ist seit dem 1.8. d[iese]s J[ahre]s durch den Sturmbannführer [Toni] Saal gepachtet worden. Auf der I. Etage befindet sich, wie bisher, das Büro der Ortsgruppe, des Kampfbundes, der N.S.K.K.[41] und weiterer Nebenorganisationen, die einen ständigen starken Verkehr von Parteimitgliedern mit sich bringen. Bisher schon war die Wirtschaft Verkehrs- und Werbelokal bei kleineren Besprechungen. Die Räume sollen nunmehr erheblich erweitert und die Arken zum offiziellen Verkehrslokal für die Parteigenossen bestimmt werden. Außerdem soll die ‚Arken' Stammlokal für die S.A. sein. Dies bedingt, daß der Wirtschaftsbetrieb neben Wein auch Bier führt."[42] Ferner wurde ausgeführt, dass sich die Mehrzahl der Gäste aus Parteigenossen rekrutiere, weshalb anderen Wirtschaften durch die zusätzliche Genehmigung kein Nachteil entstünde, da diese Leute in einem anderen Lokal nicht verkehren würden. Auch Albert Linder unterstützte seinerzeit den Antrag in einem Schreiben an den Regierungspräsidenten in Köln: „Die Partei hat aus rein ideellen Gründen zum Zwecke der Erhaltung des ältesten Hauses von Siegburg das Lokal s[einer] Z[ei]t übernommen und ihre Büros dorthin gelegt. Derselbe Grund veranlaßte auch den jetzigen Pächter im Benehmen mit der Kreis- und Ortsgruppenleitung der NSDAP das Lokal zu mieten. Das Lokal soll gleichzeitig als Partei- wie auch als Vereinslokal für die Parteigenossen dienen." Aufgrund seiner Nutzung firmierte die Gaststätte schon bald unter der Bezeichnung das „Braune Haus". Am 15. August 1933 wurde die Konzession – gegen den Willen des Wirtevereins Kreis Sieg[43] – für drei Monate erteilt. Am 25. Juli 1934 teilte Albert Linder schriftlich mit, dass er „die mir am 6. April 1926 erteilte Schankwirtschaftskonzession für das Restaurant Mühlenstraße 37 [...] hiermit zu Gunsten der Nationalsozialistischen Deutschen Arbeiterpartei" abtrete. Eine räumliche Ausdehnung gegenüber der damals erteilten Konzession fand nicht statt. Allerdings stellte die Baupolizei Bedingungen: Das baufällige Hintergebäude müsse entweder hergerichtet oder abgerissen werden. „Es bildet in seinem jetzigen verwahrlosten Zustande eine Gefahr für die auf dem Grundstück verkehrenden Personen. Das Gebäude steht unbenutzt da und ist immer zugängig. Es hat sehr schlechte Decken und Treppen und vor allen Dingen Schornsteine, deren Standsicherheit gefährdet ist."[44] Im Oktober 1934 erklärte sich Albert Linder bereit, die notwendigen Renovierungsarbeiten durchführen zu lassen. Am 1. April 1935 wurde ein Pachtvertrag zwischen Albert Linder und der Ehefrau des Toni Saal auf unbestimmte Zeit geschlossen. Das Siegburger Adressbuch von 1940 verzeichnet Hans Blesen als Gastwirt in der Mühlenstraße 37,[45] das von 1950 besitzt den Eintrag „Linder Albert Gastwirtschaft".[46] Nachdem in den letzten Kriegstagen das Hotel „Zum Stern" von Bomben in Schutt und Asche gelegt wurde, hatte er mit dem Gasthaus „Arken" hier sozusagen sein Ausweichquartier geschaffen.

Im Juni 1956 ist der Siegburger Zeitung zu entnehmen: „Nachdem das aus dem 15. Jahrhundert stammende alte Siegburger Patrizierhaus ‚Auf der Arken' schon vor einiger Zeit wieder seinem ursprünglichen Zweck durch die Einrichtung eines Weinrestaurants zugeführt wurde, steht die gleiche Entwicklung nun auch für das daneben liegende Haus ‚Zum Geyer' bevor. Beide Häuser stehen unter Denkmalschutz. Das Haus ‚Zum Geyer', das gegenwärtig noch einen stark verwahrlosten Eindruck macht und kaum vermuten läßt, daß es auf die gleichen Zeiten zurückgeht wie das inzwischen in beachtlicher Schönheit wiedererstandene Haus ‚Auf der Arken', soll im gleichen Rahmen wiedererstehen wie das Nachbarhaus. Es ist vorgesehen, das ganze Haus ebenfalls in den Dienst der Gastronomie zu stellen und darin Nebenbetriebe des Hauses ‚Auf der Arken' unterzubringen. Man denkt an Hotelzimmer und Räume für ein Café und eine Konditorei. Diese Entwicklung ist nun möglich geworden, nachdem das Haus ‚Auf der Arken' aufgehört hat, ein Nebenbetrieb des Hotels ‚Zum Stern' zu sein. Der Besitzer, Albert Linder, hat das Haus ‚Auf der Arken' und das Haus ‚Zum Geyer' an einen bewährten Gastronomen, Dr. Osso, einen gebürtigen Russen, verpachtet, der das Restaurant nach gründlicher Umgestaltung dieser Tage in Betrieb genommen hat. Dr. Osso hat das Ziel, beide altehrwürdigen Häuser in den Dienst gepflegter Gastronomie zu stellen. Er kann dafür garantieren, da er als Gastronom die besten Erfahrungen und Erfolge aus Frankreich mitbringt, wo er in Paris und in Bordeaux bekannte Betriebe geführt hat, die von den erlauchtesten Persönlichkeiten besucht wurden. Dr. Osso bewahrt auf der Arken ein Gästebuch auf, in dem sich Fürstlichkeiten und bekannte Persönlichkeiten verewigt haben. Das hindert aber nicht daran, in den beiden alten Siegburger Patrizierhäusern gutbürgerlichen Geist walten zu lassen, der sich auch in teppichbelegten Böden, Rechauds und – wie in Paris – zum Anschauen und Bestellen ausgestellten Speisen äußern darf."[47] Nur wenige Jahre später ist der Hotelier Hans Pinner Inhaber des Traditionshauses, das nun offenbar als Hotel genutzt wurde.[48]

Über viele weitere Jahrzehnte diente das Haus „Auf der Arken" entweder als Weinstube, Gaststätte oder Restaurant. Dort absolvierte übrigens auch Mitte der 1960er Jahre der spätere Rungis-Express-Gründer Karl-Heinz Wolf seine Ausbildung zum Koch. In den 1970er Jahre war das „Arken" Mitglied der Gastrokette „Romantik". In den 1990er Jahren wechselten häufig die Besitzer und Pächter. 1996 erwarb die Sünner-Brauerei den Gastrobetrieb, allerdings schloss er bald wieder, 2009 wurde das „Arken" zu einem Brauhaus umgebaut, auch dies nur eine kurze Episode.[49] Heute befindet sich in den Räumlichkeiten ein spanisches Restaurant.

Seit 1923 betrieb Albert Linder außerdem auf der Mühlenstraße 31 eine Verkaufsstelle für Weine und Spirituosen.[50] Zuvor hatte sich in diesem Haus jahrzehntelang eine Gastwirtschaft befunden. Am 19. September 1935 stellte Linder an die Polizeiverwaltung Siegburg folgenden Antrag: „Ich bitte um Genehmigung auf dem Grundstück Mühlenstraße No. 31, wo sich meine Kellerei bereits 12 Jahre befindet, Weine und Spirituosen zu verkaufen und auszustellen. Der Verkauf findet schon zwölf Jahre auf dem Grundstück statt, nur mit dem Unterschied, daß ich die Ware nicht ausgestellt hatte. Der Verkauf erfolgt nur über die Straße." Im Juli 1936 erhielt Linder schließlich die Erlaubnis „zum Kleinhandel mit Branntwein in fest verschlossenen, mit der Firma des Herstellers oder Händlers versehenen Flaschen in Siegburg im Hause Mühlenstraße 31." 1950 ist im Adressbuch unter der Mühlenstraße 31 eine Gaststätte eingetragen, der Fahrzeugbauer Christian Kohr ist Eigentümer des Gebäudes.[51]

DAS HOTEL „ZUM STERN" AM MARKT

Das Hotel „Zum Stern" ist das älteste und inzwischen mehrere hundert Jahre bestehende Hotel in Siegburg. In diesem Traditionsbewusstsein ließ Albert Linder im Kopf des Briefpapiers aus den 1930er Jahren drucken: „Gründung des Hauses um 1650". Im Konzessionsantrag von 1935 steht sogar, Lokalität existiere dort seit 400 Jahren (also 1535).[52] Quellen zeugen von einer Existenz des Hauses bereits im 14. Jahrhundert,[53] die bei Ausschachtungsarbeiten 1949 entdeckten Hausfundamente weisen aber auf eine noch frühere Besiedlung dieses Platzes hin.[54] 1639 kaufte dann ein Johann Wellesberg von einer Witwe Steinebach zu Boppard das Haus „Zum Stern" und lieh sich 200

Anzeige im Siegburger Kreisblatt vom 29. März 1899

Die Familie Linder und ihre Hotels und Gasthäuser in Siegburg

Partie am Markt mit Hotel „Zum Stern" im Vordergrund, um 1910

Taler von der Abtei, da er selbst das Geld nicht aufbringen konnte. Er übertrug ihr, da er selbst keine Erben hatte, dafür das Eigentum an dem Gebäude, das in den folgenden Jahrhunderten immer Gasthaus war und auch Posthalterei. Nach 1813 bewohnte Bürgermeister Franz von Ley den „Stern". Im Reisehandbuch „Der Begleiter auf der Reise in Deutschland oder beschreibendes Verzeichniß von Gasthöfen" aus dem Jahr 1837 wird auch der „Stern" mit seinem Wirt Theodor Nehs erwähnt und als „Gasthof 1. Klasse den Reisenden empfohlen". Dessen Nachfolger war ein gewisser Zimmermann, der das Hotel an Heinrich Milz abgab.[55] Sein Hotel wird in einer Werbeanzeige von 1894 wie folgt angepriesen: „Großer Saal zum Abhalten von Festen und Bällen. Reingehaltene Weine, auch außer dem Hause, zu den billigsten Preisen".[56]

1899 wurde das Hotel „Zum Stern" mitsamt der Hauderei – ein Transportunter-

Hotel „Zum Stern", vor 1915

Probierstube im Hotel „Zum Stern", 1920er Jahre

Der geschmückte Festsaal im Hotel „Zum Stern", um 1920

nehmen, dessen Fuhrpark aus Kutschen bestand – von Heinrich Linder übernommen, die Konzessionserlaubnis ist auf den 7. März datiert.[57] Veranstaltungen aller Art fanden in diesem Haus statt, auch Kinovorführungen. So eröffnete „das Metropol-Lichttheater Samstag, 2. Dezember nachmittags 4 Uhr im großen Saale des Hotel

Weinhandlung neben dem Hotel „Zum Stern", 1927

Hotel „Zum Stern" mit Weinhandlung, um 1930

Speisekarte des Hotels „Zum Stern", 1940

Zum Stern mit einem brillanten Großstadtprogramm".[58] Als Heinrich Linder mitten im Ersten Weltkrieg am 28. März 1915 starb, stand das Hotel ohne Führung da, denn seine Söhne waren im Feld und auch seine Ehefrau Anna wollte das Haus nicht übernehmen.[59] So rang sich Albert Linder zu einer Übernahme des Hotels durch und zahlte seine Geschwister aus.[60] Am 25. Januar 1918 wurde ihm durch die Stadt Siegburg die Gast- und unbeschränkte Schankwirtschaftskonzession für das Hotel Stern erteilt.[61]

Anfang August 1935 ging ein Schreiben von Albert Linder beim Bürgermeisteramt Siegburg ein, in dem er auch Pläne mitschickte für einen Erweiterungsbau des „Stern" in Form eines Tanzsaals und bat, „mir für diese Räume die Konzession zu erweitern".[62]

Der Umbau war im Übrigen vor der Konzessionseinholung erfolgt. Gut zwei Jahre später – im März 1937 – stellte Linder an Bürgermeisteramt Genehmigungsantrag für die Schankerlaubnis seiner umgeänderten Probierstube im „Hotel zum Stern".[63] Der Siegburger Bürgermeister, Dr. Friedrich Wilhelm Karl, Eickhoff gab hierzu folgende Stellungnahme ab: „Der Hotelbetrieb ist nicht abgetrennt, sondern mit der Weinhandlung zusammen zu einem Einheitswert von 148 500 RM veranlagt. Das Finanzamt kann den Einheitswert für den Hotelbetrieb allein nicht angeben. Er wird geschätzt auf 120 000 RM. In steuerlicher Hinsicht bestehen keine Bedenken gegen den Antrag. Eine diesbezügliche Bescheinigung des Finanzamtes hier ist angeschlossen. Ein politisches Zuverlässigkeitszeugnis von den Eheleuten Linder ist

Das zerstörte Hotel „Zum Stern", 1945

Neubau des Hotels „Zum Stern", 1949

bei der politischen Kreisleitung beantragt, jedoch noch nicht eingegangen." Daraufhin meldete sich im April 1937 das Kreispersonalamt und gab ein positives „politisches Zuverlässigkeitszeugnis" ab. Allerdings kritisierte das Amt: „Da nach unseren Ermittlungen bereits der Umbau durchgeführt und somit eine Konzessionsverweigerung nicht anzunehmen ist, erheben wir unsererseits keine Bedenken gegen die Erweiterung. Wir möchten uns nur erlauben zu bemerken, daß der rechte Weg die vorherige Einholung der Konzession und erst dann die Erweiterung gewesen wäre." Zudem mussten die Eheleute Linder am 21. Juli 1937 eine eidesstattliche Erklärung abgeben, „dass sie arischer Abstammung sind".

In den Mittagsstunden des 28. Dezember 1944 erlebte Siegburg einen der schwersten Luftangriffe, der Stadtkern wurde mit einem regelrechten Bombenteppich eingedeckt. Viele Gebäude wurden schwer beschädigt oder sogar völlig zerstört. Weiteren Angriffen im März 1945 fiel auch das Hotel „Zum Stern" zum Opfer.

„Als nach dem Zweiten Weltkrieg der Stern in Trümmern lag, blickte mancher Siegburger fragend auf seinen Chef, um in seinen Zügen zu lesen, was denn nun werden solle. Siegburg ohne seinen Stern – undenkbar. Er konnte doch nicht in seiner Zufluchtsstätte im Aggertal [i. e. Haus Auel bei Wahlscheid] bleiben, sich mit der Arken

Anzeige in der Siegburger Zeitung vom 27. Dezember 1949

Hotel „Zum Stern"

Besitzer: Albert Linder, Siegburg, Markt 14-15 - Telefon Nr. 2547/48

Wiedereröffnung 29. 12. 1949, 17 Uhr

Tischbestellung erbeten   Festsaal für 800 Personen

Die Familie Linder und ihre Hotels und Gasthäuser in Siegburg

Festakt zur Eröffnung des neu aufgebauten Hotel „Zum Stern", rechts Siegburgs Stadtdirektor Dr. Anton De Visscher, 1949

begnügen, dieser Albert Linder, nein. Er mußte doch seiner Heimatstadt wieder das gastronomische Gesicht geben, das diese einmal hatte."[64] Albert Linder fasste daher den Entschluss, das Siegburger Traditionshotel wieder aufzubauen. „Ein neuer Stern geht auf" schrieben daher die Zeitungen.[65] Im August wurden die Fundamente für den

Albert Linder in der Küche des Hotels „Zum Stern", 1949

vierstöckigen Bau gelegt, Linder war von „morgens bis abends [...] am und auf dem Bau". Und so konnte innerhalb kürzester Zeit – nur sechs Monate dauerte das Bauvorhaben seit der Grundsteinlegung am 29. Juni 1949 – das Hotel erstellt und pünktlich zur Jahreswende 1949/1950 und zu einem goldenen Jubiläum – fünfzig Jahre befand es sich nun im Familienbesitz Linder – eingeweiht und unter Teilnahme zahlreicher prominenter, geladener Gäste wieder eröffnet werden.[66] Bei diesem Festakt am 29. Dezember hielt Rechtsanwalt Dr. Josef Klefisch aus Köln, ehemaliger Präsident des Kölner Männergesangsvereins, die Festrede und schrieb diesen Erfolg „dem unbeugsamen Willen und der wie Pech und Schwefel zusammenhaltenden Familie des Wirts, Albert Linder, zu." Zu den weiteren Rednern gehörten selbstverständlich Albert Linder, der Siegburger Bürgermeister Hubert Heinrichs, der Vorsitzende des Siegburger Männergesangsvereins Jean Bloch und Oberkreisdirektor Josef Clarenz. Letzterer bewunderte nicht nur „Tatkraft und Optimismus, mit denen der Bau trotz aller Schwierigkeiten beendet werden konnte", sondern auch die Fassadengestaltung des neuen Gebäudes, die „wohl für immer alle Diskussionen über die Marktplatzbebauung beendet und dem Markt sein endgültiges Gesicht gegeben" habe.[67] Das neue Hotel „Zum Stern" umfasste am Eingang vom Markt her ein kleines Café und einige Stufen höher die Probierstube. An der Ecke Markt und Sternengasse wurde das Weinverkaufsgeschäft eingerichtet. Der Zugang zum eigentlichen Weinrestaurant führte entweder vom Hoteleingang in der Sternengasse her oder durch die Probierstube und hatte seine Fensterfront ebenfalls zur Sternengasse hin. Im Keller hatte Albert Linder eine „stilvolle Bar"- die

Der Saal im Hotel „Zum Stern" ist für Karneval festlich geschmückt, 1960-er Jahre

Zeitungen schrieben auch „gediegene Herrenbar" – einrichten lassen. Der mit Parkettboden ausgestattete Saal war noch größer dimensioniert als der im alten Hotel und fasste bis zu 1000 Personen. Im ersten Stock wurde ein Konferenzraum für 50 bis 60 Personen eingerichtet. Die Hotelzimmer waren zum Zeitpunkt der Eröffnung noch nicht bezugsfertig, sie sollten im ersten Stock ab Mitte Januar 1950, im zweiten Stock ab Mitte März 1950 den Übernachtungsgästen zur Verfügung stehen. Insgesamt sollten dann 75 Betten vorhanden sein. Ein Großteil der Zimmer war aber bereits für Angestellte der Bundesregierung reserviert worden. Auch der Saal sollte noch mit einer modernen Bühne versehen werden. Dieser war umgehend gut ausgebucht: Am Silvesterabend 1949 feierte der Siegburger Ruderverein einen rauschenden Silvesterball, am 1. Januar 1950 hielt der Siegburger Turnverein einen Neujahrsball ab und am 8. Januar feierte die Metzgerinnung des Siegkreises dort ihr goldenes Innungsjubiläum. Das Hotel mit seinem großen Saal bildete bald wieder den Mittelpunkt des gesellschaftlichen Lebens in Siegburg, Veranstaltungen der unterschiedlichsten Art wurden hier durchgeführt. So gastierte beispielsweise am 30. April 1956 das Millowitsch-Theater im „Stern" mit seinem Namensgeber Willy Millowitsch in der Hauptrolle.

1957 markierte einen Einschnitt für das Hotel „Zum Stern". Am 3. März 1957, dem Karnevalssonntag, starb Hotelchef Albert Linder. Unter großer Beteiligung der Bevölkerung wurde er am 7. März auf dem

Siegburger Nordfriedhof beigesetzt. Der erzbischöfliche Dechant Dr. Becker sprach die Gebete, die Kapelle Stenz, die schon bei der Wiedereröffnung des „Stern" 1949 ihr Können zum Besten gegeben hatte, spielte für den Verstorbenen einen Abschiedsgruß.[68] Die Leitung des Betriebes übernahm der Sohn Albert Ferdinand Linder zusammen mit drei Schwestern und zwei Brüdern.[69]

Ende 1966 fiel der Entschluss, dass die Stüßgen AG aus Köln das gesamte Erdgeschoss und den Saal des Hotels anmieten würde, um dort einen Lebensmittelmarkt einzurichten. Der Hotelbetrieb, die Weinstube und das Restaurant mussten auf die erste Etage des Hauses ausweichen. Als ein Grund für diese Veränderungen wurden die Schwierigkeiten bei der Beschaffung von Fachpersonal angegeben. Vor allem für das Vereinsleben der Stadt hatte dies unangenehme Folgen: Ab März 1967 gab es daher in Siegburg keinen großen Saal mehr für Veranstaltungen. Die Siegburger Zeitung schrieb gar: „Das Siegburger Gesellschaftsleben ist tot". Über viele Jahre hatten beispielsweise die Karnevalisten dort ihre Prinzenproklamation gefeiert. 1964 fand dort aus Anlass des Stadtjubiläums unter Leitung von Toni Westerhausen auch das Prinzentreffen des Großraums „Rhein-Sieg" statt, zu dem alle Prinzenpaare mit Gefolge „aus der weiten Umgebung" kamen und das sogar vom Fernsehen übertragen wurde.[70] Der Geschäftsbetrieb des Großmarktladens Stüßgen wurde übrigens Ende 1985 aufgegeben.

1968 wurde das Haus durch den Kölner Architekten Peter Neufert gründlich renoviert und umgebaut.[71] Dabei wurde der Restaurationsbetrieb vom Erdgeschoss ins erste Obergeschoss verlegt, die dort bisher vorhandenen Fremdenzimmer teilweise aufgegeben und teilweise in das bisherige Konferenzzimmer und Wohnzimmer verlegt. Restaurant, Frühstücksraum, Hotelküche mit Nebenraum und Kühlraum, Vorratsraum, Personalraum und Gästetoiletten wurden neu ausgebaut. Elternschlafzimmer und ehemalige Hotelhalle wurden zu Büroräumen umfunktioniert. Nach diesen grundlegenden Renovierungsarbeiten kam es doch etwas überraschend, dass nur vier Jahre später das Hotel vor dem Aus stand. Im Dezember 1972 titelte die Rhein-Sieg Rundschau „Größtes Hotel geschlossen", am 30. November waren die letzten Hotelgäste verabschiedet worden.[72] Albert Linder führte als Grund für die Schließung seines 67 Zimmer mit 100 Betten umfassenden Hotels vor allem wirtschaftliche Gründe an, aber auch Personalschwierigkeiten. Ferner sei die geplante Umgestaltung des Marktplatzes in eine Fußgängerzone, die das Hotel vom Durchgangsverkehr abschneiden würde, für die Entscheidung mitbestimmend gewesen.[73] Fest stand, dass das Haus nicht verkauft, sondern in Familienbesitz bleiben würde. Die 19 Mitarbeiter kamen fast alle in anderen Betrieben unter. Damit wurde ein vorläufiger Schlusspunkt unter das bekannteste Hotel Siegburgs gesetzt, das im Laufe der Jahre auch immer wieder prominente Gäste besucht hatten: Konrad Adenauer, Heinrich Lübke, Ludwig Erhard, die niederländische Königin Wilhelmine, Sonja Ziemann, Erik Ode sind nur die bekanntesten.

Am 1. Juli 1973 wurde das Hotel „Zum Stern" – nicht das Restaurant – durch die Berliner Heinz M. Zellermayer[74] Hotelbetriebsgesellschaft, die im Februar auch schon das Autobahnrasthaus Siegburg Ost übernommen hatte, wieder eröffnet. Die Leitung des

"Stern" übernahm Klaus Wiethüchter.[75] Doch nur kurz währte dieser Neubeginn, denn bereits im Oktober 1973 verkündeten die Betreiber die Schließung zum 31. Dezember. Mangelnde Übernachtungszahlen, trotz Zusicherung ausgebliebene Unterstützung seitens der Stadt Siegburg sowie die beabsichtigte Einrichtung der Fußgängerzone wurden als Gründe für diesen Schritt genannt. Neue Pächterin wurde Anfang Januar 1974 Ursula Joest aus München.[76]

In den folgenden Jahren gab es immer wieder Wechsel bei den Pächtern. Von März 2004 an stand das Hotel zwei Jahre lang leer – in dieser Zeit diente es im Sommer 2005 als Sammelherberge während des Weltjugendtags – bis es der Ittenbacher Hotelbetriebswirt Peter Zamponi pachtete.[77]

Dieser kurze Überblick über die Hotels und Gasthäuser der Familie Linder in den vergangenen gut hundert Jahren zeigt, wie sehr dieser Wirtschaftszweig in Siegburg über mehrere Generationen von ein und derselben Familie geprägt und gefördert wurde. Gleichzeitig sind diese Hotels und Gaststätten auch ein Stück Siegburger Stadtgeschichte.

Anmerkungen:

1 Frau Anna Maria Linder und Herrn Albert Linder danken wir für die ausführlichen Gespräche über die Familiengeschichte und zahlreiche Fotos, die sie uns für diesen Beitrag zur Verfügung gestellt haben. Aus Platzgründen konnte leider nur ein Teil davon hier abgebildet werden. Dank gilt auch Herrn Dr. Wolfgang Baum, der uns ebenfalls wertvolle Hinweise zur Familiengeschichte gab.
2 Die Lebensdaten für die Familie Linder wurden der Einwohnermeldekarte des Stadtarchivs (=StA) Siegburg entnommen. Zur Geschichte der Familie Linder im 19. Jahrhundert siehe: Elisabeth KLEIN: Die Bombacher Linder. In: Lohmarer Heimatblätter 25 (2011), S. 75-77.
3 Siehe hierzu: Gerd STREICHARDT: Wenn Steine reden. Wegekreuze in Lohmar. Lohmar 2011, S. 119-121.
4 Adreß-Buch des Kreises Sieg 18 Bürgermeistereien umfassend (3 Städte und 15 Landbürgermeistereien). Nach amtlichen Quellen bearbeitet. 1894. Siegburg 1894, S. 14.
5 Siegburger Kreisblatt. v. 18.04.1915.
6 Ebd.
7 Siegburger Zeitung vom 20.03.1927 (Anzeige Siegburger Hof).
8 Anton Rumpelmayer (* 1832 in Preßburg; † 1914 in Saint-Martin-Vésubie) war ein österreichischer Konditor und k.u.k. Hoflieferant der in Frankreich tätig war. 1870 zog der aus Pressburg, heute Bratislava an die Côte d'Azur. Er arbeitete dort vermutlich zuerst bei Viktor Sylvain Perrimond in Menton in dessen Geschäft. 1896 gründeten beide das Unternehmen Perrimond-Rumpelmayer und eröffneten Geschäfte neben Menton in Cannes und Nizza sowie in Aix-les-Bains. Rumpelmayer eröffnete 1903 an der Rue de Rivoli 226 in Paris eine weitere Filiale, die sein Sohn René (* 3. Februar 1870 in Nizza; † 28. Jänner 1915 in Paris), später dessen Witwe Angelina geb. Guillarmou (1866-1954) ab 1916 weiterführte. Das Kaffeehaus Angelina, vermutlich nach seiner Schwiegertochter benannt, wurde zum Treffpunkt der hohen Pariser Gesellschaft und existiert nach wie vor. Nach: http://de.wikipedia.org/wiki/Anton_Rumpelmayer (Stand: 12.03.2012).
9 Zum Lebenslauf von Albert Linder jr. gab freundlicherweise Frau Anna Maria Linder, Siegburg, zahlreiche Auskünfte.
10 Rhein-Sieg Rundschau v. 03.09.2005.
11 Siehe u.a. Siegkreis Rundschau v. 18.07.1959: „Gleich nach Kriegsende schloß sich Albert Linder der Schützenbruderschaft St. Sebastianus 1350 an. Bald war ihm 1955 der erste Erfolg beschieden. Er wurde Herbstmeister [...] So war es eine schöne Bestätigung ‚des Erbgutes', als er in diesem Jahre [i. e. 1959] zuerst König der St. Sebastianer, dann schließlich Stadtschützenkönig wurde."
12 Hierzu und im Folgenden: Siegburger Zeitung v. 22.04.1914.
13 Hierzu und im Folgenden: Siegburger Zeitung v. 24.04.1914. Die Bedingungen waren folgende: Baupolizeiliche Änderungen werden von der Stadt durchgeführt, Erweiterungen sind nicht vorgesehen, Zucht und Sitten dürfen nicht außer Acht gelassen werden, unnötiger Lärm muss vermieden werden, so dass sich dort jeder Bürger wohl fühlt, Konzerte dürfen nur in den Nachmittagsstunden stattfinden, die Konzessionssteuer trägt die Stadt, als Sicherheit muss der Pächter eine Kaution hinterlegen oder einen Bürgen benennen.
14 Siegburger Zeitung v. 24.04.1914.
15 Hier und im Folgenden zitiert aus: StA Siegburg, Bestand III 3, A-O-Nr. 32 31-1, Lfd. Nr. 47.
16 Laut Konzessionsgesuch gab es ein Pissoir, zwei Toiletten für Herren und drei für Damen. Sie lagen „in einem besonderen Gebäude in der Nähe des Wirtschaftsgebäudes".

17 StA Siegburg, Bestand III 3, A-O-Nr. 32 31-1, Lfd. Nr. 47.
18 Führer durch Siegburg und Umgebung. Hg. v. Siegburger Gewerbe- und Verkehrsverein. Siegburg [1914], unter „Geschäftsempfehlungen" im Anhang.
19 StA Siegburg, Bestand III 3, A-O-Nr. 32 31-1, Lfd. Nr. 47.
20 Siegburger Zeitung v. 16.04.1915.
21 Siegburger Zeitung v. 05.03.1916.
22 Hierzu und im Folgenden: Siegburger Zeitung v. 10.03.1916.
23 Rhein-Sieg Rundschau v. 04.03.1971.
24 Franz Blech (* 14.04.1853, † 08.04.1913) war verheiratet mit Anna Scharenbroch (* 1854) und hatte mir ihr drei Kinder. Nach: Einwohnermeldekartei der Stadt Siegburg.
25 StA Siegburg, Bestand III 3, A-O-Nr. 32 31-1, Nr. 200. Blech schreibt in einem Brief an den Siegburger Bürgermeister Spilles, dass er das „Mobiliar, da sich gerade Gelegenheit dazu gab, angekauft [habe] und zwar für 15 000 Mark".
26 StA Siegburg, Bestand III 3, A-O-Nr. 32 31-1, Nr. 200.
27 Ebd. Demnach blieben die Gäste im „Stern" durchschnittlich drei Tage, im „Deutschen Haus" zwei Tage und im Gasthof Felder einen Tag.
28 Hierzu und im Folgenden: StA Siegburg, Bestand III 3, A-O-Nr. 32 31-1, Nr. 200.
29 Siehe hierzu auch: Archiv des Rhein-Sieg-Kreises (=ARSK), Landratsamt Siegkreis (LSK), Nr. 1026.
30 Adreß-Buch der Stadt Siegburg auf Grund amtlicher und privater Angaben nach dem Stande vom 1. Mai 1910. Siegburg [1910], S. 69.
31 Siegburger Zeitung v. 01.03 1916.
32 Hierzu und im Folgenden: Siegburger Zeitung v. 14.12.1919.
33 Siegburger Zeitung v. 02.12.1916.
34 Die Stadt Siegburg fiel in den Bereich des Brückenkopfes Köln und wurde im Dezember 1918 von kanadischen Soldaten, die innerhalb britischer Verbände Dienst verrichteten, besetzt. Von nun an folgte eine über sieben Jahre lange Zeit der Besatzung. Im Februar 1919 wurden die kanadischen Besatzungstruppen durch englische ersetzt. Im Laufe des Sommers 1919 erhöhte sich die Zahl von ursprünglich 3 300 Soldaten auf 6 400. Für deren Unterbringung wurden im ganzen Stadtgebiet Gebäude beschlagnahmt. Im Februar 1920 erfolgte die Ablösung der englischen Besatzung durch französische Truppen, 2 000 Soldaten aus Nordafrika wurden überall im Stadtgebiet untergebracht. Die beschlagnahmten Gebäude des ehemaligen Feuerwerkslaboratoriums wurden zur „Caserne du Verdun" umfunktioniert. Seit November 1925 wurde schließlich eine staffelweise Räumung Siegburgs von französischen Besatzungstruppen durchgeführt, die Ende Januar 1926 abgeschlossen war, die Stadt war nun endlich kein besetztes Gebiet mehr.
35 Hierzu und im Folgenden: Siegburger Zeitung v. 14.12.1919.
36 Adreß-Buch der Stadt Siegburg auf Grund amtlicher und privater Angaben nach dem Stande vom 1. Oktober 1919. Siegburg [1919], S. 184.
37 Siegburger Zeitung v. 12.12.1926.
38 Führer durch Siegburg und Umgebung. Hg. v. Städtischen Verkehrsamt. Mönchengladbach 1926, S. 66.
39 Für die Hinweise auf das Schicksal des Siegburger Hofes während des Zweiten Weltkrieges danken wir Frau Maria Benning und Herrn Dr. Wolfgang Baum.
40 Adreß-Buch des Kreises Sieg 18 Bürgermeistereien umfassend (3 Städte und 15 Landbürgermeistereien). Nach amtlichen Quellen bearbeitet. 1894. Siegburg 1894, S. 22: Lürken ist Eigentümer des Gebäudes, in dem er auch mehrere Mieter – v. a. Arbeiter und Tagelöhner – untergebracht hat. Adreß-Buch des Siegkreises 1925. Mit amtlicher Unterstützung. Siegburg [1925], S. 46.
41 ARSK, LSK, Nr. 1082.
42 Das Nationalsozialistische Kraftfahrkorps (NSKK) war eine paramilitärische Organisation der NSDAP.
43 Hierzu und im Folgenden: ARSK, LSK, Nr. 1082. Schon davor war das Wirtschaftslokal an den stellvertretenden Kreisleiter Gabriel Saal verpachtet (seit 1. Januar 1933) gewesen.
44 ARSK, LSK, Nr. 1082. In einem Schreiben des Wirtevereins vom 8. August 1933 wird die Ablehnung wie folgt begründet: „Der Verwaltung ist bekannt, dass ein Bedürfnis für die Neukonzession in Siegburg bestimmt aber nicht in der Mühlenstr. vorliegt. Die bestehende Teilkonzession wurde s. Zt. unter Umgehung jeder Voraussetzung erteilt. Was damals geschah, darf heute nicht mehr vorkommen unter der Devise ‚Gemeinnutz geht vor Eigentum'. Daher bitten wir die Konzession abzulehnen."
45 Schreiben des Stadtbauamtes vom 9. August 1934 in: ARSK, LSK, Nr. 1082.
46 Greven's Adreßbuch des Siegkreises 1940. Köln 1940, S. 106. – Albert Linder war Eigentümer des Kantinengebäudes der „Rheinische Zellwolle AG" und seit 1929 im Besitz der Konzession für den Kantinenbetrieb gewesen. Diesen verpachtete er 1937/38 an Hans Blesen (* 15. Dezember 1887 in Köln). Hierzu ausführlich: ARSK, LSK, Nr. 1328.
47 Greven's Adreßbuch des Siegkreises 1950 […]. Köln 1950, S.69.
48 Siegburger Zeitung v. 07.06.1956.
49 Hans Pinner (* 04.04.1929 in Kaltenbrunn (Böhm.), † 18.08.1979 Siegburg). Greven's Adressbuch des Siegkreises 1959/60. Köln [1960], 51 (Branchenverzeichnis).
50 Bonner General-Anzeiger v. 19.05.2009.
51 Hierzu und im Folgenden: ARSK, LSK, Nr. 2154.
52 Grevens Adreßbuch des Siegkreises 1950 […]. [Köln 1950], S. 63.
53 ARSK, LSK, Nr. 2255.
54 Eine kurze historische Übersicht liefert J. W.: Vom großen und kleinen „Stern". In: Kölnische Rundschau v. 21.06.1949.
55 Rheinische Zeitung v. 17.08.1049.
56 Heinrich Milz wurde am 11. April 1857 in Siegburg geboren, wo er viele Jahrzehnte lebte und arbeitete, und verbrachte seine letzten Lebensjahre seit 1926 in Bonn;

dort verstarb er am 30. September 1931. Er war sehr aktiv im Siegburger Karneval und ist die erste bekannte Siegburgia, die er im Jahre 1878 verkörperte. Lebensdaten: Einwohnermeldekartei der Stadt Siegburg.
57 Adreß-Buch des Kreises Sieg 18 Bürgermeistereien umfassend (3 Städte und 15 Landbürgermeistereien). Nach amtlichen Quellen bearbeitet. 1894. Siegburg 1894, S. 41.
58 Konzessionsurkunde im Privatbesitz von Albert Linder.
59 Siegburger Zeitung v. 01.12.1911.
60 In der Todesanzeige von Anna Linder sind unter den trauernden Angehörigen u. a. „Roland Liner, z. Zt. im Feldart.-Regt. Nr 59" als auch „Albert Liner, z. Zt. im Felde" aufgeführt. In: Siegburger Zeitung v. 17.10.1916.
61 Laut Erzählung von Anna Marie Linder.
62 ARSK, LSK, Nr. 2255.
63 ARSK, LSK, Nr. 2255.
64 Hierzu und im Folgenden: ARSK, LSK, LSK, Nr. 1083.
65 Siegburger Zeitung vom 09.03.1957.
66 Kölnische Rundschau / Heimatteil Siegkreis v. 12.07.1949.
67 Siegburger Zeitung v. 31.12.1949; Kölner Stadt-Anzeiger v. 02.01.1950: „Nach seiner festlichen Eröffnung am Freitagmorgen, zu der Vertreter der Bundes- und der Landesregierung, das Kreises, der Stadt und einer Reihe benachbarter Gemeinden und anderer Behörden, die Geistlichkeit und viele alte Gäste des Hauses Linder gekommen waren, sah der ‚Stern' am Silvesterabend seine erste große Veranstaltung, den Festball des Siegburger Rudervereins."
68 Hierzu und im Folgenden: Siegburger Zeitung v. 31.12.1949.
69 Siegkreis Rundschau v.05.03.1957 und 08.03.1957.
70 Siegkreis Rundschau v. 18.07.1959. Siegburger Zeitung v. 09.03.1057: „Jetzt muß sich sein Werk in der Familien-Kommanditgesellschaft fortsetzen, die von den Kindern getragen wird. Sie dürfen ein herrliches Werk fortführen."
71 ARSK, KB 36 (Siegburger Karnevalskomitee), Protokollbuch.
72 Hierzu und im Folgenden: StA Siegburg, IV, Az. 32 30 4. – Peter Hermann Ernst Neufert (* 1925, † 1999) war ein deutscher Architekt. Zu den bedeutendsten Werken des überwiegend im Rheinland tätigen Neufert zählen die 1955-61 in Köln-Bocklemünd errichtete Firma Gebrüder Finger, die 1958 in Köln-Gremberghoven gebaute ehemalige Industriegas GmbH (beide noch dem typischen Stil der 1950er Jahre verpflichtet), das 1959–62 in Köln-Hahnwald errichtete revolutionäre Haus X1 sowie das 1971 in Frechen in Form einer Töpferscheibe erbaute Museum Keramion. Zitiert nach: http://de.wikipedia.org/wiki/Peter_Neufert (Stand: 17.03.2012).
73 Rhein-Sieg Rundschau v. 01.12.1972.
74 Rhein-Sieg Rundschau v. 10.10.1972; Rhein-Sieg-Anzeiger v. 10.10.1972.
75 Heinz Max Lorenz Zellermayer (* 1915, † 2011) war ein deutscher Unternehmer und Politiker. Er tat sich als einflussreicher Hotelier in Berlin hervor und war von 1958 bis 1979 für die CDU im Abgeordnetenhaus von Berlin. Zitiert nach: http://de.wikipedia.org/wiki/Heinz_Zellermayer (Stand: 17.03.2012).
76 Rhein-Sieg Rundschau v. 20.06.1973.
77 Rhein-Sieg Rundschau v. 08.12.1973.
78 Bonner General-Anzeiger v. 13.01.2006.

Johann Paul

DIE BELASTUNG DER UMWELT DURCH DIE FRÜHERE ZELLWOLLFABRIK IN SIEGBURG

Am 8. März 1938 bat der Chemiker Dr. Fritz Rung, der einer der beiden Geschäftsführer in der Druckfarbenfabrik Siegwerk in Siegburg war[1], den Siegburger Bürgermeister Dr. Fritz Eickhoff in einem Brief, seinen „ganzen Einfluss geltend zu machen, um einem sehr schweren Übel, das für die Bewohner von Siegburg seit einiger Zeit eingetreten ist, abzuhelfen". Die „Abgase der Zellwollfabrik" würden „die ganze Umgebung verpesten", so dass viele Anwohner schon mit dem Gedanken spielten, „ob sie nicht einfach von Siegburg wegziehen" sollten.[2]

Blick vom Michaelsberg 1966 auf das Siegwerk und die Phrix

Einige Zeit später, am 25. August 1939, klagte der Besitzer des Gutshofes Friedrichstein in Siegburg-Mülldorf (heute ein Stadtteil von Sankt Augustin) in einem Brief an den Landrat des Siegkreises Hans Weisheit, „[d]urch die Abwässer der Zellwolle [habe] die Sieg zwischen Wolsdorf und Siegburg-Mülldorf einen Zustand angenommen, der unerträglich geworden ist. Das früher klare Siegwasser gleicht nunmehr schmierigem Kloakengewässer, in welchem aneinanderreihend kuhfladenähnliche Gebilde schwimmen. Das ganze Siegbett ist verseift mit faserigen Gebilden von grauer Farbe. Außerdem ist der belästigende Geruch in seinem Umfange unerträglich geworden."[3]

Beide Briefe zeigen, dass die im Juli 1937 in Betrieb genommene Zellwollfabrik in Siegburg, bei der es sich über lange Zeit um das größte Industrieunternehmen in der Stadt handelte, die Umweltmedien Luft und Wasser und – wie sich spätestens einige Jahre nach Schließung des Werks Ende 1971 herausstellen sollte – auch das dritte Umweltmedium, den Boden, in hohem Maße belastet hat. Im Folgenden sollen die bisher historisch noch nicht aufgearbeiteten Umweltbelastungen der Siegburger Zellwollfabrik, die Reaktionen der Anwohner und anderer Betroffener sowie die behördlichen Maßnahmen und Pläne zur Verringerung bzw. Beseitigung dieser Einwirkungen auf die Umwelt sowohl in der nationalsozialistischen Zeit als auch in den Jahrzehnten nach 1945 eingehend dargestellt werden. Am Anfang der Untersuchung steht ein Abriss der Firmengeschichte, der insbesondere der Frage nach der wirtschaftlichen Bedeutung des Werks für die Stadt Siegburg und ihrem Umland nachgehen wird. Danach werden die bei der Produktion von Zellwolle ablaufenden chemischen Prozesse knapp skizziert, weil ohne ihre Einbeziehung die spezifischen Formen der von der Zellwollfabrik verursachten Umweltbelastungen nicht recht verständlich würden. Die Belastungen werden getrennt für die Umweltmedien Luft, Wasser und Boden untersucht, wobei innerhalb des jeweiligen Mediums die Schilderung chronologisch verläuft. Die Untersuchung stützt sich ganz überwiegend auf Aktenbestände des Stadtarchivs Siegburg, die in großer Dichte Auskunft über die Gefährdung der Umwelt durch die Zellwollproduktion in Siegburg und die Reaktionen auf diese Umweltprobleme geben.

DIE WERKSGESCHICHTE

Am 15. März 1928 stimmte der Siegburger Stadtrat einem Vertrag zwischen der Stadtverwaltung und der J. P. Bemberg AG (Elberfeld) über den Bau einer Kunstseidenfabrik in der Gemarkung Siegfeld am Siegburger Mühlengraben zu.[4] In der Fabrik sollten halbsynthetische Spinnfäden aus Zellulose produziert werden. „[U]m das Land-

Modell des geplanten Werks, Foto 1929

schaftsbild zwischen den beiden Wolsbergen sowie dem Michaelsberg, wo der Fabrikneubau entstehen soll, nicht zu beeinträchtigen", hatte das Unternehmen „einen Ideenwettbewerb ausgeschrieben", an dem sich „namhafte Architekten Süd- und Westdeutschlands" beteiligten.[5] Die gesamte Fabrikanlage sollte sich nach den Vorstellungen der Planer „harmonisch" an die „schöne landschaftliche" Umgebung anpassen.[6]

Der leerstehende Neubau, am Schornstein prangt der Schriftzug „Bemberg", im Hintergrund die Wolsberge, um 1930

Die Belastung der Umwelt durch die frühere Zellwollfabrik in Siegburg

Firmenreklame, um 1940

Die vorgesehene Fabrikansiedlung hatte für Siegburg große wirtschaftliche Bedeutung. Die Stadt galt Mitte der 1920er Jahre als „eine sterbende Stadt".[7] Durch die Schließung zweier großer staatlicher Munitionsfabriken nach dem Ersten Weltkrieg und ihre misslungene Umstellung auf Friedensproduktion gingen Tausende von Arbeitsplätzen verloren und wurde „die Wirtschaftsgrundlage der Stadt Siegburg zerstört".[8]

Die Firma Bemberg wollte vorerst nur einen Teilkomplex der Fabrik errichten, damit die Produktion schon im Juli 1929 beginnen konnte. Später sollte das Werk bei voller Produktion fünf Mal so groß sein. Anfangs sollten im Siegburger Werk 1200 Männer und 400 Frauen beschäftigt werden.[9] Die Bauarbeiten begannen mit einiger Verzögerung im November 1928. Die Inbetriebnahme sollte nun Ende 1929 erfolgen.[10] Infolge der Ende Oktober 1929 einsetzenden schweren Wirtschaftskrise wurde die Inbetriebnahme des Werks, dessen Baukosten sich auf sechs Millionen Reichsmark belaufen haben sollen[11], auf unbestimmte Zeit verschoben. „Da stand nun der imposante Bau im Siegfeld – trotzdem blieb er ohne Leben."[12]

An dieser misslichen Situation änderte sich auch in der nationalsozialistischen Zeit zunächst nichts, obwohl das NS-Regime seit Frühjahr 1934 nachdrücklich den Bau neuer Zellwollfabriken forderte. Auf diese Weise sollte die Einfuhr von Textilrohstoffen aus dem Ausland drastisch gesenkt und die dadurch eingesparten Devisen zum Kauf ausländischer Rohstoffe verwendet werden, die für die expandierende Rüstungsproduktion benötigt wurden.[13] Erst auf dem Reichsparteitag der NSDAP im September 1936 wurde bekannt gegeben, dass in den Gebäuden des Bembergwerks in Siegburg eine Zellwollfabrik errichtet werden sollte.[14] Zu diesem Zweck wurde die Rheinische Zellwolle AG in Köln gegründet, an der u. a. die Thüringische Zellwolle AG und drei Kölner Privatbanken beteiligt waren.[15] Die ursprünglich für den 1. Juli 1937 geplante Inbetriebnahme des Siegburger Werks verzögerte sich bis Anfang 1938. Im Jahre 1941 wurde die Rheinische Zellwolle AG mit einigen anderen Zellwollfabriken zur neugegründeten Phrix-Werke AG in Hamburg zusammengelegt.[16] Am 1. Februar 1945 stellte die Siegburger Zellwollfabrik wegen Rohstoffmangels und Kriegsschäden ihren Betrieb ein.[17] In Spitzenzeiten hatte die Fabrik täglich 75 t Zellwolle produziert.[18] Unter den zuletzt rund 2 500 Beschäftigten befanden sich viele Zwangsarbeiter und Kriegsgefangene. Im Juni 1943 waren es 1141.[19] Für die spätere Zeit liegen keine Angaben mehr vor. In der NS-Zeit erfüllte das Unternehmen die mit ihm verbundenen Erwartungen nur zum Teil. Der Siegburger Bürgermeister Hubert Heinrichs meinte im März 1948, die Zellwollfabrik habe nur eine begrenzte Bedeutung für den Arbeitsmarkt der Kreisstadt gehabt, „da sie zu einem erheblichen Teil jugendliche, weibliche Kräfte beschäftigte".[20]

Die Belastung der Umwelt durch die frühere Zellwollfabrik in Siegburg

Kriegszerstörungen in der Phrix, 1944

Das Werk nahm kurz nach der Währungsreform am 1. September 1948 mit einer anfänglichen Tagesproduktion von 22 t seinen Betrieb wieder auf.[21] Das Unternehmen erreichte bald wieder seine frühere Größe und hatte in der ersten Hälfte der 1960er Jahre etwas über 2 000 Beschäftigte, die im Drei-Schicht-Betrieb arbeiteten.[22] Im Jahre 1967 kaufte die Badische Anilin- & Soda-Fabrik (BASF), die bereits an der Phrix AG beteiligt war, sämtliche Aktien des Unternehmens auf. Noch im selben Jahr verkaufte die BASF die Hälfte der Aktien an das amerikanische Unternehmen Dow Chemical.[23] Damit schien ein weiterer Ausbau des Siegburger Werks bevorzustehen. „Selten ging man in der Vergangenheit bei der Phrix mit so viel Optimismus in einen neuen Zeitabschnitt. [...] Sicher ist [...], dass in nächster Zeit das Produktionsprogramm in Siegburg erweitert wird", glaubte die Lokalpresse zu wissen.[24] Doch bald darauf kam es ganz anders. Nicht zuletzt aufgrund einer Aufwertung der DM um 8,5% im Herbst 1969 brach der Absatz von Zellwollfäden im Ausland ein. Das Siegburger Werk geriet anschließend in eine schwere Krise, aus der es nicht mehr herausfand.[25] Zum Jahresende 1971 wurde die Fabrik stillgelegt. 1650 Beschäftigte verloren ihren Arbeitsplatz[26] und die Stadt Siegburg ihren zweitgrößten Gewerbesteuerzahler.[27] Dennoch gewinnt man nicht den Eindruck, als ob Siegburg der Schließung des Phrix-Werks allzu sehr nachgetrauert hätte. Vielleicht gab es in der Stadt – abgesehen natürlich von den entlassenen Beschäftigten und ihren Familien – auch das Gefühl einer gewissen Erleichterung, dass man ein Unternehmen, das über Jahrzehnte die Umwelt erheblich belastet hatte, endlich losgeworden war.

GRUNDZÜGE DES PRODUKTIONSVERFAHRENS

Zellwolle oder Viskose, wie sie auch genannt wird, ist ein auf chemischem Wege hergestellter Spinnfaden aus Zellstoff. Da die Siegburger Zellwollfabrik das Ausgangsprodukt nicht selbst erzeugte, sondern bezog, soll die Herstellung von Zellstoff, der meist durch Aufkochen von kleingehacktem Buchen-, Fichten- oder anderem Holz mit Natronlauge, Natriumsulfat und Natriumsulfid erzeugt wird, hier nicht näher betrachtet werden. Der in großen Bögen angelieferte Zellstoff, der „wie schlechtes Papier" aussah, wurde in der Zellwollfabrik,

Die Belastung der Umwelt durch die frühere Zellwollfabrik in Siegburg

Millionen dünne Platten reiner Zellulose – sie waren einmal Bäume und wiegten sich im Wind.

Eine von vielen sechseckigen Trommeln, in deren luftverdünntem Raum Alkalizellulose mit Schwefelkohlenstoff
Die rötlich-gelbe feuchte Pulvermasse, die herausfällt, heißt „Xanthogenat".

In Bädern von verdünnter Natronlauge verwandelt sich der Stoff in eine dicke, honiggelbe Flüssigkeit: die Viskose.
Das Glas in den Händen des schlesischen Meisters enthält ein deutliches Wunder!

Bildfolge aus der Werbebroschüre
„Wir Phrixer", 1938.
Die Bilder stammen aus
dem Phrix-Werk Hirschberg, Schlesien.

Die Belastung der Umwelt durch die frühere Zellwollfabrik in Siegburg

Jeder der Stahlzylinder enthält achtzehnhundert feinste Düsen. In unendlich dünnen Strahlen wird die Viskose in „Fällbäder" gespritzt. Aus dem Spinnbad steigen Fäden –, die Zellwolle ist geboren!

Endlos lang sind die Zellwollfäden. Aber vor dem Verspinnen zerhackt und kräuselt man sie, um sie der tierischen Wolle in ihrer Wirkung anzugleichen.

Die Zellwolle wird gesponnen! Eine einzige moderne Spinnmaschine trägt Hunderte von sausenden Spindeln; wie streifiger Regen gleiten die Fäden von den Spulen abwärts zu den Spindeln und werden „verzwirnt".

Die Zellwolle wird gewebt! An einem der sausenden Webstühle unserer Zeit entsteht das feine Fischgrätenmuster, das man zur Bespannung der Autopolstersitze liebt. – Aber auch im modernsten „Jacquardstuhl" fliegt immer noch das alte Weberschiffchen mit dem Schußfaden durch die Kette.

Die Belastung der Umwelt durch die frühere Zellwollfabrik in Siegburg

„Seidig zart, von ansprechendem Glanz ist die Siegburger Zellwolle", Überschrift Westdeutscher Beobachter 29.1.1938. Die Skulptur im Stil der Zeit, über die nichts Weiteres bekannt ist, spielt auf die antike Sage des Goldene Vlieses, des wunderbaren Fells des Widders Crysomeles, an

Lagerkessel geleitet." Nach einer 24-stündigen Lagerung wurden die Viskosefasern mit den gewünschten Farben gemischt und in ein schwefelsäurehaltiges Spinnbad geleitet und durch Spinndüsen gepresst. Die dabei entstehenden Fäden wurden noch chemisch nachbehandelt und schließlich für den Versand verpackt.[28]

Für die weitere Betrachtung lässt sich festhalten, dass bei der Viskoseproduktion, die in der Siegburger Fabrik über die gesamte Betriebszeit im Großen und Ganzen nach dem gleichen Prinzip erfolgte, umweltgefährdende Substanzen, aber auch Wasser in großer Menge verbraucht wurden. In welchem Ausmaß die eingesetzten chemischen Stoffe die Umwelt belasteten, hing natürlich ganz entscheidend davon ab, was das Unternehmen und die Behörden taten, um die Umwelt vor der mit der Zellwollerzeugung zwangsläufig verbundenen Gefahr schädlicher Einwirkungen zu schützen.

wie die Rhein-Sieg-Rundschau 1970 schilderte, zunächst „in Natronlauge aufgeweicht, nach kurzer Zeit wird die Lauge abgepresst, die trockene, krümelige Masse geht auf einem Förderband in die ‚Vorreife'. [...] Das Förderband läuft so langsam, dass [der Zellstoff] etwa 24 Stunden in diesem Tunnel [bei unveränderter Temperatur und Luftfeuchtigkeit] bleibt. In luftdichten Behältern wird die Zellulose mit Schwefelkohlenstoff vermischt. Dadurch entsteht eine orange-gelbe Masse, die wieder mit Natronlauge und Wasser aufgelöst wird. Die Rohviskose, die danach entsteht, wird gefiltert und in

DIE LUFTVERSCHMUTZUNG

Als die Vorbereitungen für die Eröffnung der Siegburger Zellwollfabrik schon weit gediehen waren, beschlich die Bezirksregierung Köln ein ungutes Gefühl, ob Siegburg wirklich der richtige Standort für ein solches Werk sei. Seine Lage „im Weichbild der Stadt Siegburg [lasse] befürchten, dass Belästigungen durch Schwefelkohlenstoff, Schwefelwasserstoff sowie durch die Abwässer, die in den die Stadt durchfließenden Mühlbach abgeleitet werden müssen, entstehen werden", gab sie am 22. Mai 1937 dem Reichsarbeitsministerium zu bedenken.[29] Bald nach der Inbetriebnahme der Fabrik sollte sich zeigen, dass die Befürchtungen der Bezirksregierung berechtigt gewesen waren.

Die Belastung der Umwelt durch die frühere Zellwollfabrik in Siegburg

Luftbild 1953

Kurze Zeit nach der Betriebseröffnung wollte der in der Hindenburgstraße, der heutigen Frankfurter Straße, wohnende Konrektor i. R. Peter Klein am 22. Februar 1938 von der Stadtverwaltung wissen, ob die Abgase der Zellwollfabrik, die sich „mehr oder weniger in dem südlichen Teile der Stadt bemerkbar" machen würden, gesundheitsschädlich seien. Am 8. März beschwerte sich der Chemiker Dr. Fritz Rung, der in der Alfredstraße, der heutigen Alfred-Keller-Straße, wohnte, in dem schon eingangs zitierten Brief bei Bürgermeister Eickhoff über die durch die Abgase der Zellwollfabrik „verpestete Luft". Wie das städtische Verkehrsamt am 12. April mitteilte, klagten auch die Anwohner der Siegfeld- und Südstraße über die Luftverunreinigung. Anfang Mai wies ein anderer Anwohner darauf hin, „[d]er jetzt so schön gewordene Michaelsberg […], der sonst für viele Leute eine Stätte der Erholung war, [könne] an manchen Tagen wegen dieses Geruches überhaupt nicht oder kaum aufgesucht werden".[30] An einem Sonntag im Juni flüchteten Besucher wegen des Gestanks der Abgase aus dem nahe der Zellwollfabrik an der Sieg gelegenen Prinz-August-Wilhelm-Strandbad,[31] wie das städtische Verkehrsamt berichtete. Es sei ihm „nicht gleichgültig", schrieb dessen Leiter dem Bürgermeister, „wenn Fremde […] nun ein falsches Bild bekommen." Eigentlich bekamen die Sommerfrischler gar kein falsches Bild von Siegburg, sondern erlebten das, was für die Anwohner der Fabrik Alltag war. Im Spätsommer informierte das Verkehrsamt den Bürgermeister darüber, dass sich der Gaureferent der NS-Organisation Kraft durch Freude (KdF) zwar „sehr zufriedenstellend über die schöne Lage Siegburgs geäußert" habe. Aber weil „sich bei der Besichtigung des Michaelsberges der bekannte Geruch stark bemerkbar" machte, forderte der Gaureferent eine „Abstellung dieses Übelstandes […], ehe er KdF-Urlauber nach Siegburg legen könne".

Bereits nach den ersten Beschwerden aus der Bevölkerung ersuchte Eickhoff die Firmenleitung am 16. März, ihm zu versichern, „dass die starken Geruchsbelästigungen der letzten Zeit nur Ausnahmeerscheinungen" seien und „ganz fortfallen" würden, wenn die Abgasreinigungsanlage „ordnungsgemäß in Betrieb genommen" worden sei. Eickhoff versprach seinerseits, die aufgebrachten Anwohner zu beschwichtigen und im Stadtrat „eine entsprechende Erklärung ab[zu]geben, durch die die Bürgerschaft beruhigt würde". Der Bürgermeister riet dem Unternehmen, auf seinen Vorschlag einzugehen, „da andernfalls sich noch weitere Behörden mit der Angelegenheit befassen müssten". Werksdirektor Dr. Hans Cäsar Stuhlmann reagierte verstimmt und vermisste „ein Mitgehen der Stadtverwaltung in den Fragen der zielbewussten Aufklärung

Die Belastung der Umwelt durch die frühere Zellwollfabrik in Siegburg

PHRIX-Werk Krefeld, die neuzeitlichsten Kunstseide-Werksanlagen, am Oberrhein gelegen, inmitten der Seidenindustrie Deutschlands

Technik und Natur in harmonischer Einheit

Schöne, klare und ruhige Bauformen verkörpern den Stil unserer Zeit, der im Streben nach äußerer und innerer Harmonie auch in den Werksanlagen unserer PHRIX-Werke in Erscheinung tritt. Licht und Luft dringt durch breite Fensterfronten in alle Räume, in denen PHRIXER am gemeinschaftlichen Werk schaffen.

PHRIX-Werk Küstrin, am Zusammenfluß der Oder und der Warthe gelegen, beherrscht mit seinen gewaltig hohen Bauten die beiden Flüsse

Die Belastung der Umwelt durch die frühere Zellwollfabrik in Siegburg

PHRIX-Werk Hirschberg in landschaftlich schöner Lage, eingebettet in das an das Riesengebirge angrenzende Hirschberger Tal

PHRIX-Werk Siegburg in unmittelbarer Nähe des deutschen Rheins, paßt sich mit seinen Werksanlagen sinnvoll in das liebliche Bild der rheinischen Landschaft ein

PHRIX-Werk Wittenberge, das größte PHRIX-Werk, herausgewachsen aus der weiten märkischen Landschaft, ein Sinnbild neuen deutschen Aufbauwillens

der hiesigen Bevölkerungskreise über vermeintliche Beeinträchtigung durch Geruchsbelästigung und Verschmutzung der Wasserläufe". Stuhlmann betonte, als nationalsozialistischer Musterbetrieb werde die Zellwollfabrik „bestimmt den berechtigten Forderungen nachkommen". In einem weiteren Brief garantierte das Unternehmen, dass „nach Inbetriebnahme unseres Ablufttumes [...] von irgendeiner Geruchsbelästigung auch wohl nicht mehr die geringste Rede sein" könne.

Eickhoff informierte Rung über das Versprechen des Werks und teilte ihm weiter mit, er habe sich an die Bürgermeister anderer Städte, in denen es ebenfalls Zellwollfabriken gab, gewandt, um die Stichhaltigkeit der Behauptung der Fabrik zu überprüfen, „dass man bei anderen Zellwollfabriken mit dem Abluftturm die besten Erfahrungen gemacht hätte". Der Siegburger Bürgermeister versprach, er „werde nichts unversucht lassen, um jede vermeidbare Belästigung von der Bürgerschaft Siegburgs abzuwenden", zugleich bat er Rung, „die zurzeit noch vorhandenen Belästigungen bis zur Inbetriebnahme des Ablufttumes im Interesse Siegburgs und seiner neuen Industrie in Kauf nehmen zu wollen". Rung erwiderte, er sei „natürlich der Letzte, der etwa der Industrie Schwierigkeiten machen will, wenn gewisse Unannehmlichkeiten durch die Nähe eines solchen Industrieunternehmens herbeigeführt werden". Doch bei der Zellwollfabrik liege der Fall anders, denn ihre schwefelhaltigen Abgase seien „in hohem Grade gesundheitsschädlich" und würden „selbst in starker Verdünnung auf die Dauer immer unerträglicher werden, weil der menschliche Organismus gegen diese Einwirkungen in fortwährend steigendem Maße empfindlich wird". Nach Rungs Ansicht konnten die Abgase verbrannt und als Schwefel wieder dem Produktionsprozess zugeführt werden.

Eickhoff erkundigte sich in Schwarza (Saale) und Hirschberg (Riesengebirge), ob sich die Abgasreinigungsanlage der dortigen Zellwollfabriken, wie von der Siegburger Werksleitung behauptet, „bestens bewährt" und „[j]egliche Geruchsbelästigung [...] aufgehört" habe. Schwarza litt, wie ihm die Gemeindeverwaltung antwortete, „erheblich" unter den Abgasen der Thüringischen Zellwolle und „[b]esonders das Gelände um das Werk herum" war „als Bebauungsgelände erheblich im Wert gemindert" worden. Die Stadtverwaltung von Hirschberg teilte mit, das Werk der Schlesischen Zellwolle habe die Anwohner anfangs „maßlos durch Lärm und den Geruch nach Schwefelkohlenstoff" belästigt. Der Lärm habe inzwischen aufgehört, doch trete der „lästige Geruch", wenngleich er „erheblich nachgelassen" habe, „zeitweise, besonders im letzten Monat, wieder auf". Anders als Eickhoff, der auch in seinen Briefen an die Kommunalverwaltungen von Schwarza und Hirschberg keinen Hehl daraus machte, dass sich die Bevölkerung in Siegburg „in den meisten Fällen nicht zu Unrecht über eine außerordentlich starke [...] Geruchsbelästigung" der Rheinischen Zellwolle beklagte, spielte das Gewerbeaufsichtsamt Bonn die Geruchsbelästigungen herunter und meinte, dass „[e]ine Gesundheitsschädigung der Anwohner [...] im Allgemeinen zu verneinen" sei. Allenfalls „bei ungünstigen Windverhältnissen [könne] eine gewisse Belästigung eintreten, solange die von der Fabrik vorbereiteten Maßnahmen [zur Abgasreinigung] noch nicht voll wirksam" seien. Die preußische Landesanstalt für Wasser-, Boden- und Lufthygiene, die Eickhoff ebenfalls eingeschaltet hatte, äußerte sich vorsichtiger als der Gewerbebeamte und konzedierte, dass die Abgase der Zellwollfabriken, „die in der Hauptsache aus Schwefelkohlenstoff und Schwefelwasserstoff, in untergeordneter Menge aus verschiedenen sehr übelriechenden organischen Schwefelverbindungen bestehen", auch in großer Verdünnung noch „überaus lästig" wirkten und „eine – bei Einzelpersonen oft empfindliche – Beeinträchtigung des Allgemeinbefindens verursach[en]". Bisher sei noch nicht geklärt, ob das in Hirschberg und Siegburg in der Erprobung befindliche Abgasreinigungsverfahren seinen Zweck erfülle. Der Chemiker Dr. Willi Hümmelchen, der wie Rung in der Farbenfabrik Siegwerk arbeitete und ebenfalls in der Alfredstraße wohnte, berichtete dem Bürgermeister Anfang Mai 1938, die Abgase der Zellwollfabrik hätten „in letzter Zeit nicht nur eine belästigende, sondern eine kaum mehr zu ertragende Stärke angenommen" und würden „[s]elbst bei geschlossenen Fenstern […] Brechreiz" auslösen. Auch würden sie auf längere Sicht eine „körperliche Schädigung hervorrufen […], da Schwefelwasserstoff ein außerordentlich starkes Giftgas" sei. Die von Eickhoff daraufhin erneut um Auskunft gebetene Landesanstalt bestätigte, die „Auffassung, dass Schwefelwasserstoff eine starke Giftwirkung auszulösen vermag, [sei] richtig". In der Umgebung der Zellwollfabrik sei aber keine „unmittelbare Giftwirkung zu befürchten".

Anfang August 1938 forderte Eickhoff angesichts der inzwischen „geradezu unerträglichen Geruchsbelästigung", welche „die Erregung in der Bevölkerung […] außerordentlich" habe anwachsen lassen, das Un-

Die Phrix, um 1938

ternehmen ziemlich ungehalten auf, „nun endlich" Abhilfe gegen den Gestank zu schaffen, und erinnerte daran, dass er es nicht an gutem Willen habe fehlen lassen. Die Zellwollfabrik rückte in ihrer Erwiderung von ihrem früheren Versprechen ab und erklärte jetzt: „Eine absolut vollständige Beseitigung [des Geruchs] wird unseres Erachtens nie erreicht werden können. Wo Industrie ist, werden immer Belästigungen vorhanden sein, sei es durch Rauch, Staub, Geräusch oder Geruch." Um vom eigenen Versagen bei der Abgasreinigung abzulenken, erhob sie den Vorwurf, in der Siegburger Bevölkerung fehle es an „einer auch nur einigermaßen wohlwollenden Einstellung" zur Zellwollfabrik. Eickhoff hatte, wie er Landrat Hans Weisheit schrieb, „für Argumente dieser Art keinerlei Verständnis" und wandte sich stattdessen erneut mit einer Beschwerde an das Gewerbeaufsichtsamt Bonn, in der er es als „vollkommen unverständlich" bezeichnete, „wie man in Kenntnis der ungeheuren Belästigungen durch eine solche Fabrik es zulassen konnte, dass ein solches Werk in unmittelbarer

Nachbarschaft einer Stadt von über 20.000 Einwohnern seinen Betrieb aufnimmt, wo doch genügend andere Plätze zur Verfügung stehen". Der Bürgermeister forderte, dass dem Unternehmen „andere Maßnahmen zum Schutze der Siegburger Bevölkerung" abverlangt werden müssten. Unter Hinweis auf andere Viskosefabriken beantragte Eickhoff, die Zellwollfabrik zu verpflichten, „ihre übelriechenden Abgase durch einen mindestens 120 m hohen Kamin abzuleiten", der vielleicht auf dem Wolsberg gebaut werden könne. In einer Stadtratssitzung im Oktober 1938 gab Eickhoff, als der Ratsherr Burgmann den Bau eines derartigen Schornsteins anregte, freilich zu bedenken, dass „nach Angabe der Werksleitung hierdurch die Belästigungen nicht behoben [würden], da die Abgase schwerer wie Luft" seien und deshalb, „wenn auch etwas weiter, doch zur Erde nieder[sinken]" würden. Wenig später erläuterte ein Gewerberat im Gespräch mit dem Siegburger Stadtdirektor Wilhelm Schmitz, ein hoher Schornstein werde bei schwachem Wind die Umgebung der Fabrik nicht spürbar entlasten. Er werde sich deshalb „solange [...] nicht zu dem groben Verfahren der Einleitung der Dämpfe in die Luft entschließen", wie es kein wirksames Reinigungsverfahren für den in den Abgasen enthaltenen Schwefelwasserstoff gebe. Das im Siegburger Werk „mit großen Erfolgsaussichten angepriesene Chlorierungsverfahren sei so gut wie ergebnislos. Nur 30% des Schwefelwasserstoffs werde damit der Absaugluft entzogen."

Weil in den folgenden Wochen die Luftverschmutzung nicht abnahm und das Unternehmen nach eigenen Angaben aufgrund von „Komplikationen" zeitweise „überhaupt ohne Abgasvernichtung" arbeitete, erließ der Siegkreis am 25. Januar 1939 eine Polizeiverfügung gegen die Zellwollfabrik und verpflichtete sie „unter Androhung der zwangsweisen Ausführung", innerhalb von drei Monaten die „Abgase von Schwefelwasserstoff soweit zu befreien, dass insgesamt nicht mehr als 5 kg Schwefelwasserstoff pro Stunde in die Luft entweicht". Da der Grenzwert auf Richtlinien des Reichswirtschaftsministeriums beruhte, das in erster Linie an einer Ausweitung der Zellwollproduktion interessiert war, dürfte er zu hoch angesetzt gewesen sein, um die Geruchsbelästigung selbst bei Einhaltung des Grenzwerts zu beenden. Auch mehrere Monate nach Ablauf der Frist und Einführung eines neuen Reinigungsverfahrens, der sogenannten „alkalischen Laugenwäsche", stieß ein 35 m hoher Betonschornstein mit 7,2 kg Schwefelwasserstoff pro Stunde wesentlich mehr als die erlaubte Menge aus. Obwohl die preußische Landesanstalt im August 1939 annahm, dass die Versuche zur Verbesserung der Abgasreinigung angesichts „der vorgesehenen Produktionserhöhung des Betriebes noch einige Zeit in Anspruch nehmen" würden, hielt Eickhoff bereits im April dem Finanzamt Siegburg gegenüber die Anträge verschiedener Anwohner der Zellwollfabrik auf Herabsetzung des Einheitswerts ihrer Grundstücke für „unbegründet", weil das Unternehmen innerhalb der gesetzten Frist die Auflagen des Siegkreises erfüllen werde und danach „eine unzumutbare Belästigung auch in nächster Nähe wohnender Menschen ausgeschlossen" sei. Auch in den folgenden Jahren war die Geruchsbelästigung zeitweise so unerträglich, dass die Rheinische Zellwolle AG im Hinblick auf „häufig[e] Schadensersatzansprüche", die sie teilweise erfüllen musste, im November 1943 beim Reichswirt-

Die Belastung der Umwelt durch die frühere Zellwollfabrik in Siegburg

Blick über einen Teil der Produktionsanlagen, im Vordergrund der Abgaskamin, um 1942

schaftsministerium eine Ausnahmegenehmigung zum Bau eines 120 m hohen Abluftkamins beantragte, die jedoch wegen des Arbeitskräfte- und Baustoffmangels im Zweiten Weltkrieg nicht erteilt wurde.[32] Die Abgasfrage wurde bis zum Untergang des NS-Regimes zu den Akten gelegt.[33]

Sogleich nach der Wiederinbetriebnahme der Zellwollfabrik am 1. September 1948 breitete sich wieder der bekannte „pestilenzartige Gestank" aus, wie der Stadtverordnete und Arzt Dr. Arnold Dechèsne (Zentrumspartei) in der Stadtratssitzung am 8. Oktober 1948 mit „Entrüstung" feststellte. Dechèsne forderte die Stadtverwaltung zum Handeln auf.[34] Im Herbst des folgenden Jahres bescheinigten die beteiligten Behörden dem Unternehmen, es habe „alles […] wirtschaftlich und technisch" Mögliche getan, um die Abgase zu reinigen, denen die Bevölkerung auch den Beinamen „Siegburger Odeur" gegeben hatte.[35] Ende 1949 sollte eine neue Abgasreinigungsanlage in Betrieb genommen werden, die rund 90% der „lästigen Abgase" beseitigte.[36] 1968 sollte der Wirkungsgrad auf 99,8% gesteigert werden.[37] Die Zellwollfabrik hat in der Nach-

Die Phrix mit ihren Abgaskaminen, 1958

kriegszeit auch einen 77 m, nach anderen Angaben 85 m hohen Schornstein errichtet[38], um die verbleibenden Schadstoffe verdünnt über eine größere Fläche zu verteilen. Dennoch erinnern sich manche Siegburger, dass phasenweise immer noch üble Dünste die Zellwollfabrik umgaben.

WASSERVERSCHMUTZUNG

Schon in der Planungsphase der Bembergschen Kunstseidenfabrik war allen Beteiligten bewusst, dass das Werk viel Wasser verbrauchen würde. Der tägliche Wasserverbrauch wurde für die Anfangszeit, in der bekanntlich nur ein Teikomplex errichtet werden sollte, auf 12.000 m^3, später bei voller Produktion auf 36.000 m^3 geschätzt. Der Wasserverbrauch der Siegburger Bevölkerung betrug zum Vergleich Ende der 1920er-Jahre nur 2.000 m^3 pro Tag. Das Betriebswasser sollte in einem firmeneigenen Wasserwerk gefördert werden.[39] Ebenso offenkundig wie der riesige Wasserverbrauch war, dass das Betriebswasser zum Schluss in die Sieg oder den Siegburger Mühlengraben eingeleitet werden würde. Die Belastung der beiden Vorfluter hing natürlich vom Umfang der Abwasserreinigung in der Zellwollfabrik ab.

Wie schon im Kapitel über die Luftverschmutzung geschildert, befürchtete die Bezirksregierung Köln im Frühjahr 1937 auch eine Verschmutzung des Mühlengrabens durch die Fabrikabwässer. Zu dieser Zeit erwartete der Regierungspräsident offenbar noch keine direkte Einleitung in die Sieg. Die Siegfischerei-Schutzgenossenschaft wies die Bezirksregierung im August 1937 darauf hin, dass durch die Abwässer der schon existierenden Zellwollfabriken „schwere Schädigungen an der Fischerei hervorgerufen" würden. Aus „Rücksicht auf die Wichtigkeit der Fischerei in der Ernährung des Volkes" seien der Zellwollfabrik in Siegburg daher „die notwendigen Maßnahmen aufzuerlegen und rechtzeitig für die Durchführung Sorge zu tragen", bat die Siegfischerei-Schutzgenossenschaft.[40] Bürgermeister Eickhoff forderte daraufhin von der Zellwollfabrik eine Erklärung, „a) ob die Abwässer gesundheitsschädlich bzw. für den Fischbestand nachteilig sind, b) wohin die Abwässer geleitet werden, c) ob und welcher Form eine Klärung der Abwässer vor ihrer Ableitung erfolgt". Vollmundig erwiderte die Werksleitung, die Abwässer seien „nicht gesundheitsschädlich und auch für den Fischbestand nicht nachteilig, da Säure und Lauge in einem Verhältnis anfällt, dass praktisch Neutralisation" eintrete. Die Abwässer würden vor ihrer Einleitung in die Sieg unterhalb des Buisdorfer Wehres auf dem Werksgelände in sogenannten Absetzbecken geklärt. Die Bedenken der Siegfischerei-Schutzgenossenschaft nahm das Werk mit

Die Phrix in unmittelbarer Nähe zur Sieg gelegen, Gemälde von Martin Frey, 1951

„Befremden" auf und betonte zugleich „die Wichtigkeit [...] unseres Werkes im Gegensatz zur Siegfischerei, nicht nur im volkswirtschaftlichen Interesse allgemein, sondern auch für die Stadt Siegburg und den Siegkreis im Besonderen". Eickhoff gab sich mit dieser Antwort zufrieden und erklärte gegenüber dem Landrat leichtfertig, dass ihm „die Befürchtungen der Siegfischerei-Schutzgenossenschaft unbegründet zu sein" schienen.

Bald nach der Inbetriebnahme der Fabrik sollten ihn zwei Fischsterben in der Sieg am 21. Mai und 30. Juni 1938 widerlegen. In einem Polizeibericht zum zweiten Fischsterben heißt es, „dass der gesamte Fischbestand auf einer mehrere Kilometer weiten Strecke verendet und mit einer weißen, schleimigen Haut überzogen war. Auf weiten Strecken ist kein lebender Fisch mehr zu finden. Die Kieselsteine des mit den Abwässern heimgesuchten Flusslaufes sind mit einer gelbgrünen, schwefelartigen Schicht überzogen [...]." Nach Auffassung der Siegfischerei-Schutzgenossenschaft waren die Fische erblindet und qualvoll zugrunde gegangen. Sie sah darin „eine Tierquälerei in großem Ausmaße". Das Fischsterben am 30. Juni war, wie Werksdirektor Stuhlmann einräumte, auf einen „Überlauf der Kläranlage" zurückzuführen. Aber auch das Fischsterben am 21. Mai war nach Ansicht des Bürgermeisters „wahrscheinlich" auf dieselbe Ursache zurückzuführen. Die Zellwollfabrik versicherte, „Vorsorge getroffen [zu haben], dass Fabrikabwässer in ungeklärtem Zustand nicht mehr in die Sieg eingeführt werden". Auch wollte sie zur Verdünnung ihrer Abwässer der Sieg bei Niedrigwasser „Frischwasser in ausreichender Menge" zuführen.

Am 29. Juli 1938 ereignete sich ein weiteres schweres Fischsterben – dieses Mal allerdings im Siegburger Mühlengraben. Wer der Verursacher war, konnte nicht geklärt werden. Eickhoff teilte der Zellwollfabrik zwar mit, er habe den „begründete[n] Verdacht", dass „wenigstens an zwei Tagen in der letzten Woche Abwässer" aus der Werkskläranlage in den Mühlengraben eingeleitet worden seien, was dazu geführt habe, „dass sämtliche Fische eingegangen sind und in großen Mengen an der Oberfläche schwammen". Das Gewerbeaufsichtsamt Bonn sah aber bei einer nachfolgenden Werksbesichtigung seine „Annahme bestätigt, dass die im Mühlengraben beobachteten Verunreinigungen nicht von der Rhein.[ischen] Zellwolle AG hervorgerufen sein konnten". Die Kläranlage habe nämlich „keinerlei Verbindung mit dem Mühlengraben", so dass eine „unmittelbare Einleitung von ungeklärten Abwässern" in dieses Nebengewässer der Sieg „nicht möglich" und „nach glaubhafter Versicherung der Betriebsleitung auch nie erfolgt" sei. Die Firmenleitung sprach von einer „Unterstellung" und „Unfreundlichkeit" der Stadtverwaltung und behauptete, der Versuch, der Zellwollfabrik das Fischsterben im Mühlengraben anzuhängen, zeige, „wieweit die Zellwollpsychose in Siegburg gediehen" sei. Abschließend stellte Professor Hermann Wurmbach von der Landwirtschaftlichen Fakultät der Universität Bonn in einem Gutachten fest, dass er anhand der eingesandten Wasserproben „die Quelle der Verunreinigung nicht angeben, die Zellwollfabrikation aber als solche ausschließen" könne, weil er ihre „charakteristischen Bestandteile" im Abwasser nicht gefunden habe. Wurmbach unterlief allerdings der Fehler, dass er die Zellwollfabrik mit der Farbenfabrik Siegwerk gleichsetzte.

Die Belastung der Umwelt durch die frühere Zellwollfabrik in Siegburg

Ob die Zellwollfabrik tatsächlich keine Abwässer in den Mühlengraben einleiten konnte, erscheint zweifelhaft. Im September 1938 verfolgte der Vorsteher der Siegfischerei-Schutzgenossenschaft einen öligen Belag auf dem Mühlengraben, der nach Benzin roch, „bis zu einem Tonrohr, welches aus dem Gelände der Rheinischen Zellwolle kommt".

Das Abwasser der Zellwollfabrik verwandelte die Siegstrecke unterhalb des Buisdorfer Wehres, wie die eingangs zitierte Eingabe des Besitzers des Gutshofes Friedrichstein in Siegburg-Mülldorf zeigt, in ein „schmierige[s] Kloakengewässer", auf dem „kuhfladenähnliche Gebilde" trieben und deren Bett mit seifigen grauen Fasern bedeckt war. Im Mai 1943 kam es in diesem Bereich erneut zu einem Fischsterben.[41] Es ist anzunehmen, dass bis zur kriegsbedingten Stillle-

Gedenkstein an der Staumauer der Wahnbachtalsperre

gung des Werks Anfang 1945 der Befund zutraf, mit dem der Kölner Regierungspräsident im März 1951 den Zustand der Sieg bei Siegburg beschrieb, dass nämlich das Abwasser der Zellwollfabrik dem Fluss nur bei

Buisdorfer Wehr, um 1960

Die Belastung der Umwelt durch die frühere Zellwollfabrik in Siegburg

Die Werkskläranlage, um 1960

Blick über den Stallberg mit den ehemaligen Ton-, dann Müll- und Deponiegruben, 1964

hoher Wasserführung „keine wesentliche Schädigung" zufügte.[42] Anfang der 1950er-Jahre wurden frühere Planungen zum Bau einer Talsperre am Wahnbach wieder aufgenommen. Die Talsperre sollte Trinkwasser liefern, die Zellwollfabrik mit Betriebswasser versorgen und bei Niedrigwasser der Sieg so viel Wasser zuschießen, dass die Abwässer der Zellwollfabrik auf eine für den Fischbestand nicht mehr tödliche Konzentration verdünnt werden konnten. Gleichwohl belasteten die Abwässer auch nach der Inbetriebnahme der Wahnbachtalsperre im Jahre 1958 die Sieg zeitweise noch erheblich.[43] Ein ehemaliger Phrix-Mitarbeiter erinnerte sich später, dass „die milchigen Abwässer" sich bis zur Werksschließung 1971 „fortwährend in die Sieg [ergossen]" hätten.[44]

BODENBELASTUNG

Bei der Abwasserreinigung entstanden in der Kläranlage der Zellwollfabrik große Schlammmengen, die mit der Zeit wachsende Unterbringungsprobleme verursachten. Der Klärschlamm bestand hauptsächlich aus Zelluloseflocken und Gips. Bis 1950 wurde der Schlamm zum Trocknen in sogenannte Schlammbeete gepumpt, die auf dem Fabrikgelände lagen. Anschließend wurde der getrocknete Klärschlamm „abgestochen und mit Kübelwagen in Gruben transportiert", deren Lage nicht bekannt ist. Weil die Schlammbeete zu klein wurden und das Trocknungsverfahren seine Mängel hatte, erwarb die Zellwollfabrik seit 1950 ausgebeutete Tongruben am Stallberg, um dort den Klärschlamm zu deponieren. Täglich fielen 5 bis 10 Tonnen Klärschlamm an.[45] Der Klärschlamm wurde durch eine 3,2 km lange Druckleitung, die einen Innendurchmesser von 80 mm hatte, vom Werk zum Stallberg gepumpt. Die Leitung lief zunächst an der Wahnbachtalstraße und dann an der Ostseite der Autobahn entlang und lag zwischen 80 cm und 2 m tief im Boden.[46] Im Sommer 1965 berichtete der Leiter der Phrix-Forschungsabteilung, der „dünnflüssige Schlamm" werde nicht mehr durch die „Rohrleitung in die ausgebeuteten Tongruben auf dem Stallberg gepumpt", sondern nun „in einer neu entwickelten und entsprechend großen Filterpresse entwässert" und als „Schlammkuchen [...] von Lastwagen in

Die Belastung der Umwelt durch die frühere Zellwollfabrik in Siegburg

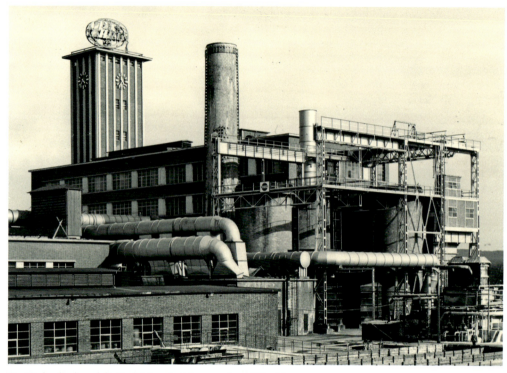

Das Werksgelände und die Produktion, Ansichten aus den 1960er Jahren

die Tongruben gekippt".[47] Die Rohrleitung wurde aber für Notfälle in Reserve gehalten.

Im August 1951 beschwerte sich ein Bewohner des Teils der Seehofstraße, der östlich der Autobahn lag und 1957 in Jägerstraße umbenannt wurde, bei der Stadtverwaltung über den „unerträgliche[n] Gestank", der von der Klärschlammdeponie ausging, in die auch häusliche Abwässer eingeleitet wurden.[48] Weil auch die staatliche Forstverwaltung sich über das „lebensfeindliche" Sickerwasser aus der Deponie an der Seehofstraße beklagte, das über den Rothenbach in die Fischteiche im Lohmarer Wald gelangte, gab das Bauamt der Stadt Siegburg dem Phrix-Werk „die fernmündliche Mitteilung, dass eine Klärung unbedingt zu erfolgen" habe, womit wahrscheinlich die Reinigung des austretenden Sickerwassers gemeint war. Die Zellwollfabrik hatte unterdessen „eine neue Grube an der Zeithstraße gekauft und beabsichtigt[e], demnächst die alte Grube an der Seehofstraße zeitweise stillzulegen".[49]

Insgesamt betrieb das Unternehmen nach 1950 vier Deponien auf dem Stallberg „kontinuierlich entgegen den wasserrechtlichen Erlaubnissen bzw. ohne Erlaubnis".[50] Den Behörden wird man allerdings den Vorwurf nicht ersparen können, dass sie die keinesfalls heimliche Ablagerung des Klärschlamms in den ehemaligen Tongruben auf dem Stallberg lange Zeit stillschweigend toleriert haben. Der Siegkreis befasste sich „nach Aktenlage erstmals ab 1962 mit den Phrix-Deponien"[51] und forderte das Phrix-

Werk am 30. November auf, eine wasserrechtliche Erlaubnis für das Abkippen von Abfällen auf der sogenannten Deponie I zu beantragen[52]. Das Phrix-Werk stellte am 22. April 1963 den geforderten Antrag und erhielt die Genehmigung am 14. Februar 1964.[53] Der Siegkreis verlangte im Januar 1965, den mit Schadstoffen belasteten Quellzufluss aus der Deponie I zum Rothenbach durch einen Damm zu unterbinden.[54]

Die Deponie I lag unmittelbar östlich der Autobahnraststätte zwischen den Straßen Am Stallberg und Am Grafenkreuz, die Deponie II südwestlich der Kreuzung Jägerstraße/Am Stallberg, die Deponien III und IV nördlich der Zeithstraße im Abschnitt zwischen Autobahn und Am Stallberg. Nach einem Urteil des Verwaltungsgerichts Köln von 1987 besaß das Unternehmen für den Betrieb der Deponie II keine Erlaubnis. Die Kreisverwaltung hatte die Zellwollfabrik spät - am 6. November 1969 - aufgefordert, eine Erlaubnis zu beantragen. Bald danach wurde der Betrieb dieser Deponie am 17. März 1970 jedoch eingestellt. Auch für den Betrieb der Deponie III gab es keine Erlaubnis. Auf der Deponie IV wurden Abfälle zwischen 1950 und 1969 ohne Erlaubnis abgekippt. Für sie wurde erst am 26. Juni 1969 eine Erlaubnis erteilt.[55]

Im Berufungsverfahren vor dem Oberverwaltungsgericht Münster machte der Anwalt der BASF im Jahre 1994 dagegen geltend, die Tongrube, in der die Deponie I angelegt wurde, sei „[w]egen ihrer Wasserundurchlässigkeit […] von der Stadt Siegburg den Phrix-Werken ausdrücklich zur Ablagerung ihrer […] Abfälle zugewiesen wor-

Lageplan der vier Phrix Deponien auf dem Stallberg (Nr. 1-4)

den". Für den Betrieb einer Kläranlage an der Deponie II habe das Phrix-Werk am 14. Mai 1956 die wasserrechtliche Erlaubnis beantragt, die ihr der Regierungspräsident am 5. Februar 1958 gegeben hätte. In dieser Bewilligung sei „die Ablagerung der Klärschlämme auf der Deponie II ausdrücklich erlaubt" worden. Auch die Deponie III sei mit einer wasserrechtlichen Erlaubnis betrieben worden und habe als „besonders geeignet" gegolten.[56] Es sollte nicht unerwähnt bleiben, dass die Stadt Siegburg am südlich der Zeithstraße liegenden, ebenfalls von Tongruben zerfurchten Seidenberg von 1960 bis 1965 Hausmüll abkippte.[57]

Die Auffassung der BASF, dass die Behörden das von ausgebeuteten Tongruben bedeckte Gelände auf dem Stallberg in den 1950er-Jahren zur Deponierung des Klärschlamms als bestens geeignet betrachtet hätten, ist nicht ohne Weiteres von der Hand zu weisen. Das Phrix-Werk hatte der Siegkreis-Rundschau 1963 erklärt: „Die Schlammgruben haben als ehemalige Tongruben einen dichten Untergrund und lassen deshalb keine Flüssigkeiten in das Erdreich eindringen. Die abdichtende Wirkung des Tons wird noch dadurch vergrößert, dass sich der im Klärschlamm enthaltene Gips infolge der Schwere absetzt und selbst noch einmal eine abdichtende Schicht bildet." Das Unternehmen behauptete seinerzeit auch, der Klärschlamm sei chemisch unbedenklich. Zwei Jahre später beruhigte das Phrix-Werk die Öffentlichkeit und die Behörden mit dem Hinweis, das Unternehmen habe, „[u]m die Schlammgruben, die ohnehin versteckt liegen und wenig auffallen, noch mehr in der Landschaft verschwinden zu lassen, [...] bereits in größerem Umfange Anpflanzungen angelegt. Nach der Auffüllung der Gruben und der Austrocknung des Schlammes wird Mutterboden aufgefahren, planiert und bepflanzt. Es wird deshalb nach einer gewissen Zeit erreicht sein, dass die Gruben weder als ehemalige Tongruben noch als ehemalige Schlammgruben erkennbar und völlig der Umgebung eingeordnet sind."[58] Anders als in der Vorkriegszeit, als sich der Siegburger Bürgermeister und der Landrat des Siegkreises aufgrund der lebhaften Proteste von Anwohnern bemüht haben, die Zellwollfabrik zu einer besseren Abgasreinigung zu verpflichten, scheint sich für den Klärschlamm und die Frage der Bodenbelastung in der Nachkriegszeit lange niemand wirklich interessiert zu haben. Es fehlte nicht zuletzt der Druck aus der Bevölkerung und bei dem Gebiet, das den schwefelhaltigen Dämpfen der Fabrik ausgesetzt war, handelte es sich im Vergleich zu dem damals dünn besiedelten Stallberg am Rande der Stadt insgesamt um eine bessere Wohngegend in Siegburg.

Rund ein halbes Jahr nach Werksschließung erwarb die Stadt Siegburg im Juni 1972 das Gelände der ehemaligen Deponie I von der BASF Spinntechnik AG (Hamburg) zum Kaufpreis von 61.460 DM. Der Quadratmeterpreis betrug 4,– DM. Laut Kaufvertrag war „dem Käufer bekannt, dass der Verkäufer die verkauften Grundstücke mit Genehmigung der zuständigen Behörde als Schuttabladeplatz benutzt hat und dass die Grundstücke eine ausgebeutete Tongrube gewesen sind, die mit Schutt gefüllt worden ist. Unter dem abgeladenen Schutt befinden sich auch Fabrikationsabfälle des Verkäufers. Gemäß den Bedingungen und Auflagen, unter denen die [...] behördliche Genehmigung vom Oberkreisdirektor in Siegburg als untere Wasserbehörde [am 14.

Februar 1964] erteilt worden ist, wird das Niederschlagswasser vom verkippten Gelände oberirdisch abgeführt. Es ist zu diesem Zwecke an der Nordostecke des Geländes, wo sich früher Niederschlags- und Quellwasser in einem kleinen Teich gesammelt haben, vor dem Verfüllen eine Drainage eingebracht worden, aus der das Wasser (das Quellwasser unmittelbar und ohne Berührung mit dem abgekippten Abfällen, das in die Grube eintretende Regenwasser durch eine zwei Meter hohe Erdschicht gefiltert) in einem Kanal unter der Jägerstraße her in das jenseitige Waldgebiet abgeführt wird, wo Fischteiche und der Rothenbach als Vorfluter dienen. Damit sollte sichergestellt werden, dass die Fabrikationsabfälle mit dem Grundwasser nicht in Berührung kommen. [...]"[59]

Warum kaufte die Stadt dieses Gelände der BASF eigentlich ab, von dem schon beim Kauf bekannt war, dass sich „[u]nter dem abgeladenen Schutt [...] auch Fabrikationsabfälle des Verkäufers" befanden? Auf diese Frage geben die städtischen Akten keine Antwort. Die Stadtverwaltung behauptete einige Jahre später, nachdem bekannt geworden war, welche Schadstoffe die ehemalige Deponie enthielt, bei den Verkaufsverhandlungen „dahingehend informiert [worden zu sein], dass sich das dort abgelagerte Auffüllmaterial im Wesentlichen aus Produktionsabfällen der früheren Phrix-Werke (feste Stoffe) zusammensetzt. Das dort unter Umständen auch giftige Stoffe lagern, wurde nicht erwähnt."[60] Ein Motiv für den Kauf könnte gewesen sein, zumindest einen kleinen Teil der ehemaligen Deponie I in Bauland umzuwandeln, denn nach späterer Darstellung der Stadtverwaltung wurde bei den Kaufverhandlungen auch erwähnt, dass „ein etwa 20 m breiter Streifen, unmittelbar angrenzend an die Straße Am Grafenkreuz, aus gewachsenem Boden besteht, der ohne Gründungsschwierigkeiten bebaubar" sei.[61]

Nach dem Kauf der früheren Deponie I des Phrix-Werks lagerte die Stadt Siegburg auf dem Gelände „Bodenaushub" ab.[62] Den Westteil der ehemaligen Deponie I verkaufte die Stadt Siegburg im Januar 1977 an den Schützenverein St. Hubertus 08, den östlichen Teil im November 1978 an den Siegburger Turnverein 1862/1892. Dem Schützenverein wurde das Areal „ohne Gewähr für die Beschaffenheit des Geländes, welches zum überwiegenden Teil aus einer aufgefüllten Tongrube besteht", verkauft und gegenüber dem Turnverein übernahm die Stadt Siegburg „[f]ür die Beschaffenheit des Grundbesitzes [...] keinerlei Gewähr." Beiden Käufern war nach Angaben der Stadtverwaltung bekannt gewesen, „dass es sich um aufgefülltes Grubengelände handelte".[63]

Ein Anwohner, der im Februar 1980 nach einer Bürgeranhörung zu Bebauungsplänen auf dem Stallberg darauf hinwies, „1952/53 [seien] erhebliche Zyankalimengen der ehemaligen Phrix-Werke oberhalb des Rasthauses im Bereich der geplanten Schießsportanlage vergraben" worden, sorgte dafür, dass sich die Behörden nun ernsthaft zunächst für den Inhalt der früheren Deponie I und später auch der anderen Gruben zu interessieren begannen. Der frühere Laborleiter der Phrix-Werke wiegelte auf Nachfrage ab und versicherte, Zyankali, ein Salz der hochgiftigen Blausäure, sei nur im Forschungslabor des Werks „in verhältnismäßig geringen Mengen und unter Kontrolle der Chemiker" eingesetzt worden.[64]

Die ehemaligen Klärteiche, um 1973

In seinem Urteil zu einem Streitverfahren zwischen der BASF und dem Rhein-Sieg-Kreis stellte das Verwaltungsgericht Köln im Juli 1990 zur Frage der Vergrabung von Zyankali fest, der ehemalige Leiter der Phrix-Werksfeuerwehr habe „glaubhaft versichert, dass er [...] anlässlich eines Brandes Ende 1951, Anfang 1952 im Auftrag eines Diplom-Oberingenieurs ein Päckchen Zyankali in der Deponie 1 vergraben hat, von dem der Oberingenieur behauptete, man könne damit eine Stadt mit der Bevölkerung von Köln vernichten".[65]

Nach Beginn der Untersuchungen stellte sich ziemlich schnell heraus, dass der deponierte Klärschlamm giftiges Arsen, aber auch Cyanid und Sulfat enthielt. Der letzte Phrix-Direktor hatte zwar beteuert, das bei der Produktion eingesetzte Arsen habe sich in einem geschlossenen Kreislauf befunden[66], aber das Verwaltungsgericht Köln stellte fest, dass Arsen doch in die Umwelt gelangt war. Ein früherer Betriebsassistent hatte vor Gericht ausgesagt: „Es handelte sich um ein geschlossenes System, das an verschiedenen Stellen offen war."[67] Das Unternehmen hatte jährlich 20 t Arsen bezogen, von dem anschließend ein erheblicher Teil auf dem Stallberg abgekippt und nicht zur Wiederaufbereitung zur Ruhrgas AG gefahren wurde.[68]

Bei Bodenuntersuchungen in den frühen 1980er-Jahren wurde in allen vier Deponien Klärschlamm entdeckt. Da nach Ansicht des TÜV Rheinland „[w]egen des außerordentlich großen Volumens der vier Deponien einschließlich des unmittelbar unterhalb anstehenden, belasteten Bereiches von etwa 583.500 m³ ein Bodenaushub aus[schied]" und obendrein „die Schadstoffe unregelmäßig in den Deponiekörpern verteilt" waren, sollte „[d]ie bestehende Umweltgefährdung [...] durch Überdeckung der Deponieflächen mit geeigneten Bodenstoffen, Kontrolle der Gasentwicklung, Abdichtung der Deponieränder und Fassung, Ableitung und Klärung des kontaminierten Grundwassers auf ein Mindestmaß reduziert werden".[69] Wie kaum anders zu erwarten, entbrannte zwischen der BASF und dem Rhein-Sieg-Kreis ein Streit über die Frage, wer die Sanierungskosten zu tragen hatte. Die BASF vertrat die Auffassung, „[d]ie Gifte in den Deponien seien allein auf Gartenabfälle Dritter mit arsenhaltigen Pflanzenschutzmitteln und vergiftetem Bodenaushub zurückzuführen".[70] Zudem befürchtete das Unternehmen, es solle zu einer „Luxussanierung" gezwungen werden, weil Bebauungspläne für das Gelände bestünden.[71] Die BASF lehnte eine Alleinverantwortung auch deshalb ab, weil die Stadt Siegburg auf der 1972 erworbenen Deponie I, wie das Verwaltungsgericht Köln festgestellt hatte, nicht nur eine Kompostanlage des Friedhofsamts betrieben, sondern auch wenigstens 25.000 m³ Bodenaushub untergebracht hatte, so dass nach Meinung des Gerichts eine „nicht unwesentliche Verursachung der Gefahr durch die Stadt nicht auszuschließen" sei.[72]

Die BASF und der Rhein-Sieg-Kreis schlossen am 21. April 1994 vor dem Oberverwaltungsgericht Münster einen Vergleich. Weil das weitläufige Deponiegelände nach der Stilllegung des Phrix-Werks sowohl von der Stadt Siegburg als auch von Gewerbetreibenden, die dort nicht nur „Bauschutt und Siedlungsabfälle aller Art", sondern zum Teil „auch eine erhebliche Menge von wassergefährdenden Stoffen, wie alte

Ölfilter, Fässer mit Chemikalien sowie ein offener Container, gefüllt mit Altöl" abkippten[73], weiter genutzt worden war, konnte die BASF für die Sanierung der Deponien schwerlich allein verantwortlich gemacht werden. Nicht nur aus heutiger Perspektive, sondern auch aus Sicht der späten 1970er-Jahre, als der Schutz der Umwelt in der Bundesrepublik schon ein wichtiges gesellschaftliches Anliegen war, ist es unbegreiflich, dass der Rhein-Sieg-Kreis einem Betrieb, der „einen alten Schlammteich der früheren Phrix-Werke" auch mit „nicht zugelassen[n] Stoffe[n]" verfüllte[74], im Herbst 1979 u. a. aufgab, „[z]ur Absicherung dieses Schlammteiches zunächst Autoreifen" in die Grube zu legen, damit „eine tragfähige Matte entsteht".[75] Im Berufungsverfahren vor dem Oberverwaltungsgericht warf der Anwalt der BASF der Kreisverwaltung vor, bei der Auflage, die Deponie II mit 2.000 alten Autoreifen zu befestigen, habe es sich „um einen abfallrechtlich eindeutig illegalen Sachverhalt" gehandelt.[76]

Das BASF Unternehmen erklärte sich in dem Vergleich bereit, die Hälfte der Kosten zu tragen, sofern sie nicht 15 Millionen DM überschritten. Von den darüber hinausgehenden Kosten wollte die BASF nur 30% übernehmen. Die Sanierungskosten wurden auf bis zu 20 Millionen DM geschätzt.[77] Den Kreisanteil übernahm der Abfallentsorgungs- und Altlastensanierungsverband NRW zu 80%. Die Stadt Siegburg steuerte außerdem eine Million DM bei.[78] Landrat Dr. Franz Möller bezeichnete den Vergleich als „fairen Kompromiss".[79] Die Sanierung der ehemaligen Phrix-Deponien begann Anfang 1995.[80] Weil eine „wirkliche Sanierung […] kaum zu bezahlen" gewesen wäre,[81] sollten die vier, insgesamt etwa 5 ha großen Deponien, wie Oberkreisdirektor Frithjof Kühn erläuterte, „gegen Niederschlagswas-

Phrix und der Michaelsberg. Altes und neues Bild

ser abgedichtet werden, jede Gefahr für Mensch und Tier gebannt werden, in möglicherweise vorhandene Hohlräume einzubrechen, und das stark belastete Grundwasser abgepumpt und gereinigt werden." Darüber hinaus sollte das Sickerwasser fünf Jahre lang abgepumpt und in einer eigenen Kläranlage gereinigt werden.⁸² Die Deponiekörper oder mit anderen Worten die Altlasten sollten „auf keinen Fall" angetastet werden. „Wenn es anfängt zu stinken, wird sofort wieder zugemacht", erklärte die Kreisverwaltung.⁸³ Die Sanierungsarbeiten, deren Kosten sich auf 13,8 Millionen DM beliefen, wurden im September 1997 abgeschlossen. Auf der ehemaligen Deponie I wurden wieder die während der Sanierung beseitigten Sportanlagen angelegt. Auf der Deponie II entstand eine Grünfläche und das Gelände der Deponien III und IV wird seither gewerblich genutzt.⁸⁴

Auch wenn das Phrix-Werk in Siegburg seit mehr als 40 Jahren geschlossen und die Produktion von Zellwolle (Viskose) ein längst abgeschlossenes Kapitel der Wirtschaftsgeschichte der Stadt ist, werden seine kostspielig versiegelten Altlasten in den ehemaligen Deponien auf dem Stallberg noch geraume Zeit die Erinnerung an ein Unternehmen wachhalten, das nicht nur Arbeitsplätze geschaffen, sondern auch in vielfältiger Weise die Umwelt belastet hat.

Anmerkungen:

1 http://www.siegwerk.com/de/unternehmen/historie/1918-1945.html (27.6.2012).
2 Stadtarchiv Siegburg (StA Sbg) Bestand III 50.4
3 Ebd.
4 Sieg-Rhein Zeitung v. 2.1.1929.
5 Siegburger Zeitung v. 3.6.1928.
6 Siegburger Zeitung v. 25.10.1928.

7 Schlagzeile in der Rheinischen Zeitung v. 28.5.1926; zur gescheiterten Konversion in Siegburg vgl. Johann Paul: Die Besatzung im Siegkreis nach dem Ersten Weltkrieg, in: Geschichte in Köln. Zeitschrift für Stadt- und Regionalgeschichte, Bd. 51 (2004), S. 73-88, hier S. 78ff.
8 Bericht des Siegburger Bürgermeisters Hubert Heinrichs zur „Wirtschafts- und Siedlungsplanung" in der Stadtratssitzung v. 24.3.1948. (Archiv des Rhein-Sieg-Kreises, Bestand Siegkreis (nachfolgend ARSK SK) 206, Bl. 102)
9 Siegburger Zeitung v. 3.6.1928.
10 Siegburger Zeitung v. 25.10.1928.
11 Westdeutscher Beobachter v. 18./19.12.1937.
12 Westdeutscher Beobachter v. 10.10.1936.
13 Gerd Höschle: Die deutsche Textilindustrie zwischen 1933 und 1939. Staatsinterventionismus und ökonomische Rationalität, Stuttgart 2004, S. 74, 97 u. 201.
14 Westdeutscher Beobachter v. 10.10.1936.
15 Westdeutscher Beobachter v. 30.10.1936.
16 Der Spiegel v. 2.9.1953: Die Hellseherin befragt.
17 Bericht Bürgermeister Siegburg v. 20.2.1945, in: ARSK Landratsamt Siegkreis 3319, Bl. 19ff.
18 Rheinische Zeitung v. 13.3.1948.
19 Peter Zenker: Zwangsarbeit in Siegburg, Siegburg 2005, S. 5, online: www.peter-zenker.de (27.2.2012).
20 Wie Anmerkung 8.
21 Die Phrix-Familie. Werkzeitschrift der Phrix-Unternehmen, Nr. 1, Oktober 1951.
22 Siegkreis Rundschau v. 26.6.1964.
23 Werner Abelshauser: Die BASF seit der Neugründung von 1952, in: ders. (Hg.): Die BASF. Eine Unternehmensgeschichte, 2. Aufl. München 2003, S. 359-640, hier S. 561 ff.
24 Kölner Stadt-Anzeiger v. 16.12.1968.
25 Kölner Stadt-Anzeiger v. 30.7.1970.
26 Rhein-Sieg-Rundschau v. 23./24.5.1974.
27 Rhein-Sieg-Rundschau v. 21.5.1971.
28 Rhein-Sieg-Rundschau v. 19.7.1970.
29 Zitiert nach Johann Paul: Die Abwassergeschichte der Sieg im Industriezeitalter. Bilanz eines Siegezuges, Siegburg 1992, S. 53.
30 StA Sbg 50.4. Soweit keine anderen Quellen angegeben werden, bezieht sich die Darstellung der Luft- und Gewässerbelastung durch die Siegburger Zellwollfabrik für die NS-Zeit auf diese Akte, die den Titel trägt „Vorgänge betr. Geruchs- und Staubbelästigung und Schädigung der Siegfischerei durch Phrix-Werke AG (vorm. Chemie-Faser AG) 1937-1943".
31 Zu den Siegburger Schwimmbädern vgl. Andrea Korte-Böger: „Zieh' die Badehose an!" Die Geschichte der Flussbadeanstalten in Siegburg, Siegburg 2008.
32 StA Sbg III 50.2: Firmenantrag v. 17.11.1943; Antwort des Reichsministeriums für Rüstung und Kriegsproduktion v. 17.1.1944.
33 Ebd.: Vermerk Eickhoff v. 22.5.1944.
33 ARSK SK 206, Bl. 113.
35 Kölnische Rundschau v. 10.9.1949.
36 ARSK SK 206, Bl. 202 f.: Stadtratssitzung v. 12.12.1949.
37 Rhein-Sieg-Rundschau v. 24.9.1968.
38 Kölner Stadt-Anzeiger v. 9.4.1975; Rhein-Sieg-Rundschau v. 9.4.1975.
39 Siegburger Zeitung v. 3.6.1928.
40 StA Sbg III 50.4: Brief v. 15.8.1937. Sofern kein anderen Quellen angegeben werden, stammen die folgenden Zitate zum Kapitel Wasserverschmutzung aus dieser Akte.
41 Paul: Abwassergeschichte (wie Anmerkung 29), S. 58 f.
42 Zitiert nach ebd., S. 61.
43 Ebd., S. 62.
44 Rhein-Sieg-Rundschau v. 27.10.1989.
45 Rhein-Sieg-Rundschau v. 22.11.1980
46 StA Sbg 4307/7782: Aktenvermerk Bauamt v. 2.4.1964.
47 Zitiert nach Rhein-Sieg-Rundschau v. 22.11.1980.
48 StA Sbg III 78/3: Brief v. 7.8.1951.
49 Ebd.: Aktenvermerk v. 24.8.1951.
50 StA Sbg 2690/4732: Schr. Kreisverwaltung an BASF v. 21.2.1986.
51 StA Sbg 2695/4743: Schr. Oberkreisdirektor an Stadt Siegburg v. 29.11.1989.
52 StA Sbg 2699/4750: Aktenvermerk Stadt Siegburg v. 4.2.1992.
53 StA Sbg 2697/4747: Aktenvermerk Oberkreisdirektor v. 30.4.1980.
54 StA Sbg 2694/4742: Beschluss Verwaltungsgericht Köln v. 7.10.1981.
55 StA Sbg 2699/4750: Aktenvermerk Stadt Siegburg v. 4.2.1992.
56 StA Sbg 2698/4749: Schriftsatz v. 22.2.1994.
57 StA Sbg 2697/4747: Schr. Oberkreisdirektor an Stadt Siegburg v. 6.7.1984.
58 Zitiert nach Rhein-Sieg-Rundschau v. 22.11.1980.
59 StA Sbg 2697/4747: Kaufvertrag v. 28.6.1972; Sitzung städt. Liegenschaftsausschuss v. 26.1.1976.
60 StA Sbg 2697/4747: Aktenvermerk Liegenschaftsamt v. 27.5.1980.
61 Ebd.: Aktenvermerk Liegenschaftsamt v. 5.1.1978.
62 StA Sbg 2691/4736: Schr. Oberkreisdirektor an Stadt Siegburg v. 5.11.1985.
63 StA Sbg 2697/4747: Aktenvermerk Liegenschaftsamt v. 27.5.1980.
64 StA Sbg 2690/4732: Stellungnahme der Stadtverwaltung in der Sitzung des Werks- und Umweltausschusses der Stadt Siegburg v. 18.2.1986.
65 Zitiert nach Kölner Stadt-Anzeiger v. 18.7.1990.
66 Kölner Stadt-Anzeiger v. 23.10.1985.
67 Zitiert nach Stadt-Anzeiger v. 29.5.1990.
68 Stadt-Anzeiger v. 30.5.1990.
69 StA Sbg 2696/4746: Gutachten TÜV Rheinland von 1986.
70 Rhein-Sieg-Rundschau v. 28.3.1990.
71 StA Sbg 2699/4750: Aktenvermerk Stadt Siegburg v. 14.3.1990.
72 Kölner Stadt-Anzeiger v. 26./27.5.1990.
73 StA Sbg 2694/4741: Schr. Oberkreisdirektor an die betreffende Fa. v. 2.11.1979.

74 Ebd.: Änderungsbescheid Oberkreisdirektor an die betreffende Fa. v. 18.4.1977.
75 Ebd.: Schr. Oberkreisdirektor an die betreffende Fa. v. 2.11.1979.
76 StA Sbg 2698/4749: Schriftsatz v. 22.2.1994.
77 Rhein-Sieg-Rundschau v. 27.4.1994.
78 Kölner Stadt-Anzeiger v. 7.7.1995.
79 Zitiert nach Rhein-Sieg-Rundschau v. 3.9.1994.
80 General-Anzeiger v. 8.3.1995.
81 General-Anzeiger v. 24./25.6.1995.
82 Kölner Stadt-Anzeiger v. 7.7.1995.
83 Zitiert nach Rhein-Sieg-Rundschau v. 12.12.1995.
84 General-Anzeiger v. 24.9.1997.

Bildnachweis:
Stadtarchiv Siegburg, Bildersammlung, Sammlung II 6
Plan aus Best. 4, 2703/4757
Verfasser

Elisabeth Knauer-Romani

SPIELWIESE, FESTHOF UND „BOTANIK IM FREIEN"

DER SCHULGARTEN DES SIEGBURGER MÄDCHENGYMNASIUMS

Von der ursprünglichen Gartenanlage des Siegburger Mädchengymnasiums sind nur noch stark abgenutzte Reste in den beiden Höfen zwischen den Klassentrakten und vor der Aula am Mühlengraben erhalten.

Wie die Vogelperspektive des ersten Vorentwurfs der Architekten Hans Brandt und Eberhard Vogel zeigt, war der Neubau des Siegburger Mädchengymnasiums von Anfang an umgeben von einem opulenten Schulgarten

Vogelperspektive der Gesamtanlage, Juli 1950

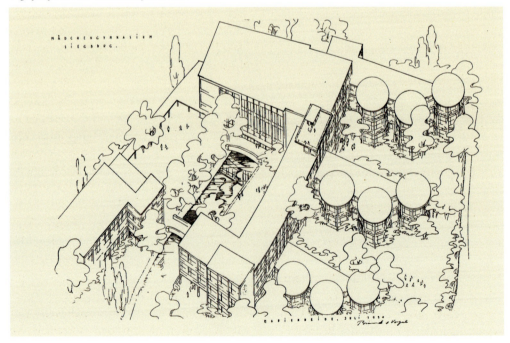

gedacht. Durch seine aufgelockerte Baukörpergliederung verlangte der in den 50er Jahren geplante und in mehreren Bauabschnitten bis 1964 fertig gestellte Schulneubau geradezu nach einer Einbettung in üppiges Grün.[1] Das vom Mühlengraben durchflossene, nur zu 50% überbaute Schulgrundstück mit seinem alten Baumbestand bot dafür ideale Voraussetzungen. Zudem kommen die vielgestaltigen Freiflächen einer differenzierten Gestaltung des Schulgrüns zusätzlich entgegen.

DIE PLANUNG DES SCHULGARTENS

Die Konzeption der Außenanlagen begann schon während der Rohbauphase des Gebäudes. Wie schon bei der Planung des Schulbaus, stellte das Düsseldorfer Wiederaufbauministerium auch für die Gestaltung der Außenanlagen hohe Qualitätsanforderungen. Die zuständigen Regierungsstellen empfahlen daher dringend, mit dem Entwurf des Schulgartens nur ausgebildete Gartenarchitekten zu beauftragen.[2]

Protegiert von seinem Siegburger Schwiegervater (Richard Schaefer, Zigarrenfabrik) brachte sich bereits im Dezember 1951 der Gartenarchitekt Georg Reepel aus Geilenkirchen als erfahrener und kompetenter Fachmann für die Grünplanung bei der Stadt ins Gespräch.[3]

Im Herbst 1952 meldeten sich auch die Architekten Brandt und Vogel, denen an einer ‚Weiterführung der baulichen Ideen im Gartenraum' gelegen war, zu Wort und nannten geeignete Kandidaten, darunter die Gartenarchitektin Herta Hammerbacher-Laux, sowie den Detmolder Gartenarchitekten Volke und Georg Reepel.[4]

Im Oktober 1952 lagen drei Bewerbungen vor. Neben Reepel, der sich mit seiner schwiegerväterlichen Adresse in der Lindenstraße auswies, bewarben sich der Siegburger Gartenmeister Willi Schmitz und Volke aus Detmold. Der Vorschlag des Bauausschusses von Ende Oktober 1952, mit Schmitz wegen der Aufstellung eines Entwurfs zu verhandeln und Reepel mit dem Ausführungsentwurf zu betrauen, musste wieder aufgehoben werden, da sich das Düsseldorfer Wiederaufbauministerium – genau wie bei der Planung des Gebäudes – wieder steuernd in die Siegburger Bauentscheidungen einmischte.[5] Um eine überdurchschnittliche Qualität zu garantieren, drangen die zuständigen Regierungsstellen nach einer Besichtigung des Neubaus im November 1952 darauf, auch für die Gartengestaltung mittels einer beschränkten Ausschreibung erfahrene Fachleute zu gewinnen. Nachdem sich auch Brandt und Vogel im Januar 1953 dieser Forderung angeschlossen und die Stadtverwaltung aufgefordert hatten, endlich mit der Planung der Gartenanlagen zu beginnen, schrieb die Stadt im März 1953 einen beschränkten Wettbewerb für die Grünplanung des ersten Bauabschnitts aus.[6] Der Lageplan sollte die Anordnung der Spielhöfe hinter dem zweigeschossigen Klassentrakt, eine Turnfläche sowie die gärtnerische Gestaltung unter Einbeziehung des Mühlengrabens umfassen. Ein exaktes Programm wurde von Seiten der Stadt nicht aufgestellt.

Es gingen drei Entwürfe von denselben Kandidaten ein, die sich schon im Oktober 1952 für die Außenanlagen beworben hatten. Nachdem Prof. L. C. Schreiber als Beauftragter der Regierung in Köln die Pläne überprüft hatte, sprach sich der Bauausschuss im Juni 1953 einstimmig für den Vorschlag von

Georg Reepel aus.[7] Die Ausführung der gärtnerischen Anlagen von Reepels Entwurf wurde im Juli 1953 dem Siegburger Gartenmeister Willi Schmitz übertragen.[8]

Mit der Wahl von Georg Reepel, hatte man sich für einen erfahrenen Landschaftsarchitekten entschieden, der seine Qualifikation schon durch die Planung mehrerer öffentlicher Park- und Gartenanlagen insbesondere auch an Schulen erfolgreich unter Beweis gestellt hatte und zeitgleich auf regionaler Ebene mit umfangreichen Landschaftsprojekten betraut war.[9] Schon seit 1950 hatte er, zuerst in Zusammenarbeit mit dem Gartenarchitekten L. C. Schreiber, die Gestaltung von Ehrenfriedhöfen übernommen und in Düren mehrere Schulgärten geplant.[10] Zeitgleich arbeitete er an einem großen Landschaftspark bei Münstereifel. Georg Reepel war in der ersten Hälfte der 30er Jahre an der Höheren Lehranstalt für Gartenbau in Dresden-Pillnitz zum Diplom-Gartenbauinspektor ausgebildet worden und hatte sich 1952 in Düren selbständig gemacht. Im selben Jahr wurde ihm für einen Dahliengarten der zweiten Bundesgartenschau in Kassel, deren Gesamtplanung Hermann Mattern übertragen worden war, ein erster Preis zugesprochen.

GEORG REEPELS WETTBEWERBSENTWURF

Der Fachgutachter charakterisierte Reepels Siegburger Schulgarten als ‚besonders liebevoll und mit viel Phantasie' ausgearbeitet.[11] Im Erläuterungsbericht zu seinem Vorentwurf betont Reepel, dass er in erster Linie Wert auf eine großzügige Gestaltung des Geländes gelegt hat.[12] Um dem Schulbau die nötige Geltung zu verschaffen, ist dem einstöckigen Klassentrakt nach Süden eine größere freie Rasenfläche vorgelegt. Im südöstlichen Teil des Geländes sind Freiluftunterrichtsplätze mit Lehr- und Schaupflanzungen der heimischen Flora vorgesehen, die durch im Charakter ähnliche ausländische Pflanzen ergänzt werden sollten. Baum- und Strauchkulissen sollen die im Halbkreis angeordneten Unterrichtsplätze gegen Blickkontakt von den Klassenräumen schützen. Gehölzpflanzungen und Glaswände mit Rankgerüsten verhindern die Einsicht von der Straße und wirken zugleich schallmindernd. Eine Pergola grenzt den Spielrasen zum Pausenplatz ab. Zwischen den Klassentrakten plant Reepel einen Gartenhof mit Blütenstauden und Kleingehölzen. Auf dem nördlichen Geländeabschnitt sind eine Rasenfläche als Gymnastikplatz für Ball- und Bewegungsspiele sowie eine Weitsprunggrube vorgesehen. Ein Arbeitsgarten für die Frauenoberschule enthält Lehr- und Arbeitsbeete sowie einen Wetterpfahl. Der Pausenhof im westlichen Geländeteil soll teils mit einer Einstreudecke befestigt, teils als Rasenfläche mit Trinkbrunnen gestaltet werden. Der Mühlengraben wird durch eine Gehölzabpflanzung abgegrenzt. Die Bäume am Mühlengraben und an der Alleestraße sollten als Abschirmung gegen die Wohnbauten so weit wie möglich erhalten bleiben.

Da zu Reepels Wettbewerbsentwurf für den ersten Bauabschnitt Planzeichnungen nicht erhalten sind, müssen zur Beurteilung der Gestaltungsprinzipien die Entwürfe und Fotografien von anderen gleichzeitigen Projekten herangezogen werden, die er seiner Bewerbung beigelegt hatte.[13]

Bei seiner Skizze für die Grüngestaltung an der Belgischen Schule in Düren vom Septem-

Der Schulgarten des Siegburger Mädchengymnasiums

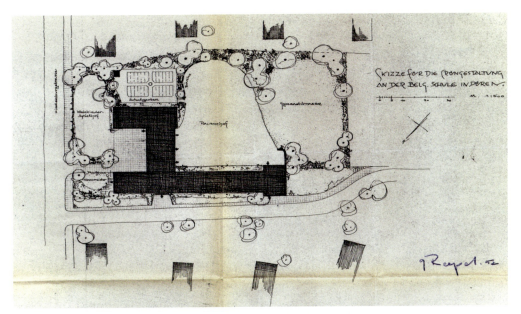

Georg Reepel, Skizze für die Grüngestaltung an der belgischen Schule in Düren 1952

ber 1952 arbeitete Reepel mit den gleichen Gartenelementen, die er auch für Siegburg verwenden wird. Dem Schulbau sind in räumlicher Trennung organisch abgerundete Pausenhöfe für unterschiedliche Altersgruppen zugeordnet. In der Südwestecke schließt sich eine Gymnastikwiese an. Zwischen den Höfen ist ein Schulgarten geplant. Alle Freiflächen werden durch Staudenpflanzungen, Sträucher und locker verteilte Bäume voneinander getrennt und gegen die Straßen abgeschirmt. Auch im Halbrund angeordnete Sitzbänke gehören schon zum Repertoire. Die Fotografien vom Schulgarten der Höheren Mädchenschule in Düren zeigen eine weiträumige, in Rasenflächen und Staudenbeete untergliederte Gartenanlage mit einem kreisrunden Springbrunnen als gestalterischem Mittelpunkt.[14] Der niveaugleich in einen plattierten Freiplatz eingelassene Teich wird akzentuiert durch eine Bronzeplastik zweier äsender Rehe. Am Außenrand fasst eine halbrunde sitzhohe Trockenmauer den Freiplatz ein. Der gesamte Gartenraum wird von hohen Bäumen abgeschlossen. Damit ist typologisch, stilistisch und strukturell vorgeprägt, was sich im Siegburger Schulgarten realisieren sollte.

Gartenanlage der Höheren Mädchenschule in Düren von 1952

Der Schulgarten des Siegburger Mädchengymnasiums

DIE AUSFÜHRUNG DES SÜDLICHEN SCHULGARTENS

Die Ausführung der Außenanlagen begann im August 1953. Zuerst wurde das Schulgelände im Süden und Osten mit einem hölzernen Zaun aus senkrecht gestellten Fichtenstangen eingefriedet. Auch die Straßentore mussten aus Holzlatten gefertigt werden.[15] An der Ecke Ringstraße Alleestraße wurde die 1,20 m hohe Umzäunung – auf Reepels Initiative – durch eine niedrigere Mauer mit Stacheldrahtzaun ersetzt, um von dieser Kreuzung den Blick auf das Gebäude freizugeben. Die Pausenhofflächen an der Bachstraße und zwischen den Klassentrakten wurden mit Grob- und Feinsplitt befestigt, anschließend mit rotem Ziegelbruchsand abgewalzt und mit Zementsteinen statt, wie geplant, mit Grauwacke, die nicht in ausreichender Menge geliefert werden konnte, ein-

gefasst. Der Mühlengraben erhielt einen Schutzzaun und wurde mit Faschinen aus Weidengeflecht befestigt.[16]

Die Gartenanlage für den ersten Bauabschnitt umfasst die Südwestecke des Schulgrundstücks, den Innenhof zwischen den Klassenflügeln und die Pflanzflächen hinter dem nördlichen Klassentrakt. Zuerst wurde in der Südwestecke ein W-förmig geschwungenes Betonmäuerchen gesetzt.[17] Dieses fängt den Niveauunterschied im Gelände ab und trug später die Holzrostbänke für zwei Freiluftklassen. Da die Verkleidung der Ansichtsfläche mit hammerrechtem Wesersandstein aus Kostengründen nicht ausgeführt werden konnte, musste die Vorderseite der Mauer mit einer Drahtbürste aufgeraut werden. Hinter den halbrunden Mäuerchen wurden für die Freiluftklassen zwei Schallschutz-

Spielrasen mit Freiluftklassen um 1955

Der Schulgarten des Siegburger Mädchengymnasiums

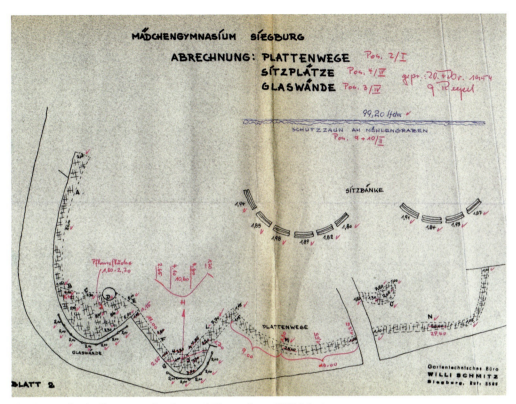

Abrechnungsplan für Plattenwege, Sitzplätze und Glaswände von Willi Schmitz

Schulteich 1955

wände aufgestellt. Die 2,50 m hohen Schutzwände bestanden aus in Stahlfensterrahmen gefasstem Drahtglas. Die Freiluftklassen waren über einen Plattenweg erreichbar, der in unregelmäßig gekurvter Linie am Außenrand des Schulgartens entlang und um das gesamte Gebäude herum führte. Die farbigen, verschieden großen Kunststeinplatten waren im unregelmäßigen Verband nach Art von Natursteinplatten plangleich mit Rasen und Beeten verlegt. Vor der südlichen Freiluftklasse erweiterte sich der Weg zu einem kleinen Platz mit eingelassenem Staudenbeet, in den am Rand ein kreisrundes Wasserbecken von 3m Durchmesser eingeschnitten war. Bepflanzt mit Seerosen und geschmückt mit einer Wasser speienden Ente war es der gestalterische Mittelpunkt der Anlage.[18] Großzügige Staudenbeete mit locker eingefügten Sträuchern schufen den Übergang zu der großen Rasenfläche auf der Südseite des Schulbaus und begleiteten den Plattenweg. Da die Beetpflanzungen direkt bis an den äußeren Pavillon herangeführt waren und gegen die Straßen in der Höhe anstiegen, vermittelte der südwestliche Teil des Schulgrundstücks den Eindruck eines geschlossenen Gartenraums. Gegen den Schulhof an der Alleestraße war er mit einem Rankgerüst abgegrenzt. Sowohl innerhalb des Geländes als auch an den Straßen wurden, wie Reepel ausdrücklich gefordert hatte, hohe Solitärbäume in die Gesamtkonzeption mit einbezogen. Zusammen mit einer freitragenden Hecke sollten sie das Schulgelände gegen die Straßen und die umgebende Wohnbebauung abgrenzen.

Plattenweg und Staudenbeet im südlichen Schulgarten 1961

Südlicher Schulgarten ca. 1956

Südlicher Schulgarten, Plattenweg und Pflanzungen am äußeren Pavillon 1962

Der Hof zwischen den südlichen Klassentrakten ist vom Schulhaus über einen dreieckigen Austritt mit eingelassenem Hochbeet erreichbar, das den Eingang akzentuiert. Die daran anschließende rote Makadamfläche läuft zur Bachstraße in einen Zufahrtsweg aus. Die Schattenzone hinter dem eingeschossigen Klassentrakt wurde mit Sträuchern bepflanzt. Auf der Sonnenseite schaffte eine locker mit Büschen besetzte Rasenfläche, deren geschwungene Konturlinie auf eine Ecke des inneren Pavillons zuläuft, Distanz zu den Fenstern der Klassenräume. Im Winkel zwischen den äußeren Pavillons ist

Der Schulgarten des Siegburger Mädchengymnasiums

Südlicher Gartenhof 1962

Südlicher Gartenhof mit Sitzplatz 1958

in den Rasen ein plattierter Pausensitzplatz integriert. Drei im Halbrund aufgestellte Bänke sind über einen geschwungenen Plattenweg erreichbar und durch eine Strauchpflanzung gegen die Bachstraße abgeschirmt.

Laut Pflanzenliste wurden in den Teppichrasen 100 Krokuszwiebeln eingesetzt. Die 55 neu angepflanzten baumartigen Gehölze waren nach unterschiedlichen, funktionalen und vor allem ästhetischen Kriterien ausgewählt.[19] Zusammen mit den vorhandenen Bäumen garantierten sie botanische Schönheit über die gesamte Vegetationsperiode. Magnolien, japanische Kirschen und die zitronengelben Dolden des Spitzahorns beginnen das Jahr mit üppiger Blütenpracht. Die Roteichen an der Bachstraße hinterfangen das weißgraue Schulgebäude mit leuchtend rotem Herbstlaub. Der amerikanische Lederhülsenbaum oder Ebereschen tragen leuchtend farbige und interessant geformte Früchte. Solitäre wie der amerikanische Am-

berbaum mit seiner einzigartigen violettroten Herbstfärbung und schlank-kegelförmigen Silhouette hatten auch Raum strukturierende Funktion. Die vor der Stirnseite des Hörsaalflügels stehenden alten Schwarzpappeln mit ihrer hohen, schlanken Wuchsform nahmen in der Vegetation den vertikalen Akzent auf, den die Architektur im Turm vorgab. Auch bei den über 1000 Sträu-

Sitzplatz im südlichen Gartenhof 1962

Der Schulgarten des Siegburger Mädchengymnasiums

Spitzahorn im Herbstlaub

Schwarzpappeln vor dem Lehrsaalflügel 1964

chern ergänzten sich funktionale und ästhetische Auswahlkriterien. Dichte Strauchreihen und Hecken waren vor allem als Lärm- und Sichtschutz gedacht. Blütensträucher wie Schneeball, Blutjohannisbeere, Bauernjasmin, Forsythien oder Prachtspiren setzten mit ihren unterschiedlichen Blütezeiten über die gesamte Vegetationsperiode ästhetische Akzente. Immergrüne Rhododendren, Azaleen oder Stechpalmen mit ihren roten Früchten sorgten darüber hinaus dafür, dass die Bepflanzung auch im Winter optisch ansprechend blieb. Die über 1500 Blütenstauden waren zu variationsreichen Lehr- und Schaupflanzungen zusammengestellt. Mit Rittersporn, Königskerze, Pfingstrosen, Iris, Stockrosen oder Phlox waren die schönsten heimischen Blütenstauden zum Teil in verschiedenen Sorten üppig vertreten. Große Stückzahlen von Erika oder Blauschwingel führten in einem Herbstgarten das saisonale Konzept fort. Daneben wurden zu Unterrichtszwecken auch Wild- und Heilpflanzen gesetzt, z. B. Lerchensporn, Wiesenraute, Hahnenfuß oder Glockenblumen. Bei den Apothekerpflanzen wie Pfennigskraut, Waldgeißbart, Lungenkraut, Nachtkerze, Akelei, Schafgarbe oder Quendel waren auch stark giftige vertreten, wie der Bärenklau oder die sehr seltene schwarze Nieswurz.

DER FESTHOF

Nachdem der dreigeschossige Klassentrakt und der Wirtschaftsflügel für die Frauenoberschule fertig gestellt waren, wurde Georg Reepel 1959 auch mit der Planung für den zweiten Innenhof beauftragt. Dessen zusätzlicher Funktion als Festhof entsprechend, ist Reepels Vorentwurf aufwendiger angelegt als der Plan für den ersten Pausenhof.[20] Dank der gläsernen Zwischen- und Außenwände des Festraums liegt der zweite Gartenhof im Blickfeld der künftigen Theaterbesucher der städtischen Festhalle. Er war bei sommerlichen Veranstaltungen auch als Festraum im Freien gedacht und wird vom Haus durch doppelflügelige Glastüren erschlossen, die sich auf eine wandbreite Freitreppe öffnen.

Um den Festhof an den schon vorhandenen Schulgarten anzubinden, bezog Reepel die von der ehemaligen Nutzung als Turnplatz vorhandene rote Makadamfläche in seinen Entwurf mit ein. Plangleich wird sie von farbigen Kunststeinplatten eingefasst. Verschieden groß und in unregelmäßigem Verband verlegt, nehmen auch sie ein Gestaltungselement des I. Bauabschnitts auf, führen es aber aufwendiger aus. Im Anschluss an den

Georg Reepel, Vorentwurf für den zweiten zweiten Innenhof 1959

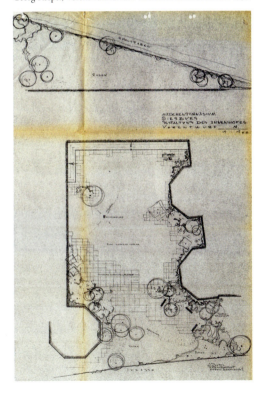

um den mittleren Klassenflügel herumgeführten Weg erweitert sich der Plattenbelag zu einer großen zusammenhängen Fläche, die den Hof zur Bachstraße hin abschließt. Teilweise zungenartig in den Freiraum vortretend, begleitet er in unregelmäßiger Breite die Pavillonwände und fasst gleichzeitig die Pflanzflächen ein. Vor der Südseite des dreigeschossigen Klassenflügels ist wieder ein plattierter Sitzplatz mit drei Bänken vorgesehen. Plangleich an den Plattenbelag anschließend schafft eine üppige Bepflanzung aus Stauden, Sträuchern und Bäume Distanz zu den Pavillonwänden. Gleichzeitig gliedert und betont sie die unregelmäßige Hofform. Zur Strukturierung des Freiraumes plante Reepel Großgehölze ein, in diesem Fall verschiedene Birkenarten. Eine japanische Birke platzierte er rechts neben die Tür zum zweigeschossigen Klassentrakt und schafft damit für den Betrachter im Festsaal einen kulissenartigen Effekt, der den Blick

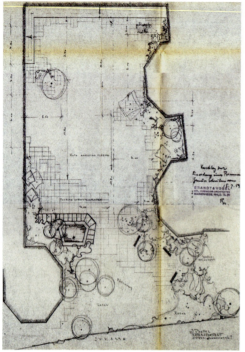

Hans Brandt, Entwurf für eine Brunnenanlage im Festhof, 1959

Georg Reepel: Bepflanzungsplan des zweiten Innenhofs, 1959

Manfred Saul, Lesendes Mädchen 1962

auf den gestalterischen Höhepunkt des Gartenhofs, eine (nicht realisierte) Brunnenanlage leiten sollte.²¹ Der Birke korrespondiert auf der gegenüber liegenden Seite ein Essigbaum. Vier weitere, vor den äußeren Pavillons gepflanzte Hängebirken verstärken, unterstützt durch die durchgehende Plattierung den Eindruck eines geschlossenen Hofraums, der hinter der Rasenböschung an der Bachstraße durch einen mit Kletterrosen berankten Zaun zu einem Festraum im Freien wird. Alle Bäume sind mit Sträuchern und Stauden unterpflanzt, die, nach pflanzenphysiologischen Kriterien ausgewählt und, wie die Bäume, in erster Linie nach ästhetischen Gesichtspunkten zusammengestellt sind.²² So wird z. B. der sich im Herbst orangerot färbende Essigbaum von einem Teppich aus Blaukissen und weißlich grünem Wollziest begleitet. Daran schließen

sich in der Nische zwischen den Pavillons Pflanzfelder violetter Spieren und weißer Margeriten an, die vor der Hauswand von immergrünen Strauchmispeln hinterfangen werden. Hinter der Rasenböschung betonte ein großes Beet verschiedenfarbiger Polyantharosen den festlichen Charakter dieses Gartenraums. Die Schattenseite dominierten fünf rotblühende, weiße und lila, mit Primeln unterpflanzte Rhododendren.

Die Ausführung des zweiten Innenhofs wurde Carl Jacobi aus Düren übertragen und war Ende 1959 fertig gestellt.²³

Um dem Festhof künstlerisch aufzuwerten, wurde 1960 vor dem vorspringenden äußeren Pavillon des mittleren Klassentrakts an Stelle des nicht realisierten Brunnens eine hochwertige, überlebensgroße Bronzeplastik des Hennefer Bildhauers Manfred Saul aufgestellt.²⁴ Die bronzene Bodenplatte wurde in den vorhandenen Belag aus farbigen Kunststeinplatten eingepasst und mit 2,50 bis 3,50 m hohen edlen Douglasfichten hinterpflanzt. Inhaltlich nimmt ‚Das lesende Mädchen' programmatisch auf das Thema Frauenbildung und damit auf seinen Aufstellungsort Bezug.

Gleichzeitig mit dem Festhof wurde auch die westliche Böschung des Mühlengrabens vor dem Hauswirtschaftsflügel gärtnerisch neu gestaltet. Nach einer Sicherung durch einen 1m hohen Maschendrahtzaun wurden die vorhandenen Liguster zurück geschnitten und unterschiedliche Bodendecker, u. a. 300 Böschungsmyrten nachgepflanzt. Im August erhielt auch der Pausenhof am Mühlengraben eine dichte Befestigung. Um dem gesamten Schulgelände ein einheitliches Erscheinungsbild zu geben, wünschten die Architekten, wie auf den vorhandenen Schulhofflächen, einen roten Belag. Aus Kostengründen erhielt der Schulhof zwischen Mühlengraben und Gebäude jedoch eine schwarze Schlussdecke.[25]

DER TURNPLATZ AN DER WILHELMSTRASSE

Auch die im April 1956 fertig gestellte gärtnerische Gestaltung an der Turnhalle war Georg Reepel übertragen worden.[26] Die Brücke über den Mühlengraben, eine Stahlbetonkonstruktion ohne Wölbung mit einfachem, senkrecht verstrebtem Geländer, war schon seit November 1955 fertig. Ihr rotbrauner Gehweg aus Gussasphalt nahm das Farbkonzept der roten Schulhofflächen auf. Wie in seinem Bewerbungsentwurf gefordert, bezog Reepel die vorhandenen großen Linden am Mühlengraben in seine Planung mit ein und pflanzte zusätzliche Bäume nach. Die Uferböschung wurde mit Rasen eingesät und am oberen Rand mit einer Buschpflanzung und Stacheldraht gesichert. In die anschließende rote Makadamdecke des Turnplatzes wurde eine Sandgrube für Hoch- und Weitsprung eingelassen, die in den Pausen auch zum Spielen genutzt werden konnte.[27] Nach Reepels Planung wurden an der Turnhalle sowohl sommergrüne als auch immergrüne Gehölze angepflanzt.[28] Die Sträucher dienten vor allem als Sichtschutz an der Wilhelmstraße. Als Blütenpflanzen waren neben Rosen blühende Sträucher wie Blutjohannisbeere, Sommerflieder und Goldregen ausgewählt worden. Den Ahornen und Birken an der Uferböschung war als optischer Höhepunkt unter den Bäumen eine japanische Kirsche beigesellt.[29] Dem Charakter des Ortes als Schulhof für die Unterstufe und Sportplatz entsprechend, waren empfindliche Staudenbeete nicht vorgesehen. Als Sitzplatz war eine 8m lange Pergola mit fünf Bänken geplant. Sie sollte mit verschiedenen rankenden Blütenpflanzen wie Klettertrompete, Kletterrosen und Clematis begrünt werden.[30]

Die Ausführung der gärtnerischen Arbeiten übernahm Josef Frings aus Siegburg.[31]

DER VORGARTEN DER AULA UND DER PARKPLATZ

Als 1964 die Außenanlagen zur Aula angelegt wurden, die als städtische Festhalle auch für öffentliche Veranstaltungen geplant war, wurde Reepels Grünplanung an der Turnhalle grundlegend verändert. Im April beschloss der Bauausschuss, diesmal die Planung an Wolfgang Darius aus Bonn-Ippendorf zu vergeben, der von Brandt empfohlen worden war.[32] Die Ausführung der gärtnerischen Arbeiten an der Aula, die Franz Hüttemann aus Bad Honnef übernahm, musste ab Juli 1964 wegen der anstehenden 900-Jahrfeier der Stadt Siegburg unter großem Zeitdruck erfolgen.

Aula mit Vorgarten an der Wilhelmstraße ca. 1965

Der Schulgarten des Siegburger Mädchengymnasiums

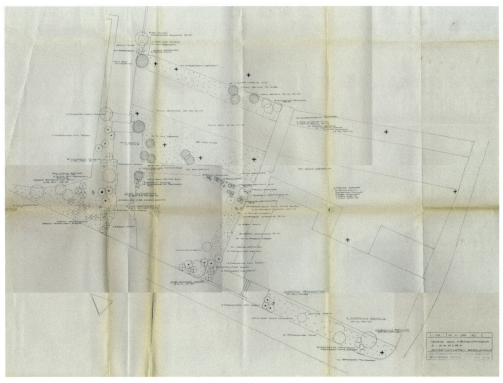

Wolfgang Darius, Bepflanzungsplan der Außenanlagen an der Aula 1964

Die Planung umfasste die gesamte Fläche zwischen Aula und Turnhalle, die Böschung des Mühlengrabens sowie einen schmalen Streifen vor der Turnhalle an der Wilhelmstraße, der zwischenzeitlich einer Straßenverbreiterung weichen musste. Darius wandelte den Schulhof-Turnplatz in einen Vorgarten für die Festhalle und in einem Empfangsraum für die gesamte Schulanlage um.[33] Jetzt zur Wilhelmstraße geöffnet, wird er Teil des öffentlichen Raumes und lädt zum Betreten des Grundstücks ein, das sich bis jetzt gegen den städtischen Raum abgegrenzt hatte. Ein gerader Weg aus hellen Waschbetonplatten führte über drei parallel versetzte Stufen auf den als Brücke über den Mühlengraben gestalteten Eingangsvorplatz der Festhalle/Aula zu. In der Tiefe des Grundstücks, vor der Böschung des Mühlengrabens, wurde ein jetzt nicht mehr der Raumbildung in freiem Schwung folgender, sondern abgeknickt gerade geführter Verbindungsweg zur Turnhalle angelegt. Er hinterfängt eine nicht untergliederte Rasenfläche, die den kleinen Raum großzügig erscheinen ließ. Vor der Turnhalle bildete ein plangleich angelegtes, an den Enden durch Sträucher vertikal akzentuiertes Staudenbeet gleichzeitig Kulisse und farbige Einfassung. An der Außenecke geschützt und belebt durch Berberitzen und Feuerdorn, wurde es an der Innenecke mittels einer im Winter blühenden chinesischen Zaubernuss und fünf orange blühender Rhododendren betont. Dazwischen waren, unterbrochen von Blütensträuchern, Stauden gesetzt. In geometrisch geformten Teppichpflanzungen bildeten weiße Margeriten, Goldball, violette

Katzenminze und der graugrüne Blauschwingel über die gesamte Vegetationsperiode eine farbige Bordüre. Den Rhododendron in seiner Schattenecke begleiteten verschiedene, kurz- und langstielige Primelarten. Damit wurde aus dem Freiraum vor der Turnhalle durch Struktur und Pflanzenwahl ein repräsentativer Schaugarten, der nicht mehr als Pausenhof oder Turnplatz genutzt werden konnte. Die Böschungen des Mühlengrabens wertete Darius mit seiner Neugestaltung deutlich auf. Am Westufer bezog er nach einem Verjüngungsschnitt zwei der alten Linden, sowie die Birken aus Reepels Planung in sein Gestaltungskonzept mit ein. Um das Gewässer räumlich in sein Konzept zu integrieren, pflanzte er unter dem hohen Laubschirm der alten Bäume als Unterwuchs auf beiden Ufern insgesamt zehn unterschiedlich große Eiben nach. Zwei größere Exemplare akzentuieren beidseitig die Eingangsbrücke zur Aula. Fünf niedrigere Eiben begleiten in versetzter Anordnung den Plattenweg. Die restliche Fläche der westlichen Böschung hatte Darius mit wiederum in Farbfeldern zusammengefassten, gelb und blau blühenden, niedrigen Bodendeckern begrünt, so dass ein freier Durchblick auf das Schulgebäude möglich blieb. Der gegenüberliegende Uferstreifen wurde mit einer Ligusterhecke gesichert und zur Turnhallenbrücke hin mit drei Taxus und drei Strauchmispeln an der Ecke betont. Die pflegeleichte Purpurbeere befestigte und schmückte die schräge Böschung. Der von der Wilhelmstraße nicht einsehbare Teil des Grabens hinter der Turnhalle wurde auf der Ostseite mit Feldahorn und Hainbuchen naturnah nachgepflanzt.[34] Die vom Schulhof im Blick liegende Böschung gegenüber wertete Darius durch Blütensträucher, wie Forsythien, Blutjohannisbeere, Rispenhortensie, sowie die weiß blühende Maiblume auf und unterpflanzte diese einheitlich mit Goldnesseln. Im Zwickel vor der Aula nördlich des Zugangsweges kamen, als Ergänzung zu den Linden, zwei Silberahorne hinzu, die eine besonders schöne Frühjahrs- und Herbstfärbung zeigen. Der Raum zwischen Plattenweg und Aula wurde mit niedrigen, robusten immergrünen Sträuchern wie Strauchmispeln, Berberitzen, Feuerdorn und unterschiedlichen Bodendeckern gefüllt. Zur Straßenecke hin setzte Darius noch einmal einen farblichen Akzent. Neben immergrünen robusten Buchs pflanzte er verschiedene Arten Schneeball und einen Essigbaum.

Gleichzeitig wurde nördlich der Stadthalle auf dem Fuhrparkgelände für die Theaterbesucher ein Parkplatz angelegt.[35] Dafür mussten die Baracken des städtischen Bauhofs abgerissen und elf Schwarzpappeln an der Wilhelmstraße gefällt werden. Als Planungsgrundlage diente Darius eine von Brandt im März 1964 skizzierte Flächenaufteilung mit 55 Stellplätzen.[36]

An der Wilhelmstraße und auf der Nordseite wurde der Parkplatz mit von Bäumen und Blütensträuchern durchsetzten Hecken eingefriedet. Die dafür gewählten unterschiedlichen Berberitzen und Wildrosenarten waren gleichzeitig robust und in Blüte und Laubfärbung ästhetisch ansprechend. Unterschiedliche Ahorne und eine Hainbuche definierten die Abgrenzung zum Straßenraum und korrespondierten mit den Roteichen an der Bachstraße. Die Böschung des Mühlengrabens bepflanzte Darius mit heimischen, einen feuchten Standort liebenden Gehölzen wie Eschen, Salweiden oder Holunder. Korallenbeeren und Hundsrosen bildeten eine strau-

Erholungspause im Schulgarten ca. 1955

Ballspielende Schülerinnen auf dem Spielrasen ca. 1955

chige Unterpflanzung und setzten farbige Akzente. Vor dem Nordeingang der Aula schafft ein breites, mit Bäumen und Sträuchern dicht besetztes Beet, Sichtschutz und Abstand. Bei seiner Bepflanzung dominieren wiederum immergrüne Eiben, Berberitzen und Liguster, dieselben Gehölze wie auf der Südseite der Aula. Eine Säulen-Hainbuche mit ihrer prägnanten geschlossenen Wuchsform und drei Strauchrosen sorgten für einen zusätzlichen ästhetischen Akzent. Der konische zulaufende Vorplatz vor dem Nordeingang der Aula erhielt einen Belag aus fugenlos gleichmäßig orthogonal verlegten grauen Waschbetonplatten. Ein Essigbaum betonte als Solitär die vier Ausgleichsstufen.[37] Mit diesem, wegen seiner attraktiven Herbstfärbung beliebtem Ziergehölz schließt sich der botanische Kreis, den Georg Reepel 1953 an der großen Rasenfläche begonnen hatte.[38]

Nach der Fertigstellung der Gartenanlage an der Wilhelmstraße war die Grünplanung des Mädchengymnasiums 1964 zum 900-jährigen Stadtjubiläum abgeschlossen. Für alle Gartenabschnitte sind zum Teil deutliche Unterschiede zwischen den geplanten und den ausgeführten Anlagen festzustellen. So ließen die von Anfang an beschränkten Mittel für die Grünplanung die Ausführung des von Reepel geplanten Arbeitsgartens mit Lehrbeeten für die Frauenoberschule nicht zu. Die in der Ausschreibung für den I. Bauabschnitt vorgesehene alternative Ausführung der Steinarbeiten in Wesersandstein, konnte ebenfalls aus Kostengründen nicht realisiert werden. In den anderen Gartenbereichen musste mehrfach die Auswahl der Arten und die Anzahl der geplanten Pflanzen den finanziellen Möglichkeiten angepasst werden.[39]

EIN IDEALER SCHULGARTEN

Die hohen Qualitätsanforderungen und der damit verbundene große planerische Aufwand für den Siegburger Schulgarten gehen auf die Forderungen der Fredeburger Schulbaurichtlinien zurück. Mit dem Vorschlag der Architekten, die renommierte Gartengestalterin Herta Hammerbacher zum Wett-

Der Schulgarten des Siegburger Mädchengymnasiums

Essigbaum vor dem eingeschossigen Klassentrakt

bewerb einzuladen, sowie Hermann Mattern und den Präsidenten des Bundes Deutscher Gartenarchitekten als Fachpreisrichter einzusetzen, wurde der Siegburger Wettbewerb zur Grünplanung des Mädchengymnasiums auf der obersten Qualitätsebene der deutschen Gartengestaltung angesiedelt und zugleich die Einbindung in eine Tradition vorweggenommen.[40]

Aus weltanschaulichen, pädagogischen und hygienischen Gründen war auf der Fredeburger Schulbautagung 1949 im Zuge der Neuorientierung der pädagogischen Arbeit nach dem II. Weltkrieg eine ‚Schule im Grünen' gefordert worden.[41] Im Sinne einer ganzheitlichen Erziehung sollte die Verbindung mit der Natur die rationale Wissensvermittlung ergänzen. Darüber hinaus wurde dem direkten Kontakt mit der Natur eine therapeutische Wirkung zugesprochen, die dazu führen sollte, Vandalismus zu kanalisieren und das Verantwortungsbewusstsein zu fördern. Auch war man, anschließend an die Milieutheorie, der Ansicht, dass durch eine handwerklich saubere Ausführung aller gärtnerischen Arbeiten der ‚Sinn für Schönheit und Ordnung vertieft' werden könnte.[42] Die prekäre gesundheitliche Situation der Nachkriegsschülerinnen veranlasste die Aufnahme von Freiluftklassen in das Raumprogramm der Grünplanung.[43] Fachspezifisch sollte der Schulgarten als ‚Ort angewandter Naturwissenschaften und einer ‚Botanik im Freien' in den Unterricht eingebunden werden.[44]

So ist die Grünplanung des Siegburger Mädchengymnasiums – genau so wie das Gebäude – Ausdruck des pädagogischen Aufbruchs der frühen Nachkriegszeit. Der gegliederte Raum bot trotz des beengten innerstädtischen Grundstücks eine genügende Großräumigkeit, um eine ‚Schule im Grünen' entstehen zu lassen, wie sie von den Fredeburger Richtlinien gefordert wurde.[45] Die über 10.000 qm große Pausenfläche war voll ausreichend, um den Freiraum als Spiel- und Erholungsfläche zu nutzen. Mit der Kombination von befestigten, offenen Pausenhöfen, Spielwiese, Turngarten und gärtnerisch gestalteten Anlagen hat Reepel die vorhandenen Möglichkeiten voll ausgeschöpft und den Schülerinnen eine Bewegungsfreiheit im Freien ermöglicht, die als Voraussetzung für die neuen pädagogischen Konzepte angesehen wurde. Dank des einmaligen topographischen Vorteils, ein fließendes Gewässer auf dem Schulgrundstück zu haben, waren die Schülerinnen für den naturkundlichen Anschauungsunterricht nicht nur auf die Vogeltränke am Springbrunnen angewiesen, sondern konnten jedes Frühjahr am Mühlengraben brütende Wildenten beobachten.

In seinem Gestaltungskonzept gelang es Reepel, die an das Schulgrün gestellten funktionalen, pädagogischen und ästhetischen Forderungen überzeugend miteinander zu verknüpfen und in ein modernes gärtnerisches Gestaltungskonzept einzubetten. Durch seine Wegeführung wurde die Freifläche klar als Bewegungsraum definiert. Funktional unterschiedlich definierte Freiflächen erhielten eine der Nutzung entsprechende unterschiedliche Gestaltung. Die Idee der großen Rasenfläche vor dem südlichen Pavillontrakt, die durch den abgesenkten Zaun noch unterstützt wird und das Schulgebäude aus der Distanz wahrnehmbar macht, geht auf eine ästhetisierende städtebauliche Konzeption Camillo Sittes zurück, die hier auf einen innerstädtischen Neubau übertragen wurde.[46] Mit diesem Ansatz stellte Reepel eine erklärte und auch von den Architekten eingeforderte Verbindung zwischen Garten und Gebäude her, die er mit der Positionierung der Großgehölze optisch weiter führte. Für die den Raum strukturierende Wirkung eines sich frei entwickelnden Solitärs nutzte er sowohl vorhandene, wie auch neu gepflanzte Bäume. Obwohl im gestalterischen Repertoire neben den Plattenwegen auch Raum schaffende architektonische Elemente wie Sichtschutzwände, Rankgerüste oder niedrige Mauern gleichberechtigt eingesetzt wurden, vertrat Reepel ein landschaftliches Grünplanungskonzept. Mit den lebhaft bewegten Busch- und Strauchgruppen, die locker in den Bestand integriert wurden und eher gewachsen als geordnet wirkten sowie der üppigen Staudenbepflanzung, steht Reepels Schulgartenentwurf in der Tradition des von Herta Hammerbach und Hermann Mattern Ende der 20er Jahre in Bornim bei Karl Foerster entwickelten und von Mattern in der Nachkriegszeit weitergeführten landschaftlichen Naturgartenkonzepts. Diesen damals modernen Gartenstil hatte Reepel sicherlich schon während seiner Ausbildung Anfang der 30er Jahre in Pillnitz kennen und schätzen gelernt. Typische formale Merkmale eines Naturgartens sind neben den lockeren Gehölzgruppen freitragende Hecken sowie die plangleiche Anlage von geschwungenen Plattenwegen, Rasen und Pflanzflächen. Bei der Pflanzenauswahl begnügte sich Reepel genau wie Mattern nie allein mit der Funktion oder dem Standort angepassten Varietäten, sondern sah sich immer auch einer künstlerischen Gestaltung verpflichtet.

Als Ausdruck neuer demokratischer Freiheit war das ursprünglich für den Privatgarten entwickelte landschaftliche Naturgartenkonzept nach dem II. Weltkrieg in der Bundesrepublik für öffentliche Gartenanlagen verbindlich geworden. Überregional und Maßstab setzend wurde es auf den Bundesgartenschauen vertreten, an deren zweiter Reepel planerisch beteiligt war und 1952 einen ersten Preis gewann.[47]

Wolfgang Darius führte Reepels Gestaltungskonzept strukturell weiter, so dass zwischen den beiden Planungskonzepten kein krasser Bruch spürbar wird, vertrat aber gleichzeitig einen deutlich wahrnehmbaren anderen Stil. Auch er bettete architektonische Elemente in einen landschaftlichen Garten ein, trennte diese aber durch Farbe und gerade Kanten deutlicher ab. Die Materialwahl hat sich ebenfalls verändert. Statt der von Reepel ursprünglich vorgesehenen polygonalen Natursteinplatten im wilden Verband, verwendete Darius industriell gefertigte Betonstufen und rechteckige hellgraue Waschbetonplatten. Fugenlos verlegt bildeten sie ein selbständiges geschlossenes Formgefüge. Das Grün steht diesem neuen geometrischen Grundriss nach wie vor in lockerer Anordnung gegenüber. Bei der Pflanzenwahl jedoch verschob sich der Akzent. Für Nach- und Unterpflanzungen verwendete Darius (auch standortbedingt) mehrheitlich schattentaugliche immergrüne Gehölze mit kompakteren Wuchsformen, so dass im Zusammenklang mit der hellen, transparenten Architektur der Aula ein insgesamt klarerer und kontrastreicherer Raumeindruck entsteht.[48] Der Anteil der Staudenpflanzungen an der Gesamtfläche ist reduziert. An ihre Stelle traten auffällig blühende Sträucher. Die verbliebenen Staudenflächen bekamen konstruiert wirkende, geometrische Formen. Diese Gestaltungsmittel machten aus Darius' Entwurf für den Vorgarten der Aula einen neuen Gartentypus mit stark graphisch geprägtem Charakter, bei der die Vegetation in stärkerem Maß einer ornamentalen Gestaltungsidee untergeordnet ist. Er ist damit ein typisches Beispiel für den pflegeleichten architektonischen Garten der 60er Jahre, wie er 1963 auf der Internationalen Gartenbauausstellung in Hamburg vorgestellt worden war.[49]

Während Reepels Planungen aus den 50er Jahren stilistisch an die ‚konservative Moderne' in der Tradition der Bornimer Schule anschlossen, machte Darius mit seinen Entwürfen von 1964 den Schritt in die moderne Gartenarchitektur.[50] Die kostenbedingte Ausführung der Steinarbeiten aus Reepels Gartenkonzept in Beton(-Platten) könnte man als gelungenen stilistischen Zwischenschritt betrachten, der dem sachlich modernen Konzept eines mit Ziegeln ausgefachten Betonskelettbaus besser entspricht als handwerklich bearbeiteter Naturstein. In seiner Gesamtheit erfüllte der Siegburger Schulgarten sowohl von seinen baulichen Voraussetzungen als auch in den Entwürfen von Reepel und Darius sämtliche Kriterien, wie sie von Hermann Mattern Anfang der 50er Jahre für einen idealen Schulgarten gefordert worden waren.[51]

Abbildungsnachweis:
Stadtarchiv Siegburg Bestand 4 und Bildersammlung
Schularchiv Gymnasium Alleestraße
Autorin

Anmerkungen:

1 Zur Baugeschichte vgl. KNAUER-ROMANI, Elisabeth: Ein Schulbau der Sonderklasse. Der Neubau des Siegburger Mädchengymnasiums in: Heimatblätter des Rhein-Sieg-Kreises 79. Jg. 2011
2 Vgl. Brief von Brandt/Vogel an die Stadtverwaltung vom 16. 10. 1952 in: *StAS Bestand IV Nr. 2166/3861* Die Notwendigkeit eines neuen Berufsstandes, des (akademisch ausgebildeten) Gartenarchitekten, der die Freiraumplanung gleichrangig neben den Hochbau stellt, war zuerst 1908 von Fritz Encke formuliert worden. 1929 wurde erstmalig ein Studiengang für Gartenarchitektur in Berlin eingerichtet.
3 Vgl. Brief von G. Reepel an den Stadtdirektor vom 1. 12. 1951 in: *StAS Bestand IV Nr. 2166/3861*
4 Zitat aus dem Brief von Brandt/Vogel vgl. Fußnote 2
5 Vgl. dazu die Umstände des Wettbewerbs zum Schulbau in: Elisabeth Knauer-Romani a. a. O. S. 175 ff
6 Vgl. Schriftwechsel in: *StAS Bestand IV Nr. 2169/3866*
7 Vgl. Aktenvermerk zur Sitzung des BA vom 7. 5. 1953 in: *StAS Bestand IV Nr. 2166/3861*
8 Vgl. Vertrag zwischen dem Gartentechnischen Büro Willi Schmitz und der Stadt Siegburg vom 3. 8. 1953 in: *StAS Bestand IV Nr. 2150/3864*
9 Für persönliche Informationen zu Georg Reepel danke ich Michael Reepel, der mir hilfreiche Auskunft zu seinem Vater gab.
10 Reepel arbeitete u. a. an den Ehrenfriedhöfen in Hürtgenwald, Gmünd und Elsdorf.
11 Vgl. Gutachten des Kölner Gartenbaudirektors Schönbohm vom 22. 5. 1953 und Mitteilung der Stadtverwaltung vom 6. 7. 53 beide in: *StAS Bestand IV Nr. 2169/3866*
12 Vgl. Erläuterungsbericht von Reepel zu seinem

Wettbewerbsentwurf in: *StAS Bestand IV Nr. 2169/3866*

13 Vgl. die zur ersten Bewerbung eingereichten Vergleichsarbeiten von Reepel: 2 Fotos und 2 Pläne in: *StAS Bestand IV Nr. 2166/3861*

14 Für die Identifizierung der Gartenanlage danke ich Michael Reepel.

15 Ein Metallzaun und das von Brandt entworfene zweiflügelige Eisentor mit einer Füllung aus eloxierten Diagonalverstrebungen in Leichtmetall konnten aus Kostengründen nicht realisiert werden. Vgl. den Entwurf von Brandt und das Protokoll der Bauausschusssitzung vom 7. 9. 1953 in: *StAS Bestand IV Nr. 2169/3866*

16 Die für September 1953 geplante Begrünung der Mühlengrabenböschung wurde aus Kostengründen zurückgestellt.

17 Von diesem Bereich der Grünplanung sind keine Entwurfszeichnungen von Reepel mehr vorhanden, nur die von Reepel geprüften Abrechnungspläne des ausführenden Gartentechnischen Büros Willi Schmitz aus Siegburg, die als Grundlage für die Abschlussrechnung dienten in: *StAS Bestand IV Nr. 2150/3864*

18 Höchstwahrscheinlich stammte der Entwurf für die Keramikente des Vogelbrunnens von dem Siegburger Bildhauer Ulrich Bliese. Vgl. dazu den Briefwechsel zwischen Reepel, Bliese und dem Stadtbauamt zwischen September 1953 und dem Frühjahr 1954 in: *StAS Bestand IV Nr. 2150/3864*

19 Da von diesem Teil der Grünplanung keine Pflanzpläne vorhanden sind, kann die Bepflanzung nur nach den Pflanzenlisten der Abschlussrechnung von Willi Schmitz und nach zeitgenössischen Fotografien beurteilt werden. Vgl. Pflanzenlieferung Mädchengymnasium Siegburg vom Februar 1954 in: *StAS Bestand IV Nr. 2150/3864*

20 Georg Reepel, Vorentwurf vom April 1959, Pflanzplan und Kostenschätzung vom Juni 1959 in: *StAS Bestand IV Nr. 1602/2935*

21 Vgl. den alternativen Vorentwurf mit Brunnenanlage von Brandt vom Juli 1959 in: *StAS Bestand IV Nr. 1602/2935*

22 Vgl. Liste der gelieferten Pflanzen vom 12. 12. 1959 in: *StAS Bestand IV Nr. 1602/2935*

23 Schlussrechnung zur Ausführung der Gartengestaltung durch Carl Jacobi, Haus Mozenborn, Birgel-Düren in: *StAS Bestand IV Nr. 1602/2935*

24 Zur kontroversen Diskussion um Manfred Sauls Bronzeplastik vgl. General-Anzeiger vom 31. 3. 1960: Siegburger Streit um lesendes Mädchen

25 Vgl. Beschluss des Bauausschusses vom 2. 6.1959 in: *StAS Bestand IV Nr.1602/235*

26 Da auch für diese Planung von Reepel keine Pläne mehr vorhanden sind und zusätzlich dieser Teil des Schulgartens nach dem Bau der Aula neu gestaltet wurde, sind nur Schlussfolgerungen aus den Pflanzenlisten der Schlussabrechnung möglich. Vgl. Fußnote 29

27 Bis dahin war die Sprunggrube genutzt worden, die im Februar 1954 auf dem nördlichen Schulhof eingerichtet worden war.

28 Da weder Pflanzpläne noch Fotografien der nicht mehr existierenden Anlage vorhanden sind, können keine konkreten Angaben über die formale Gestaltung gemacht werden.

29 Vgl. Pflanzliste der Schlussrechnung über die Ausführung der gärtnerischen Arbeiten an den Turnhalle des Gartenbaubetriebes Josef Frings aus Siegburg vom 31. 3. 1956 in: *StAS Bestand IV Nr. 1660/3015*

30 Ob die Pergola realisiert wurde und wo genau sie aufgestellt war, lässt sich nicht mehr feststellen.

31 Schlussabrechnung Gartengestaltung Josef Frings vom 31. 3. 1956 in: *StAS Bestand IV Nr. 1660/3015*

32 Vgl. Niederschrift der Bauausschusssitzung vom 20. 4. 1964 in: *StAS Bestand IV Nr. 2564/4533* sowie Aktenvermerk vom 26. 5. 1964 und Vertrag mit Wolfgang Darius vom 1. 6. 1964 beide in: *StAS Bestand IV NR. 1675/3027*

33 Vgl. Bepflanzungsplan von Wolfgang Darius: Neubau Aula Mädchengymnasium Siegburg Außenanlagen Bepflanzung vom 10. 6. 1964 in: *StAS Bestand IV Nr. 1684/3037*

34 Vgl. dazu die Schlussrechnung zur Ausführung der Gartengestaltung durch Franz Hüttemann aus Bad Honnef vom 15. 1. 1965 in: *StAS Bestand IV Nr. 1684/3037*

35 Vgl. Pflanzplan von Darius vom Juni 1964 in: *StAS Bestand IV Nr.1684/3037*

36 Skizze für die Flächenaufteilung des Parkplatzes von Brandt in: *StAS Bestand IV Nr.1675/3027*

37 Der Niveauunterschied zum Parkplatz wurde durch eine Betonmauer abgefangen, die den Vorplatz auf der nördlichen Seite und am Mühlengraben einfasst.

38 Vgl. S. 81

39 Als Hinterpflanzung für das lesende Mädchen waren z. B. statt der vier Douglasfichten fünf teurere Serbische Fichten geplant. Vgl. hierzu auch den Bepflanzungsplan von Darius für den Vorgarten der Aula und die zugehörige Liste der gelieferten Pflanzen in: *StAS Bestand IV Nr.1684/3037*

40 Hermann Mattern hatte Ende der 20er Jahre die Entwurfsabteilung bei Karl Foerster in Bornim bei Potsdam übernommen. In diesem Entwurfsbüro entstanden in Zusammenarbeit mit Herta Hammerbacher wegweisende gartenplanerische Projekte, bei denen die Gartenfachleute mit namhaften Architekten wie z. B. Hans Scharoun, oder Adolf Loos zusammen arbeiteten. Nach dem Zweiten Weltkrieg stieg Mattern zu einem der bedeutendsten Gartengestalter der jungen Bundesrepublik auf. 1949 wurde er mit der Grünplanung des Bonner Regierungsviertels beauftragt. 1951 übernahm er die Planung der zweiten Bundesgartenschau in Kassel. Vgl. hierzu: MATTERN, Hermann: 1902 – 1971 Gärten, Gartenlandschaften, Häuser. Ausstellungskatalog Berlin Akademie der Künste und Technische Universität Berlin, Berlin 1982

41 Vgl. ERXLEBEN, Guido: Die Schule im Grünen in: Das neue Schulhaus, Ratingen 1950 S. 70 ff

42 ERXLEBEN a. a. O. S. 72

43 Freiluftklassen sind hervorgegangen aus dem Konzept der Freiluftschulen, die seit Anfang des 20. Jhs. gesundheitlich, insbesondere Tbc gefährdete Kinder zu mehrmonatigen Kuren aufnahmen.
Vgl. TRIEBOLD, Karl: Pädagogische Bedeutung der Freiluftschule in: Das Neue Schulhaus, Ratingen 1950
44 ERXLEBEN a. a. O. S. 72
45 Das in Fredeburg wieder aufgegriffene Konzept des Schulgartens mit seinen pädagogischen Implikationen wurde erstmalig in der Reformpädagogik der 20er Jahre formuliert.
46 Camillo Sitte war einer der Begründer des modernen Städtebaus. Zur Ästhetisierung des Stadtbildes vertrat er die Freistellung von historischen Bauten.
Der Beschluss zur Unterbrechung des Zauns wurde bei einer Baustellenbesichtigung durch Reepel am 14. 8. 1953 gefasst. Vgl. Brief von Eberhard Vogel an die Stadtverwaltung vom 24. 8. 1953 in: *StAS Bestand IV Nr.2150/3864*
47 Vgl. Kasseler Gartenbuch, Amtlicher Ausstellungskatalog der Bundesgartenschau Kassel 1955 S. 122
Es ist mit Sicherheit davon auszugehen, dass Reepel bei seiner Mitarbeit an der Planung der Bundesgartenschau in Kassel 1952 Kontakt mit Mattern hatte und dessen Gartenkonzepte kennen lernte.
48 Nicht beschnittene Eiben und Buchsbäume waren von Hermann Mattern für den modernen Garten neu entdeckt worden.
49 Vgl. dazu: VALENTIN, Otto: Heutige Gartengestaltung in: Baukunst und Werkform, Heft 6 1961 und Günter Mader, Gartenkunst des 20. Jahrhunderts, Stuttgart 1999 S. 146
Im Schaffen von Hermann Mattern lässt sich Ende der 50er Jahre dieselbe stilistische Änderung beobachten.
50 Vgl. MADER, Günter: Gartenkunst des 20. Jahrhunderts, Stuttgart 1999 S. 120 f
51 Vgl. MATTERN, Hermann: Die Schule in der Landschaft in: BRÖDNER, Erika, KROEKER, Immanuel: Schulbauten, München 1951

Der Schulgarten des Siegburger Mädchengymnasiums

Dietmar Pertz

VOM ZUFLUCHTSORT VOR DEN NAZIS ZUM KOMMUNISTISCHEN MÜTTERERHOLUNGSHEIM

ZUR GESCHICHTE DES HAUSES SCHERBACH 10 IN RHEINBACH

Bei einer geführten Fahrradtour durch die Höhenorte der Stadt Rheinbach fiel dem Verfasser dieser Zeilen auf dem Weg zwischen Klein-Schlebach und Loch ein freistehendes Haus auf. Es handelte sich, wie schon auf dem ersten Blick erkennbar, um ein jüngeres Gebäude mit Fachwerkgiebel und Querhaus, an dessen Rückseite eine größere Anzahl von schlanken, hohen Pappeln in den Himmel ragten. Nachdem einer meiner Mitfahrer bemerkte, dass man dieses Haus einst als „Kommunistenhaus" bezeichnet hätte, war schnell das Interesse des Historikers und Archivars geweckt. Ich wollte mehr über dieses Gebäude wissen, das mit ein paar anderen Häusern den Weiler Scherbach bildete. Wer hat es erbaut, wer hat hier gewohnt und was hat das alles mit Kommunisten zu tun? Die überraschenden Ergebnisse meiner Recherche möchte ich auf den folgenden Seiten vorstellen.

Weil ich die Bewohner des Hauses beim ersten Versuch eines Besuches nicht antraf, wurde mir von einer Spaziergängerin empfohlen, es bei den Nachbarn zu versuchen. So lernte ich Frau Christine Kott kennen, die mir in zwei intensiven Gesprächen die Geschichte des Hauses faktenreich, aber auch mit reichlich Anekdoten gespickt, erzählte. Als Zuhörer war ich davon überwältigt, an wie viele Einzelheiten oder Personen sich Frau Kott, die heute über 86 Jahre zählt und stets in Scherbach ihren Lebensmittelpunkt hatte, noch erinnern konnte.[1] Ihre Berichte waren der Leitfaden, an dem ich mich bei meiner weiteren Recherche entlang hangelte. So konnte ich Christine Kotts Aussagen durch Dokumente immer bestätigen und zum Teil noch ergänzen.

Das Haus „Scherbach 10" (Foto 2012)

DIE FAMILIE PAULUS ERB

Frau Kott berichtete, dass im Jahre 1937 zwei Brüder, Ewald und Otto Erb, das Haus in Schlebach errichten ließen. Das Gebäude war recht groß und bestand aus zwei Wohnungen, so dass sowohl Ewald Erb als auch Otto Erb, jeweils mit ihren Ehefrauen, Platz finden konnten. In einer Grundstücks- und Hausbeschreibung aus dem Jahre 1959 wurde festgestellt, dass das Haus 148 qm Wohnfläche hatte, davon 15 qm im Spitzboden und 26 qm Waschküche. Dazu kamen 4 Kellerräume mit 62 qm und eine Garage von 20 qm. Umgeben war das Haus von einem großen Garten. Insgesamt umfasste das Grundstück 6.000 qm.² Wer waren aber nun die Brüder Erb, die dieses Gebäude errichten ließen? Beide hatten zuvor u.a. in Bonn studiert und in politisch linken Kreisen verkehrt. Geboren wurden sie aber in Essen als Söhne von Paulus Erb. Dieser hatte sich als Architekt aus einfachen Verhältnissen heraus hochgearbeitet. Seine Enkelin, die in Scherbach geborene Lyrikerin Elke Erb, formuliert es in ihrem Gedicht „Teilräume, Zeiträume, Würfel" so:

*...[Er] war als verwaister armer Bauernjunge zum Erbauer und Besitzer einiger Häuser aufgestiegen; das Großelternhaus-Grundstück in Essen grenzte an das der Villa Hügel von Krupp.*³

Mit seiner Ehefrau Maria Helene Caroline (geb. Mehring) hatte Paulus Erb acht Kinder. Neben Ewald und Otto verdient sicherlich noch Alfons besonderer Erwähnung. Er war rund vier Jahre jünger als der 1903 geborene Ewald, aber eindreiviertel Jahre älter als Otto Erb.

Alfons Erb⁴ hatte Volkswirtschaftslehre in Bonn und Berlin studiert. Vom Elternhaus stark geprägt, war er fest im katholischen Milieu eingebunden. Aufgrund seiner bereits seit 1929 ausgeübten Tätigkeit als Redakteur für katholische Zeitschriften wurde ihm die Promotion in der NS-Zeit verwehrt. Ab 1933 arbeitete er für das Berliner Kirchenblatt, was ihm mehrere Monate Gestapo-Haft einbrachte. Nach dem Verbot dieser Zeitschrift im Jahre 1938 wurde er Pressereferent beim Berliner Bischof Konrad Graf von Treysing, einem vehementen Gegner des Nationalsozialismus. Nach seinem Kriegsdienst arbeitete er weiter als katholischer Publizist. Als Vizepräsident des Deutschen Zweiges der katholischen Friedensbewegung Pax Christi unternahm er 1964 eine Bußwallfahrt nach Polen und besichtigte dort auch Auschwitz. Er zog Konsequenzen aus dem erschütternden Besuch, indem er sich fortan intensiv für die Versöhnung von Deutschen und Polen einsetzte. Um den polnischen KZ-Opfern zu helfen, gründete er, nach der Überwindung mancher, auch kirchlicher Widerstände, das Maximilian-Kolbe-Werk. Er war dessen Geschäftsführer bis 1982, einem Jahr vor seinem Tod.

AKTIV IN LINKEN STUDENTENGRUPPEN

Im Gegensatz zu ihrem Bruder kehrten Ewald und Otto Erb dem katholischen Elternhaus früh den Rücken zu und engagierten sich für linke Ideen. An der Bonner Universität waren sie ab 1931 Mitglieder der Sozialistischen Arbeitsgemeinschaft an der Universität Bonn (SAG)⁵. Die SAG bestand aber spätestens im Juli 1933 nicht mehr. Sie war verboten und aufgelöst worden. Einige prominente Mitglieder wurden verhaftet.⁶ „Da aber eine Mitgliederliste seit demokratischen Zeiten ordnungsgemäß im Rektorat hinterlegt war, verboten sich für die SAG-Angehörigen konspirative oder sogar offene Aktionen", resümiert Ralf Forsbach in seiner Studie über die Medizinische Fakultät der Universität Bonn in der NS-Zeit über die weitere Arbeit der Mitglieder der SAG.[7]

Dabei hatte Ewald Erb noch bis 1925 Theologie studiert, dann aber mit der Kirche gebrochen. In einem Lebenslauf von 1953 führt er weiter aus. „Die Wirtschaftskrise und der erste Wahlerfolg Hitlers 1930 ließen mich politisch aktiv werden. Als Vorsitzender der Bonner Hochschulgruppe der Sozialistischen Studentenschaft stand ich von da ab mit vielen Versammlungen und Zusammenstößen in der Abwehr gegen den anschwellenden Faschismus. Da wir Studenten hofften, die Republik würde sich nicht passiv liquidieren lassen und mit Bürgerkrieg rechneten, gerieten wir gleichzeitig in Konflikt mit Instanzen der SPD. Wegen der Forderung der Einheitsfront sämtlicher Arbeiterorganisationen wurde ich nach noch nicht halbjähriger Zugehörigkeit aus der SPD ausgeschlossen. 1931 – 1933 zeichnete ich verantwortlich für die Rote Studentengruppe an der Universität Bonn, die der KPD nahestand."[8] Wie sein Bruder wurde auch Otto Erb im Sommer 1931 aus der SPD und aus der Sozialistischen Studentenschaft (SSD) ausgeschlossen. Die beiden Brüder wechselten dann zur Roten Studentengruppe, die in Bonn unter dem Namen Sozialistische Arbeitsgemeinschaft (SAG) arbeitete.[9]

Ewald Erb studierte nach dem Abbruch des Theologiestudiums bis zum Beginn seiner politischen Betätigung intensiv Philosophie, Germanistik, Geschichte, Ethnologie sowie Vergleichende Religionsgeschichte. Schließlich trat das Studium immer mehr in den Hintergrund. Aufgrund seiner Mitgliedschaft in der SAG wurde Ewald Erb als politisch unwürdig von der Universität Bonn relegiert, obwohl er seinen Angaben nach bereits zur Habilitation vorgeschlagen war. In der Folgezeit scheint Ewald Erb nicht mehr politisch aktiv gewesen zu sein. Vielmehr versuchte er als freier Schriftsteller zu „über-"leben. Es gelang ihm aber nur rund ein halbes Dutzend ethnologische Zeitschriftenbeiträge zu publizieren. So erschien in der Februarausgabe 1937 der regimekritischen katholischen Monatszeitschrift „Hochland"[10] ein Beitrag unter dem Titel „Vom Ursprung der Maskensitte".[11] Darin zeichnete er die Entwicklung der Maskenbräuche von ihrem Ursprung bis in die heutige Zeit nach.

EWALD ERB UND DER RÜCKZUG AUFS LAND

Das Bindeglied zwischen den beiden Brüdern Erb und dem Weiler Scherbach bei Rheinbach ist das Haus „Dreieck 8" in Bonn. Hier lebte Otto Erb etwas über ein Jahr von August 1930 bis Oktober 1931 zur Untermiete. Dann verzog er zunächst nach Heidelberg, vermutlich um dort seine Studien fortzusetzen.[12] Sein Bruder Ewald wechselte etwa ein halbes Jahr später, am 5. März 1932, von der Adresse „Am Hof 26a" in das Haus „Dreieck 8" und lebte dort bis zu seinem Wegzug nach Scherbach. Als Abmeldedatum ist in den Bonner Hauslisten der 27. Juli 1937 angegeben.

Der kleine, idyllisch zwischen Münsterplatz, Mauspfad, Acher- und Sternstraße gelegene Platz „Dreieck" besitzt zwar mit dem Fachwerkhaus Nr. 2 (heute Tee Gschwender) eines der ältesten Häuser der Stadt, ist aber dennoch von großen Verlusten an alter

Vom Zufluchtsort vor den Nazis zum kommunistischen Müttererholungsheim

In der Mitte: Das Haus „Dreieck 8" in Bonn (Foto 2010)

Häusersubstanz betroffen. Das Haus Nr. 8, in dem zunächst Otto Erb, später dann Ewald Erb bis zu seiner Übersiedlung nach Scherbach wohnte, überstand aber die Bombenangriffe der Alliierten. Wie eingequetscht wirkt dieser Gründerzeitbau zwischen den Geschäften, die links und rechts von ihm stehen. Erstens überragen sie ihn um ein Stockwerk, zweitens übertreffen sie ihn auch an Breite. Die Straßenfront hat nur eine Länge von rund 3 m, was vermuten lässt, dass das dreieinhalbgeschossige, verputzte Gebäude aus der Toreinfahrt einer der Nachbargebäude entstanden ist.

Schon lange war das Haus „Dreieck 8" im Besitz einer Familie Siebertz.[13] Um 1930 war hier Johann Siebertz als Klempnermeister tätig, seine Frau Elisabeth führte im Erdgeschoss ein Haushaltungsgeschäft. Als Nebenerwerb vermietete man drei Zimmer an Studenten. Als Ewald Erb 1933 exmatrikuliert wurde und als freier Schriftsteller kaum Geld verdiente, reifte in ihm der Gedanke, sich aufs Land zurückzuziehen, sich dort selbst zu versorgen und abzuwarten bis das „100jährige Reich" zusammenbrach. Seinen Bruder Otto konnte er für die gemeinsame Umsetzung dieser Idee gewinnen. Finanziert werden sollte das Projekt durch das vorzeitig ausbezahlte Erbe von Vater Paulus.

Und nun brachte der Zufall die beiden potentiellen „Aussiedler" in Kontakt mit einer Bauernfamilie aus der Voreifel. Denn immer, wenn die Familie Weber aus Scherbach zu einer Familieneinkaufstour per Fahrrad nach Bonn kam, stellte sie ihre Drahtesel im Hof des Hauses „Dreieck 8" ab.[14] Elisabeth Siebertz war nämlich die Kusine von Katharina Hubertina, geb. Linke, der Ehefrau von Josef Weber. So scheinen sich die Erbs und die Familie Weber kennengelernt und schließlich einig geworden zu sein. 1937 verkaufte Josef Weber das oben genannte, seinem bäuerlichen Betrieb gegenüberliegende Grundstück an die beiden Brüder Erb. Es wurde am 11. April 1937 übertragen. Auch von anderen Bauern war anliegendes Land dazugekauft worden. Zügig wurde mit dem Bau des Hauses begonnen. Es entstand auf der Westseite der Dorfstraße, gegenüber den drei Bauernhöfen, die diesen Teil des Weilers ausmachten.

Ewald Erb heiratete kurze Zeit später, am 17. Juli 1937, die geschiedene Elisabeth Christina Schürmann, geb. Hansen. Das Ehepaar hatte sich in einer Tischrunde der Mensa Bonn kennengelernt. Die Braut führte damals den Haushalt eines Professors, verrichtete Büroarbeiten und engagierte sich in der

Vom Zufluchtsort vor den Nazis zum kommunistischen Müttererholungsheim

Ewald und Elisabeth Erb mit Schubkarre und Gepäck in der Voreifel, (Foto vermutlich 1937)

KPD.[15] Trauzeugen war Wilhelmina Hansen, eine Schwester von Elisabeth, die in Duisburg als Volksschullehrerin arbeitete und der Medizinstudent Joseph Schölmerich.[16] Letzterer war, wie sein jüngerer Bruder Paul und der später in Köln wirkende Buchhändler Karl Keller, ein Freund der Erbs. Alle drei verkehrten häufiger in Scherbach, wie Frau Kott berichtete.[17] Elisabeth Erb, die in 1904 Straelen am Niederrhein als Tochter des katholischen Zollassistenten Ferdinand Hansen geboren wurde, war seit 1927 geschieden und hatte eine Tochter aus erster Ehe.[18] Bereits zehn Tage nach der Hochzeit meldete sich Ewald Erb von Bonn nach Rheinbach um. Die Bauarbeiten an dem neuen Haus, das wohl von dem Essener Architekten Rolf Hagen geplant worden war, wurde von der ortsansässigen Baufirma Linke ausgeführt. Während der Bauphase lebte Ewald Erb mit seiner Ehefrau im Haus der Familie Weber. Bereits in dieser Zeit stellte sich heraus, dass das Zusammenwohnen der beiden Ehepaare Erb nicht funktionierte. Es wird vermutet, dass das Landleben Otto Erbs Frau Kitty nicht zusagte. Deshalb verließen Otto und Kitty Scherbach sehr schnell wieder.[19] Bereits am 11. Oktober 1937 wurde Ottos Anteil auf Ewald Erb umgeschrieben.

ÜBERLEBEN AUF DEM LAND

In der Folgezeit versuchte Ewald Erb sich und seine Frau durch Selbstversorgung und durch schriftstellerische Tätigkeit zu ernähren. Bei der Geburt der ersten Tochter Elke am 18. Februar 1938 gab er auf dem Standesamt noch „Schriftsteller" an. Doch scheint das so Erwirtschaftete nicht zum Überleben ausgereicht zu haben. Bereits bei der standesamtlichen Anzeige der zweiten Tochter Gisela, die am 20. Januar 1940 zur Welt kam, wurde er als Reichsangestellter bezeichnet. Mittlerweile war er nämlich im Finanzamt Rheinbach tätig, zunächst freiwillig, später zwangsverpflichtet.[20] Abends ging Ewald Erb seinem erzwungenen Privatstudium nach und schrieb, unterstützt von seiner Frau, bis tief in die Nacht auf der

Vom Zufluchtsort vor den Nazis zum kommunistischen Müttererholungsheim

Der Publizist und Arzt Joseph Schölmerich (Foto 1954)

Schreibmaschine. Selbstverständlich stand Ewald Erb auch in Scherbach unter Beobachtung des Staates. Er gibt später an, dass bei ihm in den Jahren 1937 und 1944 mehrere Hausdurchsuchungen mit Beschlagnahmung großer Teile seiner Bibliothek stattgefunden hätten.[21] Tochter Ute Erb erinnert sich, dass eine Zeit lang „im Keller unter den Kartoffeln Munition für eine Leipziger Widerstandsgruppe gelagert" waren.[22] Dieses Depot hatte wahrscheinlich Joseph Schölmerich, Trauzeuge und enger Freund der Familie Erb angelegt bzw. anlegen lassen. Nach Abschluss seines Studiums war dieser ab 1940 am Röntgeninstitut der Universität Leipzig als Röntgenarzt tätig, wo er Mitglied der Widerstandsgruppe um Georg Schumann wurde.[23] Im August 1944 wurde er wegen Zugehörigkeit zu dieser Untergrundorganisation, die den Namen „Nationalkomitee Freies Deutschland Leipzig" führte, von der Gestapo verhaftet und durch den Volksgerichtshof zu einer Haftstrafe verurteilt, die er in Plötzensee antrat. Während die Mehrzahl der Verhafteten hingerichtet wurde, kamen die leichteren Fälle, darunter auch Schölmerich, Ende März wieder auf freien Fuß.[24] Nach der Befreiung Berlins blieb er als überzeugter Kommunist in Ostdeutschland. Später wurde er der Spionage für den Westen beschuldigt und nach Workuta in ein sowjetisches Zwangsarbeiterlager gebracht. Ende 1953 konnte er in seinen Geburtsort Kasbach bei Linz am Rhein zurückkehren.[25]

Kurz nach der Geburt der dritten Tochter Ute am 30. Dezember 1940 wurde Ewald Erb zur Kriegsmarine einberufen. Damit wurde das Überleben der in Scherbach zurückgelassenen Familie noch schwieriger. Elisabeth Erb mühte sich, den großen Garten selbst zu bewirtschaften. Der Vater fehlte aber sehr, was Elke Erb in ihrem Gedichtband „DIE CRUX" so ausdrückte:

Ich bin also zwei oder drei, er steht und arbeitet draußen: baut den Kaninchenstall, hebt den Graben für die Jaucheleitung in den Garten aus ... - Ablenkung: An das Grabenausheben kann ich mich nicht erinnern. - Aber

Von links: Gisela Erb, Anna Weber, Elke und Ute Erb mit jungen Ziegen

ich wußte die Jauchegrube unter dem Mist. Jauche und Mist kamen aus dem Haus, direkt aus dem Stall (dem Hühner-, dem Ziegenstall). Von dem Bau einer Jaucheleitung wird er im Urlaub gesprochen haben. Aspekt: Wird der Krieg einmal aussein, oder war das Sinnreiche sinnlos ...? Geschuftet für nichts. Definition des Friedens: Fern wie die goldene Krone. Und der Kopf unter ihr. Ferner noch die – ja logischerweise mitgedachte – auf dem eigenen Kopf. Hokuspokus: weg.[26]

Die Familien im „Mikrokosmos" Scherbach hielten jedoch zusammen und stützten sich gegenseitig. Während man bereits im nächsten größeren Dorf, Neukirchen, die „Zugezogenen" in ihrem „Anderssein" kritisch beäugte, wurde die Familie in Scherbach voll akzeptiert. Es gab keine Ablehnung oder Kontaktverbote. Die Kinder des Weilers spielten selbstverständlich alle gemeinsam.

Vor allem die Konfessionslosigkeit der Familie befremdete die Bewohner der Sürst, wie man das Gebiet der ehemaligen Gemeinden Neukirchen und Queckenberg auch nennt. In dem nahezu rein katholischen Gebiet fiel das Fehlen der Familie Erb beim Kirchgang zur Pfarrkirche nach Neukirchen natürlich auf. Ewald Erb wies sich bei den Geburten seiner Töchter als konfessionslos bzw. gottgläubig aus. Die drei Töchter der Erbs wurden als Heidenkinder bezeichnet. Als einige Jungen und Mädchen aus Neukirchen nach Scherbach eilten, um diese Heidenkinder zu bestaunen, stand ihnen die Enttäuschung in den Gesichtern geschrieben, als sie feststellen mussten, dass Elke, Gisela und Ute wider Erwarten nicht von schwarzer Hautfarbe waren.[27]

Ewald Erb wurde als Soldat in den Küstenbatterien Hollands eingesetzt.[28] „Besonders

Elisabeth Erb mit Kindern (links Karl Weber, rechts außen Herrmann Weber, Foto nach 1937)

Frau Christine Kott, geb. Weber mit ihrem Bruder Alfred
(Foto um 1938)

seit 1943 verstärkte ich meine antifaschistische Aufklärungstätigkeit...", stellt er in einem 1953 verfassten Lebenslauf fest. 1944 wurde Erb diesbezüglich festgenommen und in den Monaten August und September in Amsterdam in Untersuchungshaft beim Kriegsgericht genommen. Die Anklage lautete auf Vorbereitung zum Hochverrat, Heimtücke, Zersetzung und Defätismus. Ewald Erb berichtet weiter: „Unter dem Eindruck des mittlerweile bis zwischen Aachen und Köln gediehenen Vormarsches der Alliierten bemühten sich jedoch in der Hauptverhandlung die übrigen Belastungszeugen, ihre vor Beginn der Invasion gemachten Aussagen abzuschwächen und z. T. zu widerrufen. Sie verwickelten sich dabei so in Widersprüche, dass keiner vereidigt werden konnte und ich mit dem Leben davon kam. Mit Freispruch wegen Mangel an Beweisen wurde ich an die Front geschickt..."[29]

Bereits nach fünf Wochen wurde er auf der zu Zeeland gehörigen Halbinsel Walcheren von englischen Soldaten gefangengenommen. Zunächst hielt man Erb in einem Lager in Belgien fest, später überführte man ihn nach England. Dort setzte er seine politische Aufklärungsarbeit fort, wurde „Lagerführer und 1946 als Vertreter des sozialistischen Teils der Gefangenen Sprecher am Kriegsgefangenenrundfunk in London."[30] Frau Kott erinnert sich noch heute, wie die Familien Weber und Erb angespannt und voller Freude vor dem Weberschen Rundfunkgerät saßen, um der Stimme von Ewald Erb zu lauschen.

AUFGABE DES HAUSES IN SCHERBACH UND ÜBERSIEDLUNG DER ERBS NACH HALLE

Das Ende des Zweiten Weltkriegs in Scherbach schildert Elke Erb in ihren „Eifel-Erinnerungen" so: „Wir hatten zuerst deutsche, dann englische Soldaten einquartiert, waren mit Kriegsgefangenen befreundet, sahen die Panzer an den drei Häusern vorbei über die Dorfstraße krachen - die Soldaten holten den Bauern Bettlaken aus dem Schrank und warfen sie unter die Kettenräder; ja wir sahen die Schützenkette des Siegers übers Feld gelaufen kommen, hoben gleich der Frau Weiß, die in unserem Haus wohnte, die Hände und sagten den Fremden: Wir heißen Elke, Gisela, Ute."[31]

Nachdem Ewald Erb im Februar 1947[32] aus der Kriegsgefangenschaft nach Scherbach zurückgekehrt war, stellte er einen Antrag auf Anerkennung als politisch Verfolgter beim Landrat des Kreises Bonn Land, Kreissonderhilfeausschuss für politisch Geschädigte.[33] Er tat dies, weil ihm nahegelegt wurde, der Vereinigung der Verfolgten des Naziregimes in Bonn als Mitglied beizutreten. Der Antrag wurde am 23. September 1947 abgelehnt, weil Erb keine Beweise für seine Verfolgung vorlegen konnte. Schon damals lag es für die Familie auf der Hand, Scherbach so schnell wie möglich zu verlassen. Man hatte in der Voreifel, wie geplant, die Nazizeit „überwintert", doch die Zukunft war anderswo zu suchen. Beruflich hatte Ewald Erb im Westen sowieso nur eine schlechte Perspektive. Er hatte keinen Studienabschluss und in den letzten 15 Jahre nur sporadisch wissenschaftliche Texte veröffentlichen können. Das Ehepaar sah die politische Entwicklung in Westdeutschland äußerst kritisch. Auch den Kindern war klar, dass ihnen das Umfeld des einfachen Bauernlebens in Scherbach in den kommenden Jahren nicht mehr genügen wird. Die Erbs waren anders, gehörten, obwohl die ländliche Idylle von den Kindern sicherlich nicht als unangenehm wahrgenommen worden, einfach nicht dazu, wollte auch gar nicht dazu gehören. Elke Erb drückt das später so aus: „Wir waren keine Bauern. Alle gingen in die Kirche, wir nicht. Wir würden in die Hölle kommen, sagte man mir. Es gab keine Hölle."[34] Ewald und Elisabeth Erb entschlossen sich letztendlich, wie nicht wenige überzeugte Sozialisten aus Westdeutschland, in den Osten überzusiedeln und beim Aufbau eines neuen, nichtkapitalistischen Deutschlands mitzuhelfen. Durch Vermittlung durch die KPD, Bezirksleitung Mittelrhein, wurde Ewald Erb noch 1947 vom Volksbildungsministerium Sachsen-Anhalt aufgefordert, zur wissenschaftlichen Arbeit an die Universität Halle zu kommen.[35] Am 7. Mai 1948 meldete sich Ewald Erb aus Rheinbach ab und begann seine Tätigkeit als wissenschaftlicher Assistent am Institut für Geschichte der Martin-Luther-Universität Halle-Wittenberg.

Vergeblich versuchte die Familie einen Käufer für das Gebäude in Scherbach zu finden. Wer interessierte sich schon in dieser schwierigen Zeit für ein großes Wohnhaus auf dem Lande ohne landwirtschaftliche Gebäude, Äcker und Wiesen? Da kamen den Erbs die Verbindungen zur KPD zugute. Der der KPD nahestehende Wohlfahrtsverband „Gemeinschaftshilfe" zeigte Interesse, dort ein Erholungsheim einzurichten. Man wurde sich schnell einig. Im Juni 1950 reiste Elisabeth Erb nach Düsseldorf, um vor dem Notar Dr. Friedrich Maase im Namen ihres Mannes folgende Grundstücksübertragung beurkunden zu lassen: „Der oben genannte Herr Ewald Erb ist Eigentümer des im Grundbuche von Neukirchen, Amtsgericht Rheinbach, Band 19 Blatt 743 eingetragenen Grundstücke Flur 4, Parzellen-Nr. 32, Auf dem Maarfeld, gross 65,85 Ar nebst der aufstehenden Gebäulichkeiten Scherbach Nr. 6. Herr Ewald Erb, vertreten durch seine genannte Ehefrau, überträgt hiermit im Wege einer Schenkung unter Lebenden dem Verein „Gemeinschaftshilfe, Freier Wohlfahrtsverband" das vorbezeichnete Grundstück nebst aufstehender Gebäulichkeiten Scherbach Nr. 6 und zwar zur Verwendung für die karitativen Aufgaben der Schenknehmerin."[36] Scheinbar hatte es sich aber nur offiziell um eine Schenkung gehandelt. Ute Erb erinnert sich, dass damals doch Geld geflossen sei. Und zwar sei zunächst in West-Berlin ein Geldbetrag übergeben und dann in Strümpfen in die

DDR geschmuggelt worden.³⁷ Wie hoch die Summe war, die an die Erbs gezahlt wurde, ist unbekannt. Der Einheitswert des Grundstücks betrug damals 9.700,00 DM.

EWALD ERB ALS WISSENSCHAFTLER IN DER DDR

Der Start in der DDR stand für die Familie Erb unter keinem guten Stern. Zwar konnte Ewald Erb bereits 1948 als wissenschaftlicher Assistent am Institut für Geschichte der Martin-Luther-Universität Halle-Wittenberg tätig werden, schwierig gestaltete sich aber die Suche nach einer angemessenen Wohnung für die Familie.³⁸ Deshalb wurden die Kinder nach ihrer Ankunft in Halle 1949 zunächst einmal für eineinhalb Jahre in den Franckeschen Stiftungen, einem Internat, untergebracht.

Bereits im Frühjahr 1950 schied Erb wieder aus der Universitätsarbeit aus, weil, wie er selbst formulierte, „...die damalige Atmosphäre an der Universität mir ein Weiterarbeiten unmöglich machte und ich mir ein langwieriges Nervenleiden zuzog."³⁹ Nicht nur von seinen Kollegen wurde Erb mit misstrauischen Augen betrachtet. Auch andere Parteigenossen verdächtigten Erb, ein englischer Agent zu sein.

Kurz darauf war er im Schuldienst der Stadt Halle tätig. In dieser Zeit 1951 trat er der FDJ bei, wo er sogleich die Zentrale Schulgruppen-Leitung übernahm und Leiter der Referentenschulung wurde. SED-Mitglied wurde er aber nie. Ab 1953 konnte er wieder an der Universität arbeiten, diesmal am Germanistischen Institut. 1959 verfasste Erb eine Einladung an den Sozialistischen Deutschen Studentenbund, Gruppe Bonn

Ewald Erb, Foto aus dem Personalbogen der Universität Halle 1953

zu einem Besuch in Halle.⁴⁰ Die Bonner sollten so die Möglichkeit bekommen, mit eigenen Augen die Entwicklung in der DDR zu betrachten. „Lernen Sie unser neues Hochschul- und Bildungswesen kennen! Sprechen Sie auch mit den Arbeitern in unseren sozialistischen Betrieben! Überzeugen Sie sich selbst, wie wir uns bemühen, in der DDR eine neue Gesellschaft aufzubauen, eine Gesellschaft ohne Imperialisten und Dividendenjäger, ohne junkerliche Herrenmenschen....Man erwarte [von den Gästen] freimütige Kritik und sei gewillt, sich keiner gewünschten Erörterung zu entziehen"⁴¹, schreibt Erb als begeisterter Anhänger der Idee von einem sozialistischen Staat.

Kurz darauf wurde Ewald Erb für die Arbeit an der „Geschichte der deutsch Literatur" freigestellt. Die von ihm verfassten Bände 1.1 und 1.2 der ersten deutschen marxistischen Literaturgeschichte erschienen 1963 und 1964.[42] Vier Jahre später wurde Ewald Erb pensioniert und starb am 26. April 1978 auf der Durchreise in Dresden, seine Ehefrau verschied 1987.

DAS HAUS IN SCHERBACH ALS ERHOLUNGSHEIM DER GEMEINSCHAFTSHILFE

Die „Gemeinschaftshilfe" war als Nachfolgeorganisation der „Roten Hilfe" ein 1945 von Kommunisten zunächst unter dem Namen „Volkshilfe" gegründeter Wohlfahrtsverband mit Tätigkeitsschwerpunkt Ruhrgebiet und Sitz in Düsseldorf-Oberkassel. Zunächst wurde der Verein von der britischen Besatzungsmacht unterstützt, weil er als Selbsthilfeorganisation von Opfern des Nationalsozialismus angesehen wurde. Für kurze Zeit war die „Gemeinschaftshilfe" Mitglied bei der Landesarbeitsgemeinschaft der Freien Wohlfahrtpflege in NRW, zusammen mit dem Deutschen Roten Kreuz, der Caritas, dem Evangelischen Hilfswerk, der Arbeiterwohlfahrt und dem Zentralwohlfahrtsstelle der Juden in Deutschland. Bereits 1950 aber verlor die „Gemeinschaftshilfe" ihren privilegierten Status und der Paritätische Wohlfahrtsverband trat an ihre Stelle. Dennoch war der Verein sehr aktiv. Er unterhielt in Düsseldorf eine Küche, die etwa 400 Essen ausgab, Wärmehallen, Nähstuben, Ausgabestellen für Kleider und Schuhe sowie Beratungsstellen. Nun kam ab 1950/51 ein Erholungsheim in Scherbach dazu. Geleitet wurde es von dem Ehepaar Theo und Maria Engels. Das Ehepaar wohnte in Frechen und meldete 1951 Rheinbach-Scherbach als ihren Zweitwohnsitz an.[43] Die eigentliche Leiterin war Maria Engels, da Theo Engels Landesgeschäftsstellenleiter der „Gemeinschaftshilfe" war und zumeist in Düsseldorf weilte.[44] Die „Gemeinschaftshilfe" richtete in dem Erbschen Haus ein Müttererholungsheim ein, das sechs bis acht eher älteren Frauen die Möglichkeit bot, für zwei bis drei Wochen Ruhe und Erholung in der Voreifel zu finden. Bei den Nachbarn fielen Leiter und Gäste des Erholungsheims nicht weiter auf. Dennoch war klar, wer der neue Besitzer war. „Verschiedentlich wurde ich von den Bewohnern der Umgebung angesprochen und darauf aufmerksam gemacht, daß das Haus eine kom-

Das Haus Scherbach 10 (Foto 2012)

munistische Sache sei." So äußerte sich bei einem polizeilichen Verhör die gegen Kost und Logis und 100 Mark monatlichem Gehalt arbeitende Hausangestellte Berta Zavelberg aus Kirchsahr/Ahrweiler. Sie war hier seit Mai 1958 tätig, nachdem sie zuvor bei einem Metzger in Merzbach gearbeitet hatte.[45] Sie bestätigte auch die Aussagen der Stellvertreterin der Heimleitung, Alma Schultz, dass es dort keine politischen Gespräche gegeben und keine politischen Tagungen stattgefunden hätten. Auch würde es sich bei dem Haus in Scherbach, laut Alma Schultz, um kein DFD-Schulungsheim handeln.[46]

Die erholungssuchenden Frauen kamen fast alle aus Nordrhein-Westfalen, zumeist aus dem Ruhrgebiet. Auch Ansichtskarten des Hauses wurden gedruckt und standen den Frauen für Grüße an ihre Lieben zu Hause zur Verfügung.[47] Zumindest äußerlich wirkte die Arbeit der „Gemeinschaftshilfe" sehr harmlos. Diesen Eindruck bestätigte auch die Nachbarin Christine Kott.

DAS KPD-VERBOT UND DIE ENTEIGNUNG DES HAUSES

Seit der Gründung der „Gemeinschaftshilfe" stand deren Arbeit unter staatlicher Beobachtung. Begründet war dies durch die enge Bindung an die KPD. Auch Theo und Maria Engels waren Mitglieder der KPD, wie bereits 1954 vertraulich berichtet wird.[48] Am 23. Juli 1951 stellte die Bundesregierung bereits beim Bundesverfassungsgericht einen Antrag auf Feststellung der Verfassungswidrigkeit der KPD.[49] Der Kampf gegen die Wiederbewaffnung, die enge Bindung an die DDR und die SED, sowie das Werben für eine Wiedervereinigung ohne Priorität der Westintegration waren Positionen, die diametral entgegengesetzt zur Politik der Adenauerregierung standen. Auf das langsame Herausdrängen der Partei aus Parlamenten durch Geschäftsordungsänderungen und durch Rückgang der Wählerstimmen, reagierte die KPD mit aggressiven, außerparlamentarischen Aktivitäten. Dennoch tat sich das Bundesverfassungsgericht schwer, ein KPD-Verbot auszusprechen. Fünf Jahre lang dauerten die Diskussionen bis die Partei schließlich am 17. August 1956 verboten wurde. Das Parteivermögen beschlagnahmte man für gemeinnützige Zwecke. In der Folgezeit wurden auch die der KPD nahe stehenden Vereine verboten. Der Regierungspräsident Düsseldorf teilte am 12. März 1959 in der Vereinsregistersache „Gemeinschaftlicher Freier Wohlfahrtsverband e. V." dem zuständigen Amtsgericht Düsseldorf mit: „Gemäß § 2 des Reichsvereinsgesetzes habe ich mit der in Abschrift beigefügten Verfügung vom 2.3.1959 den obigen Verein mit Wirkung zum 3.3.1959 aufgelöst..."[50] Die „Gemeinschaftshilfe" wurde als Tarnorganisation der KPD eingestuft. Im Vorfeld des Verbots wurde auch das Polizeipräsidium Bonn informiert, so dass pünktlich am 3. März 1959, 8.00 h, fünf Kommissare vor dem Haus in Scherbach standen.[51] Zwei Personen wurden angetroffen. Sie verhörten zunächst die eigentlich in Wetter/Ruhr wohnhafte Alma Schultz, Vertreterin der abwesenden Heimleiterin Maria Engels. Dann wurde die Hausangestellte Bertha Zavelberg vernommen. Beide betonten, dass es sich bei dem Haus nur um ein Erholungsheim handeln würde und nie Propaganda verbreitet oder politische Schulungen durchgeführt worden wären. Bei der sich anschließenden Hausdurchsuchung wurde allgemeines Schriftgut der Gemeinschaftshilfe aus der Zeit 1947 bis 1953 sichergestellt.⁵² Daneben beschlagnahmte man „Frischware". Sie wurde fein säuberlich von der Polizei aufgelistet: 2 Blumentöpfe mit Blumen, 3 Pfund Speck, 6 Pfund Dauerwurst, 195 Gramm Gänseleberpastete in Büchsen, 1 Kokosnuss, 375 Gramm Pork Luncon Meat, rund 22 Pfund Büchsenfleisch und 10 Pfund Äpfel. Diese Lebensmittel wurden am 6. März 1959 an Schwester Oberin Medulpha zur weiteren Verwendung im Rheinbacher Krankenhaus/ Kloster abgegeben.⁵³ Fotografisch festgehalten wurden die Verpackungen der Esswaren, weil es sich bei ihnen zum Teil um Produkte aus ostdeutscher oder osteuropäischer Produktion handelte, die aus Lebensmittelpaketen stammten, die in Berlin-Pankow abgeschickt worden waren. „Bell Erimpex Gänseleber Sandwich Creme" aus Budapest war ebenfalls dabei wie Schweinefleisch aus dem „VEB Halberstädter Fleischwarenfabrik" oder Rindsgulasch mit dem Markennamen „Yugo".⁵⁴

Nach der Beschlagnahme kehrte die Familie Engels nicht mehr nach Scherbach zurück. Dem Ehepaar wurde nur noch im Januar 1960 ihr Privateigentum zurückgegeben, nämlich Blumen, Werkzeug, Weckgläser mit Inhalt und 30 Flaschen Wein.⁵⁵

In der Folgezeit versuchten Anwälten, eine Wiederfreigabe des Müttererholungsheims zu erreichen. Eine diesbezügliche Stellungnahme des RP Köln an den Innenminister NRW vom 22. Oktober 1959 fasst die Vorwürfe gegen die Tätigkeit in Scherbach allerdings noch einmal zusammen:

*„In der Sache selbst halte ich eine Freigabe des Heimes nicht für angebracht. Der Betrieb des Müttererholungsheimes in Scherbach war genauso verbotenen Vereinstätigkeit der Gemeinschaftshilfe wie ihr Wirken im übrigen. Ob die Leiterin und die Mitarbeiterinnen des Heimes Mitglieder der KPD oder anderer verbotener Organisationen waren, ist m. E. nicht entscheidend. Es wurde festgestellt, daß sich die Mehrzahl der früheren Heiminsassen aus Mitgliedern der KPD, dem Demokratischen Frauenbund Deutschlands (DFD), der Gemeinschaftshilfe oder anderen linksstehenden Organisationen zusammensetzte. auch bei den übrigen Heiminsassen ist anzunehmen, daß sie mit der Zielsetzung der kommunistisch gelenkten Gemeinschaftshilfe vertraut und einverstanden waren. Dafür spricht, daß es ihnen nicht verborgen geblieben sein kann, daß das Heim laufend aus der SBZ mit Lebensmittelpaketen sowie Bekleidungs-, Wäsche-, und Ausrüstungsstücken und Spielsachen beschickt wurde. Die kommunistische Zielsetzung der Heimtätigkeit ergibt sich schließlich auch daraus, daß die Heimbücherei -bis auf wenige Exemplare- ausschließlich aus Büchern bestand, die aus der Sowjetzone stammten und sowjetzonale bzw. sowjetrussische Autoren hatten. Ferner wurde in dem Heim prokommunistischer Schriftverkehr aus den Jahren 1947 - 1953 vorgefunden."*⁵⁶

In der Folgezeit weckte das leerstehende Haus Begehrlichkeiten. So fragte die Gewerkschaft der Polizei zur Jahreswende 1959/60 in dieser Sache an. Der Innenminister antwortete weitsichtig: „Von einer Vermietung an die Gewerkschaft bitte ich abzusehen, um weder das Land noch die Gewerkschaft dem Vorwurf auszusetzen, das Vermögen der verfassungswidrigen Vereinigungen für eigene Zwecke dienstbar gemacht zu haben. Eine pflegliche Verwaltung des Heimes bitte ich auf andere Weise sicherzustellen."⁵⁷

Auch das Amt Rheinbach hatte Interesse und beantragte, das Müttergenesungsheim zur Unterbringung von Sowjetflüchtlingen nutzen zu dürfen.[58] Mittlerweile war das Haus durch den knapp 2 1/2 jährigen Leerstand stark heruntergekommen. Bis die Rechtslage endgültig geklärt war, wurde das Haus zunächst von einem Treuhändler namens Fischer verwaltet. Dieser vermietete das Haus ab November 1961 gegen eine monatliche Miete von 165,84 DM an den Inhaber eines Bettengeschäfts aus Düsseldorf.

Im Jahre 1964 wurde Johann Josef Heinrich (Hans) Preim neuer Mieter des Hauses in Scherbach. Der aus Hamburg kommende Verkaufsberater und Pädagoge für Rhetorik und seine Ehefrau[59] konnten einige Jahre später Haus und Grundstück vom Land NRW käuflich erwerben. Im Jahre 1980 erwarben die jetzigen Besitzer das Haus mit der heutigen Adresse Scherbach 10.

WEITERER WERDEGANG VON UTE UND ELKE ERB

Der Ende 1949 erfolgte Umzug von der ländlichen Voreifelidylle in die ostdeutsche Großstadt Halle, die damals bereits mehr als 200.000 Einwohner zählte, war ein großer Schock für die Kinder. Unter dem Misstrauen der Funktionäre gegenüber Vater Ewald Erb, der schwierigen wirtschaftliche Situation und der räumlichen Enge Zuhause, wurden die ersten Jahre in der DDR als „äußerst scheußlich" empfunden.[60] Insbesondere die jüngste von ihnen, Ute, fühlte sich nie richtig heimisch in der DDR und wurde immer mehr zur Außenseiterin. „Ich litt ständig unter Heimweh nach einem Deutschland, das es gar nicht gab."[61] 1957 floh sie aus der DDR und wurde von Bekannten der Familie in Köln aufgenommen. Doch auch in der Bundesrepublik blieb sie rast- und ruhelos. Mehrmals musste sie die Schule wechseln.

Nach ihrer Flucht in die Bundesrepublik nahm Ute Erb Kontakt zu dem Arzt und Publizisten Joseph Schölmerich, der sich seit langem Scholmer nannte, auf. Dieser alte Freund der Familie hatte in Kasbach bei Linz am Rhein einen Kreis von Ost-Emigranten versammelt (u. a. Gerhard Zwerenz, Wolfgang Leonhard). Von Schölmerich bekam Ute Erb die Anregung, ihren Werdegang in der DDR und die anschließende Republikflucht aufzuschreiben. Im Jahre 1960 erschien dann der Roman „Die Kette an deinem Hals - Aufzeichnungen eines zornigen jungen Mädchens aus Mitteldeutschland", der weitestgehend in einer Laube Schölmerichs in Kasbach entstanden war. Das Buch gibt Erlebnisse und Beobachtungen Ute Erbs aus ihrem letzten Schuljahr in der DDR wieder. Es kritisiert subjektiv, aus der Sicht eines jungen aufbegehrenden Jugendlichen, eher unreflektiert, aber ehrlich, das bereits erstarrte DDR-System. Im Westen wurde der Roman begeistert aufgenommen. Viele interpretierten das Werk als antikommunistisch oder missbrauchten es bewusst in diesem Sinne. „Die Kette an deinem Hals" wurde in sechs Sprachen übersetzt. 1964 produzierte der NDR eine Fernseh-Verfilmung. Um sich nicht vermarkten zu lassen, reiste Ute Erb 1959/60 nach Israel in ein Kibbuz. Nach ihrer Rückkehr nach Deutschland zog sie nach Westberlin und heiratete dort 1962. Zwei Söhne kamen bis zur Scheidung 1966 auf die Welt. In der Folgezeit engagierte sie sich immer intensiver für einen Sozialismus ohne Dogmen. Sie verkehrte in der Kommune 1 und war

Mitbegründerin der Kommune 99. Horst Mahler und Hans Christian Ströbele waren ihre Anwälte in mehreren Strafverfahren. Auf dem Abendgymnasium machte Ute Erb 1968 das Abitur und trat zwei Jahre später der Sozialistischen Einheitspartei Westberlins bei. Sie arbeitete eine zeitlang als Composersetzerin, Verlegerin und zuletzt in einem Vermessungsbüro. Nach dem Roman „Kette an deinem Hals" erschienen von ihr einige Übersetzungen. In den 1970er Jahren veröffentlichte sie zwei Lyrikbändchen. Ute Erb zog sich nach einer nicht fachgerecht durchgeführten Amalgamplombenentfernung aus dem gesellschaftlichen Leben zurück und lebt heute in Berlin-Charlottenburg.

Das Cover von Ute Erbs Buch „Die Kette an deinem Hals", Ausgabe 1962

Zu Gisela Erb, der mittleren Tochter der Erbs, sind uns nur wenige Informationen bekannt. Sie wurde Lehrerin, brachte zwei Kinder zur Welt und lebt heute ebenfalls in Berlin.

Eine Größe im deutschen Literaturbetrieb wurde Elke, die Älteste der drei Schwestern. Nach abgeschlossenem Lehrerexamen arbeitet sie seit 1966 als freie Schriftstellerin.[62] Neben Kurzprosa, Übersetzungen und Nachdichtungen umfasst ihr Werk vor allem lyrische Texte. Im Jahr 2011 wurde die Dichterin Elke Erb mit dem mit 11.000 € dotierten Preis der Literaturhäuser, einem Netzwerk von elf Literaturhäusern im deutschsprachigen Raum, ausgezeichnet. Die Jury begründete die Auszeichnung von Elke Erbe so: „Elke Erbs Werk hinterlässt Spuren: im Leser, den die Gedichte zum Leben brauchen und den sie deshalb suchen, mit aller Kraft, im Zuhörer, den die schnörkellose Ansprache in den Bann schlägt, in den Büchern zahlreicher Dichterfreunde, der jüngeren ganz besonders, und in den eigenen Büchern, die sich kontinuierlich ins Wort fallen und in ihrem In- und Gegeneinander etwas Seltenes entstehen lassen, ein Gesamtwerk. Elke Erbs Werk ist ein lebenslanges Tagebuch, in dem das Artifiziellste sich als das Alltäglichste offenbart, Formstrenge sich als Anarchie, Derbheit sich als Feingefühl und das sich stets auch nach den ersten Blicken auf die Welt zurücktastet."[63]

Der Preis der Literaturhäuser ist nicht die erste Auszeichnung, die Elke Erb verliehen wurde: U. a. bekam sie 1988 den Peter-Huchel-Preis (Südwestrundfunk und Land Baden-Württemberg), 1990 den Heinrich-Mann-Preis (Akademie der Künste Berlin), 1995 den Erich-Fried-Preis, 2007 den

Vom Zufluchtsort vor den Nazis zum kommunistischen Müttererholungsheim

Die Schriftstellerin Elke Erb im Mai 2011 in Köln

Hans-Heinrich-Nossak-Preis (Kulturkreis der deutschen Wirtschaft im BDI) für ihr Gesamtwerk und schließlich 2011 den Erlanger Literaturpreis für Poesie als Übersetzung. Sie ist Mitglied der sächsischen Akademie der Künste und lebt heute in Berlin.

Im Gegensatz zu den Gedichten ihrer Schwester Ute ist bei Elke Erbs Texten das Aufwachsen in der Eifeler Dorflandschaft ein immer wieder bearbeitetes Thema. In einem Gedicht aus ihrem jüngsten Band „Meins" bringt sie das auf den Punkt:[64]

Sie ist noch da

Diese Tage habe ich erblickt,
gefühlt & verstanden,
daß in meinem Schreib-Ich das Kind-Ich,
die Eifeler Ich-Person mitspricht.
Sie ist noch da, ich habe sie erblickt:
Kenntlich an Augen und Stirn.

28.06.05

Bei der Auseinandersetzung mit ihrer Kindheit in der Eifel geht es aber Elke Erb nie um Fakten oder objektive Beschreibung. Vielmehr steht das Empfinden mit allen Sinnen im Vordergrund. Ein Beispiel aus dem vorerwähnten jüngsten Buch[65]:

Kindheit

Drei Häuser (mit Höfen) und unseres, ich trete zwischen Kühen hervor. Kuhfladen, trocknende,
Baumstümpfe. Champignongruppen.

Herbstnebel. Drahtzäune, Grenzsteine die gebildete Welt.

4.2.05

Mit diesem Gedicht kehren wir wieder zum Haus in Scherbach zurück. Erbaut als Rückzugsort einer Familie vor dem Nationalsozialismus wurde es rund zehn Jahre lang als Erholungsheim der kommunistischen Wohlfahrtsorganisation „Gemeinschaftshilfe" genutzt. Das Haus liegt wie unschuldig seit über 75 Jahren von Obstbäumen und Garten eingebettet am Hang eines sanften Hügels. Wer hätte gedacht, dass es so viele spannende Geschichten von sich und seinen ehemaligen Bewohnern erzählen kann?

Anmerkungen:

1 An dieser Stelle sei Frau Kott noch einmal ganz herzlich dafür gedankt, dass sie mir als „Fremden" ihre Zeit und ihr Vertrauen geschenkt hat. Sie hat mir auch freundlicherweise die Scherbach-Fotos zur Verfügung gestellt.
2 Landesarchiv NRW, Abteilung Rheinland, Polizeipräsidium Düsseldorf, BR 2073, Nr. 41, S. 76.
3 Aus: ERB, Elke: DIE CRUX, Basel und Weil am Rhein 2003. Das genannte Gedicht befindet sich auf den Seiten 21 - 36 (zitiert im Folgenden unter: ERB, Elke: DIE CRUX).

4 Weitere Informationen zu Alfons Erb unter: http://de.wikipedia.org/wiki/Alfons-Erb sowie in Baden Württembergische Biographien (Band I), Stuttgart 1984. Gestorben ist er am 24. Dezember 1983 in Freiburg.
5 Vergl.: FORSBACH, Ralf: Die medizinische Fakultät der Universität Bonn im „Dritten Reich", München 2006, S. 598f.
] Vergl.: KRÜGER, Horst: Das Ende einer Utopie, Hingabe und Selbstbefreiung früherer Kommunisten, Olten 1963, S. 138.
7 FORSBACH, S. 599, Josef Schölmerich spricht aber von konspirativer Arbeit dieser Gruppe, vergl. seinen autobiographischen Bericht, erschienen in: KRÜGER, S. 135 – 152.
8 Selbstverfasster Lebenslauf in: Universitätsarchiv Halle, PA 15128, Personalbogen Ewald Erb.
9 Dazu auch: ERB, Ewald: „Höchste Zeit, daß die Sozialisten miteinander sprechen" in: Forum, Zeitschrift der demokratischen Studenten Deutschlands, Organ des Zentralrats der FDJ für die deutschen Studenten, 29. Oktober 1959, S. 7 und FORSBACH, S. 599, Anm. 11.
10 Zur Geschichte der Zeitschrift: www.historisches-lexikon-bayerns.de/artikel/artikel_44729.
11 Hochland, Monatsschrift für alle Gebiete des Wissens, der Literatur und Kunst, Jahrgang 34, Februar 1937, S. 449 - 457.
12 Einzug in Dreieck 8 lt. Hausliste im StA Bonn am 1.8.1930, Wegzug nach Heidelberg am 15.10.1931.
13 Laut Adressbücher der Stadt Bonn mindestens seit 1863.
14 Erzählung von Frau Christine Kott, geb. Weber.
15 ERB, Ute: Pistolen-Krimi mit Vorgeschichte. Per Mail an Autor am 14.7.2010.
16 Standesamt Bonn Heiraten 469/1937. Zu Joseph Schölmerich alias Jo Scholmer wird voraussichtlich in Kürze ein Artikel im Heimatjahrbuch Neuwied erscheinen.
17 Paul Schölmerich wurde am 27. Juni 1916 in Kasbach bei Linz geboren. Er studierte Medizin und Psychologie in Bonn, ging 1944 an das Kerckhoff-Institut in Bad-Nauheim und wechselte 1947 an die Medizinische Universitätsklinik in Marburg. 1963 wurde er auf den Lehrstuhl für Innere Medizin der Universität Mainz berufen. Über seine Emeritierung 1982 hinaus wirkte er in verschiedenen Gremien, wie z. B. der Ethikkommission der rheinlandpfälzischen Ärzteschaft, die u.a. auf Schölmerichs Anregung entstand. Seit 1973 ist er auch Mitglied der Akademie der Wissenschaften und der Literatur, Mainz. Informationen nach: Ärzteblatt Rheinland-Pfalz, Nr. 7/2006.
18 Informationen aus den Stadtarchiven Düsseldorf und Bonn. Besonderen Dank für uneigennützige Recherchen im Stadtarchiv Bonn gebührt dem Archivar i. R. Dieter Körschner. Elisabeth Hansen (* 11.06.1904) heiratete 1924 den Kaufmann Friedrich Schürmann. Am 9.11.1924 wurde die gemeinsame Tochter Hildegard geboren.
19 Von Otto Erb wurde 1939 die 67seitige Schrift „Wirtschaft und Gesellschaft im Denken der hellenistischen Antike. Studien zur Wirtschafts- und Gesellschaftsgeschichte (Neue Reihe Staatswissenschaftlicher Arbeiten 7) veröffentlicht. Otto und Kitty Erb waren mit dem Schweizer Architekten, Zeichner und Maler Paul Camenisch (1893 - 1970) befreundet. In dessen Nachlass, den das Staatsarchiv Basel-Stadt besitzt, findet sich seine Korrespondenz mit Kitty und Otto Erb. Es umfasst die Jahre 1937 bis 1946. Otto Erb starb 1944 als Soldat an der Ostfront.
20 Aussagen von Frau Kott und Ute Erb (12.07.2010).
21 Eigenhändiger Lebenslauf zum Antrag auf Anerkennung als politisch Verfolgter vom 20. März 1947, Stadtarchiv Bonn N1985/ Nr. 711.
22 ERB, Ute: Kreuz- und Querfahrten, in: kürbiskern, Literatur, Kritk, Klassenkampf, 4/1974, S. 153f (im Folgenden zitiert unter: ERB, Ute: Kreuz- und Querfahrten).
23 Im Bundesarchiv gibt es den Bestand NY 4520 Schölmerich, Joseph, der vier laufende Meter umfasst.
Hier auch diese Notiz zur Widerstandsgruppe.
24 KRÜGER, S. 140.
25 Seine erschütternden Erlebnisse im Lager schildert er in dem Buch: SCHOLMER, Joseph: Die Toten kehren zurück, Köln, Berlin 1954. spätere Taschenbuchausgabe unter dem Titel: Arzt in Workuta, Bericht aus einem sowjetischen Straflager, München 1963.
26 ERB, Elke: DIE CRUX, S. 23.
27 Erzählung von Frau Kott.
28 Der folgende Abschnitt basiert auf zwei von ihm verfassten Lebensläufen: 1. dem Lebenslauf zum Antrag auf Anerkennung als politisch Verfolgter 1947 (Stadtarchiv Bonn, N 1985/ Nr. 711 und 2. dem Lebenslauf im Personalbogen Ewald Erb 1953 (zitiert im Folgenden unter: Personalbogen Ewald Erb 1953)
29 Personalbogen Ewald Erb 1953.
30 Personalbogen Ewald Erb 1953.
31 ERB, Elke: Eifel-Erinnerungen, in: Auskunft 2, Neue Prosa aus der DDR, hrsgg. v. Stefan Heym Hamburg 1981(zitiert im Folgenden unter: ERB, Elke: Eifel-Erinnerungen), S. 174.
32 Anmeldung in Scherbach laut Stadt Rheinbach, Meldekartei 3291.
33 Stadtarchiv Bonn, N1985/nr. 711, Antrag vom 20. März 1947.
34 ERB, Elke: Eifel-Erinnerungen, S. 277.
35 So Erb selbst lt. Personalbogen Ewald Erb 1953.
36 Begl. Abschrift des Vertrages in: Amtsgericht Rheinbach, Grundbuch Neukirchen Band 19 Blatt 748.
37 Telefongespräch mit Ute Erb am 12. Juli 2011.
38 Quellen: Wikipedia-Artikel „Ewald Erb" (Stand 24.3.2012) und.
39 Personalbogen Ewald Erb 1953.
40 Abgedruckt in: Forum, Zeitschrift der demokratischen Studenten Deutschlands, Organ des Zentralrats der FDJ für die deutschen Studenten, 29. Oktober 1959, S. 7 (zitiert im Folgenden: Forum).

41 Forum, S. 7.
42 Geschichte der deutschen Literatur, hrsgg. von Klaus Gysi, Kurt Böttcher u. a., Bd 1.1, Bd. 1.2: Von den Anfängen bis 1160, Berlin 1964, 1965.
43 Stadtarchiv Rheinbach, Meldekartei.
44 Aussage der Vertreterin der Heimleitung, Alma Schulz bei der Vernehmung durch die Kriminalpolizei Bonn. Durchsuchungsbericht 4.3.1959, Landesarchiv NRW, Abteilung Rheinland, Polizeipräsidium Rheinland, Polizeipräsidium Düsseldorf, BR 2073, Nr. 41, S. 16ff (im Folgenden zitiert als Landesarchiv, BR 2073, Nr. 41).
45 Aussage von Berta Zavelberg. Durchsuchungsbericht 4.3.1959, Landesarchiv, BR 2073, Nr. 41, S. 21f.
46 DFD = Demokratischer Frauenbund Deutschlands, kommunistische Frauenorganisation. In der BRD im Rahmen des KPD-Verbots ebenfalls verboten.
47 Landesarchiv NRW, Abteilung Rheinland, Polizeipräsidium Düsseldorf, BR 2073, Nr. 41.
48 Landesarchiv NRW, Abteilung Rheinland, Polizeipräsidium Düsseldorf, BR 2073, Nr. 40, Bd. 1.
49 Wikipedia-Artikel „KPD-Verbot", Stand 15.03.2012.
50 Landesarchiv, BR 2073, Nr. 41, Anhang S. 1f.
51 Landesarchiv, BR 2073, Nr. 41.
52 Landesarchiv, BR 2073, Nr. 41, S. 58.
53 Landesarchiv, BR 2073, Nr. 41, S. 49.
54 Landesarchiv, BR 2073, Nr. 41, S. 63 - 69.
55 Landesarchiv, BR 2073, Nr. 41, S. 102f.
56 Landesarchiv, BR 2073, Nr. 41, S. 90f.
57 Landesarchiv, BR 2073, Nr. 41, S. 96.
58 Landesarchiv, BR 2073, Nr. 41, S. 142.
59 Stadtarchiv Rheinbach, Meldekartei, Nr. 3271.
60 ERB, Ute: Kreuz- und Querfahrten, S. 154.
61 Die folgenden Passagen haben als Grundlage: Mehrere Telefongespräche und Emailkontakt des Autors mit Ute Erb sowie dem Wikipedia-Artikel „Ute Erb" (Stand 21.03.2012); außerdem die Biografie auf der Website der Grazer Autorinnen Autorenversammlung (www.gav.at) und ERB, Ute: Kreuz- und Querfahrten, S. 153 - 158.
62 Quellen zu Biographie und Werk von Elke Erb: ERB, Elke: DIE CRUX, ERB, Elke: Eifel-Erinnerungen, PERTZ, Dietmar: Gebürtige Scherbacherin erhielt Preis der Literaturhäuser 2011 -Elke Erb, kultur und gewerbe, Stadt Rheinbach, Amtliches Mitteilungsblatt, Heft 7/2012, S. 15 - 17 und Heft 8/2012, S. 4f.
63 Zitiert nach: boersenblatt.net, Literarisches Leben, 21.03.2011 Auszeichnungen, Elke Erb erhält den Preis der Literaturhäuser 2011.
64 ERB, Elke: Meins, hrsgg. von Christian Filips, Berlin und Holderbank S0, 2010, S. 43.
65 ERB, Elke: Meins, S. 39.

MARIA COMMESSMANN GEB. VAN DE SANDT

ERLEBNISSE EINER RHEINBACHER BÜRGERMEISTERSWITWE AM ENDE DES ZWEITEN WELTKRIEGES

EINLEITUNG

Auf dem St. Martin-Friedhof in Rheinbach befindet sich nicht weit vom Eingangstor entfernt ein eindrucksvolles Grabdenkmal, das heute zu den Ehrengräbern der Stadt gehört und auch von dieser entsprechend gepflegt wird. Es erinnert an den früheren Bürgermeister Carl Commeßmann[1], geboren am 15. April 1862 auf Haus Grünthal in Alpen bei Moers, wo sein Vater umfang-

Grabstätte Commeßmann auf dem Rheinbacher Friedhof

reiche Ländereien besaß und auch eine zeitlang ehrenamtlicher Bürgermeister war. Nach Schulbesuch, vermutlich auch einjährigem Wehrdienst, Studium, Arbeit in der Landwirtschaft und vierjährigem Verwaltungsdienst in Homberg, Mülheim und Cleve war er ab 1892 hauptamtlicher Bürgermeister von Alpen.

1897 bewarb sich dieser um die freigewordene Stelle als Bürgermeister von Rheinbach Stadt und Land und wurde am 17. Mai 1897 dann von den entsprechenden Gremien gewählt. Er verstarb am 20. September 1926, nachdem er kurz zuvor aus Krankheitsgründen aus dem Amt geschieden war. Am 11. Juli 1894 hatte er Maria van de Sandt (1871-1957) geheiratet, die von dem ca. 100 ha. großen Klosterhof bei Kleve stammte.[2] Zu Beginn seiner Amtszeit, um 1900, hatten Stadt und Land Rheinbach zusammen 6.781 Einwohner, die Stadt alleine nur 2.241.

Das Ehepaar Commeßmann hatte drei Kinder, von denen des erste schon früh verstarb. Der Sohn Carl, geboren am 19. Mai

Bürgermeister Carl Commeßmann

Der im Ersten Weltkrieg gefallene Carl Commeßmann jun.

1895 in Alpen, trat nach dem Abitur am Städtischen Gymnasium in Rheinbach als Einjähriger Freiwilliger in das Regiment Nr. 9 der Fußartillerie – Schleswig-Holsteinsches Fußartillerieregiment – in Koblenz-Ehrenbreitstein ein, kämpfte im Ersten Weltkrieg als Kanonier in der 8. Kompanie dieses Regiments und starb bereits am 16. Oktober 1914 im Feldlazarett von Attigny in Frankreich an einer Krankheit. Die Tochter Maria (1902 -1975) blieb zeitlebens unverheiratet.

Der Bildhauer Ludwig Lindelauf aus Köln schuf für den Sohn der Eheleute Commeßmann eine Grabplatte im Stile eines Kriegerdenkmals der Zeit, die sich vor dem eigentlichen Grabdenkmal befindet. Die betreffende Inschrift laute:

DULCE ET DECORUM /
EST PRO PATRI MORI
HIER RUHT / CARL COMMESSMANN
EINJ. FREIW. IM FUSSART.REG. 9
SEINER ELTERN HEISS GELIEBTER
EINZIGER SOHN.
GEB. AM 19. MAI 1895 IN ALPEN
STARB ER FÜR KAISER UND REICH
AM 16. OKT. 1914 / IN ATTIGNY /
FRANKREICH

In der Grabstätte in Rheinbach ruht also das Ehepaar mit seinem Sohn Carl und seiner Tochter Maria. Laut Sterbebuch 1900 – 1986 der Pfarrei St. Martin wurde Carl Commeßmann als einziger der im Ersten Weltkrieg aus der Kernstadt Rheinbach Gefallenen in seinem Heimtort bestattet.[3] Das Begräbnis fand am 28. Oktober 1914 statt.

Ursprünglich trugen die beiden Säulen an der rechten und linken Seite des großen Denkmals der verstorbenen Eltern und der Tochter je ein kleines Metallkreuz. Ob diese Kreuze bewusst oder mutwillig entfernt wurden, ist nicht mehr auszumachen. Die Verankerung in den Kapitellen ist jedoch noch sichtbar.

Auf der linken Säule mit dem Stadtwappen von Rheinbach befindet sich die Inschrift:

CARL / COMMESSMANN
BÜRGERMEISTER / VON RHEINBACH /
1897 – 1926
EHRENBÜRGER DER STADT / RITTER
HOHER ORDEN
15. APRIL 1862 / 20. SEPTEMBER 1926

Auf der rechten Säule mit dem Wappen der Familie van de Sandt stehen die Namen:

Maria Commeßmann jun.

MARIA / COMMESSMANN /
GEB. V. D. SANDT
1871 – 1957
MARIA / COMMESSMANN /
1902 - 1975

Carl Commeßmann, der schon mit 64 Jahren verstarb, hat in seiner Zeit als Bürgermeister von Rheinbach Entscheidendes für die Stadt geschaffen. Unter anderem fallen in seine 29jährige Amtszeit der Ausbau des Städtischen Progymnasiums zu einer Vollanstalt und die Niederlassung des Ordens der Schwestern Unserer Lieben Frau mit einem Lyzeum samt Internat. Die Tradition dieser Schule wird vom heutigen Erzbischöflichen Mädchengymnasium St. Josef fortgeführt. Erwähnt werden sollte auch der Bau des Zuchthauses im Jahre 1914 als staatliche Fördermaßnahme für die Stadt. Die Stadtväter zogen dieses Haus einer auch möglichen Garnison vor, da sie befürchteten, dass die Soldaten in ihrer Freizeit den wohlbehüteten Töchtern der Einwohnerschaft zu nahe treten könnten. Auch kümmerte sich Commeßmann um den weiteren Ausbau des Wasser- und Elektrizitätswerkes der Stadt.

Nach dem Tode des Ehemannes und Vaters zogen Mutter und Tochter nach Bonn, wo sie nach mehreren Umzügen ab dem 1. Oktober 1935 im Hause Lennéstraße 39, das ihnen gehörte, gemeldet waren. Das Haus war im Zuge der Südstadterweiterung 1896 errichtet worden. Wann es genau in Familienbesitz kam, ist nicht mehr zu ermitteln. Es ist ein Doppelhaus im klassizistischen Stil, das heute unter Denkmalschutz steht und in dem Abteilungen der juristischen Fakultät sowie Seminare für Philosophie der Universität Bonn untergebracht sind.

Jesus! Maria! Joseph! Martinus!

„Die ihr Amt treu verwalten, erwerben sich hohe Ehren und feste Zuversicht im Glauben".
1 Tim. 3. 13.

Zum christlichen Andenken
an den wohlachtbaren Herrn
Bürgermeister i. R.

Carl Commeßmann

Inhaber hoher Orden,
Ehrenbürger der Stadt Rheinbach.

Der Verstorbene war geboren am 15. April 1862 auf Haus Grünthal in Alpen Kr. Mörs. Nach Vollendung seiner Studien widmete er sich zunächst der Landwirtschaft u. trat dann im 26. Lebensjahre zur Verwaltung über. In Homberg, Mülheim a. Rh. und Cleve arbeitete er sich erfolgreich ein, sodaß er nach vierjähriger Tätigkeit im Verwaltungsdienste zum Bürgermeister seiner Heimatgemeinde ernannt wurde. Schon am 17. Mai 1897 zum Bürgermeister von Rheinbach Stadt und Land gewählt, hat er ununterbrochen fast drei Jahrzehnte lang bis zu seinem Übertritt in den Ruhestand am 1. September 1926 die Geschicke der Stadt geleitet. Er war Ritter des päpstlichen St. Sylvesterordens und anderer hoher weltlicher Auszeichnungen. Die Stadt Rheinbach ehrte seine Verdienste durch die Verleihung des Ehrenbürger-Briefes am 7. Juli 1926. Am 11. Juli 1894 hatte der Verstorbene sich mit Maria van de Sandt vermählt. 3 Kinder schenkte Gott den Eheleuten, von denen eines in frühester Jugend den Eltern durch den Tod genommen wurde, während der einzige, hoffnungsvolle Sohn ein Opfer des Weltkrieges wurde. Er selbst starb am 20. Sept. 1926 abends $^1/_2$8 Uhr nach langem, schwerem Leiden, wiederholt gestärkt durch die hl. Sakramente eines gottseligen Todes.

Der Verstorbene war ein Mann von durchdringender Schärfe des Geistes, von unerschütterlicher Überzeugungstreue u. furchtlosem Mannesmute, ein Mann der Arbeit und des unermüdlichen Fleißes, so daß er sich nicht einmal die unerläßlich notwendige Ausspannung und Erholung gönnte. Was den Dahingeschiedenen noch besonders auszeichnete, war seine treue Anhänglichkeit an die kath. Kirche und den ererbten Glauben, für deren Rechte er allzeit eintrat. Keine Gelegenheit ließ er vorbeigehen, diese seine Gesinnung frei zu bekennen.

Jedes Mal wenn der Verfasser dieser Zeilen an der Grabstelle Commeßmann vorübergeht und die Namen von Mutter und Tochter liest, steigen Erinnerungen in ihm auf, die so stark sind, als wären die Ereignisse erst wenige Tage zuvor geschehen. Dabei hat er die Damen nie persönlich getroffen oder über Dritte Kontakt mit ihnen gehabt. Es ist eine etwas längere Geschichte, die 2005 mit einem Besuch seiner Geburtsstadt Paderborn beginnt und die sich dann rückblickend hauptsächlich auf den 30. und 31. März 1945 bezieht.

EIN ZUFALLSFUND
Bei dem erwähnten Besuch in Paderborn im Jahre 2005 entdeckte ich in einer Buchhandlung eine reich illustrierte Veröffentlichung von 96 Seiten unter dem Titel: „Erinnerun-

Maria Commeßmann sen. in der Lennéstraße

gen an den Krieg. Aus Etteln an der Altenau bei Paderborn", verfasst von Michael Weber mit dem Zusatz: „Zum 60. Jahrestag der Ereignisse vom Karfreitag, dem 30. März 1945".[4]

Beim Durchblättern des Buches las ich, dass sich an Karfreitag 1945 im Hause der Familie Wasmuth in Etteln „eine reiche und vornehme ältere Dame mit ihrer 45jährigen [korrekt: 43jährigen] Tochter" befand. Zwei Seiten weiter heißt es dann: „Die genannte vornehme Dame stammte aus Rheinbach bei Bonn, wo ihr verstorbener Mann Oberbürgermeister [korrekt: Bürgermeister, Anm. d. Verf.] gewesen war. Sie hielt sich schon einige Wochen in Etteln auf und war bei Familie Wasmuth durch persönliche Vermittlung der Familie Thiele untergekommen. Maria Knaup [eine Tochter des Ehepaares Wasmuth] weiß noch, dass die Frau gebürtig ‚Van de Sandt' hieß, aus den Niederlanden stammte und nach Deutschland geheiratet hatte [zum Teil unrichtig, Anm. des Verf.] Auch war sie nicht ganz unvermögend."[5]

Mein Interesse war geweckt, ich erwarb das Buch und telefonierte mit dem Autor sowie der betagten Maria Knaup, geb. Wasmuth. Diese hatte noch sehr genaue Erinnerungen an Frau Commeßmann und ihre Tochter, die Michael Weber in seinem Buch verarbeitet hat. Wie war es nun dazu gekommen, dass die Damen Commeßmann 1945 von Bonn aus ausgerechnet im Dorfe Etteln, ca. 200 km weiter östlich, einen vermeintlich sicheren Zufluchtsort für sich gesucht hatten?

DAS DORF ETTELN

Etteln liegt im landschaftlich reizvollen Tal der Altenau, ca. 9 km Luftlinie südlich von Paderborn, mit heute ungefähr 2000 Einwohnern. Der Ort wird erstmals in einer Schenkungsurkunde Kaiser Konrads II von 1031 erwähnt. Im Dreißigjährigen Krieg wurde er von den Schweden fast völlig zerstört, ein Ereignis, das sich 1945 zum Teil wiederholen sollte.[6] Im Frühjahr 1945 war Etteln, wie alle Dörfer um Paderborn, mit Flüchtlingen und Evakuierten überfüllt, insbesondere nach dem verheerenden Luftangriff auf die Stadt am 27. März, der über 90% aller Wohngebäude zerstörte. Auch Bonn war Anfang 1945 schon teilweise zerstört und die Bevölkerung wurde schrittweise evakuiert. Laut Auskunft des Stadtarchivs Bonn wurde die Führung von Meldekarten Ende 1944 eingestellt.

Eine Freundin, von Frau Commeßmann, eine Frau Odenthal, war durch Vermittlung ihres Sohnes, eines Stabsarztes, nach Etteln gekommen und hatte dort bei einer Familie Thiele Unterschlupf gefunden.[7] Frau Odenthal bat nun darum, ihre Freundin und deren Tochter nachkommen zu lassen. Da im Hause Thiele kein Platz mehr war, kamen die Damen Commeßmann auf eine entsprechende Bitte hin bei Familie Wasmuth unter. Sie hatten Bonn Ende Januar/Anfang Februar verlassen und blieben in Etteln bis Ende Juni. Die Tochter des Hauses, Maria Knaup, geb. Wasmuth, war damals 23 Jahre alt und ist noch heute, im Alter von 90 Jahren, die maßgebliche Zeitzeugin für das Schicksal von Mutter und Tochter Commeßmann in Etteln.[8]

DAS KRIEGSENDE IM PADERBORNER UMLAND

Nach ihrer Landung in der Normandie eroberten die Amerikaner in schnellem Vormarsch mit ihren Verbündeten immer größere Teile des Deutschen Reiches. Die historischen Vorgänge sind bekannt, ebenso wie die verzweifelten Versuche seitens der deutschen Heeresleitung, die alliierten Truppen aufzuhalten. Bei einem dieser Versuche, der Ardennenschlacht, war die 3. amerikanische Panzerdivision an der teilweisen Vernichtung der Kampfgruppe Peiper beteiligt, die auf ihrem Marsch zur Front auch durch Rheinbach gezogen war. Diese 3. US-Division sollte westlich von Paderborn den Ring um das Ruhrgebiet schließen. Alle Orte im Altenautal in der Umgebung von Paderborn mussten hierbei von den Amerikanern in heftigen Kämpfen erobert werden. Über die Einnahme Ettelns durch die US-Kampfgruppe Welborn, die zur 3. US-Panzerdivision gehörte, schreibt Karl Hüser:

In der Nacht von Gründonnerstag auf Karfreitag zog die seit dem 13. Oktober 1944 in Etteln einquartierte Panzertruppe auf Lastwagen ab. ... In der Schule errichtete ein Bataillon des vorrückenden SS-Regiments Meyer seinen Gefechtsstand. ... Noch vor Mittag bezog eine langsam vor dem feindlichen Druck zurückgehende SS-Einheit Stellungen vor dem Südeingang des Dorfes und auch im Dorf selbst. Auf Befehl des [amerikanischen] Divisionskommandeurs, Generalmajor Rose, stieß die Task Force Welborn (eine gemischte Kampfgruppe, Anm. d. Verf.) gegen Mittag an dem ... 83. US-Aufklärungsbataillon vorbei und stand nach harten Gefechten ... um 14.30h vor Etteln.[9]

Durch Brandgranaten gingen im Oberdorf 5 Häuser, darunter das der Witwe Wasmuth in Flammen auf. Als die ersten Schüsse fielen, hatten sich dessen Bewohner in den Runkel-Rübenkeller geflüchtet, aus dem sie im letzten Augenblick dem Feuer entkamen. Bevor jedoch das Haus in Brand geschossen wurde, waren die Damen Commeßmann mit ihren Pretiosen, die sie in Kisten und Brustbeuteln mit sich trugen, aus der dörflichen Kampfzone in ein Seitental der Altenau, „Im Dahle" genannt, „das über mehrere tief eingeschnittene Windungen nach Osten auf eine Hochfläche führt"[10] geflohen. Michael Weber schreibt dazu:

In ihren Brusttaschen bewahrten sie teuren Schmuck und ein mit Brillanten besetztes Opernfernglas auf. Als sie am Abend zum ausgebrannten Haus der Familie Wasmuth zurückkamen, stellten sie ihre Kisten bei einem Nachbarn unter. Am nächsten Morgen waren die Kisten gewaltsam geöffnet worden und das wertvolle Silberbesteck und alle anderen Dinge daraus verschwunden.[11]

Die erste Nacht nach der Eroberung des Dorfes, bei der im übrigen 35 deutsche Soldaten fielen, verbrachten die Damen Com-

meßmann zusammen mit den Wasmuths bei Familie Thiele und wurden danach von der Familie des Landwirts Menken aufgenommen. Bei ihr wohnten sie dann bis Ende Juni 1945.

Als die „vornehmen Damen" Etteln Ende Juni 1945 verließen, schenkten sie Maria Wasmuth zum Dank und zur Erinnerung an ihre Aufnahme eine Korallenkette, die sie heute noch, im Alter von 90 Jahren, hin und wieder zur Hand nimmt, wie mir ihre Tochter berichtete.

DIE RÜCKKEHR NACH BONN

Laut einer Mitteilung des Stadtarchivs Bonn[12] kehrten Mutter und Tochter Commeßmann am 30. Juni 1945 nach Bonn zurück. Anfang der 50er Jahre luden sie Frau Knaup und ihren Mann zu sich nach Bonn ein. Bei dieser Gelegenheit berichtete die Mutter, Maria Commeßmann, dass ein trotz der Kriegswirren in Etteln gerettetes Zigarrenetui aus reinem Gold ihr geholfen habe, das Treppenhaus ihres Hauses in Bonn wiederherstellen zu lassen. Frau Knaup konnte sich noch gut an das wertvolle Etui erinnern.

Maria Commeßmann, geb. van de Sandt, verstarb in Bonn am 10. September 1957 im Alter von 89 Jahren und wurde in Rheinbach bestattet. Sie hatte sich nach dem Tode ihres Sohnes und ihres Mannes eng an ihre Tochter geklammert und dieser alle Mühen des Lebens, wie Frau Knaup sagt, abgenommen. Diese Überbehütung, die aufgrund eines körperlichen Mangels und eines latent irrationalen Verhaltens vielleicht auch nötig war, mag auch der Grund dafür gewesen sein, dass die Tochter Maria nie verheiratet war. Sie verschied am 2. Juni 1975 in Warbeyen am Niederrhein bei ihren Kusinen im Alter von 73 Jahren. Ein Mitglied der Familie van de Sandt berichtete mir: „Tante Maria starb plötzlich, in einem Sessel sitzend und eine Zigarette rauchend".[13] Auch sie wurde im Familiengrab in Rheinbach bestattet. In ihrem Testament vom 20. November 1972 hatte sie ein Fräulein Ellen B., die als Sekretärin in Bonn arbeitete, als Alleinerbin eingesetzt, doch darüber hinaus noch einzelne Verfügungen getroffen.[14]

Die Stadt Rheinbach zum Beispiel erbte testamentarisch einige Dokumente, Ernennungs- und Ehrenurkunden sowie Briefverkehr zur Erinnerung an ihren früheren Bürgermeister

Das wertvollste Erbstück, das die Stadt erhielt, ist ein Bild der Tomburg des berühmten Eifelmalers Fritz von Wille, das heute

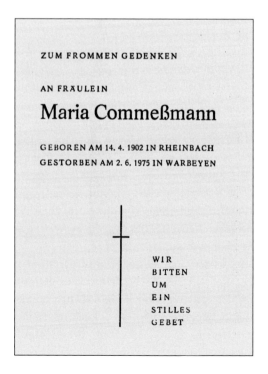

das Trauzimmer des Rheinbacher Rathauses schmückt. Es befand sich zuvor im Wohnzimmer der Damen in der Lennestr. 39. Wie es in den Besitz der Familie Commeßmann kam, ist nicht bekannt.

Anmerkungen:

1 Die Schreibweise Commeß/ss variiert, wie auch die Totenzettel zeigen, Verf. legt sich auf „ß" fest.
2 Stadtarchiv Rheinbach, Sammlung Commeßmann. Dazu Mitteilungen von Frau Mechthild Zimmermann, geb. van de Sandt, 2011.
3 Laut Auskunft vonn Herrn Hans-Josef Henk nach Einsicht in die Pfarrchronik.
4 Selbstverlag. Borchen-Nordborchen, 2005.
5 Ebd., S. 47 und 49.
6 www.etteln.de (5.5.2012)
7 Mündliche Auskünfte von Frau Maria Kaup, geb. Wasmuth, 2005 und 2011.
8 Vgl. Anm. 7
9 HÜSER, Karl: Das Amt Kirchborchen und seine Gemeinden im „Dritten Reich" 1939-1945. Greifswald 1997, S. 109.
10 Ebd., S. 51 f.
11 Ebd., S. 55.
12 Mitteilung vom 19.9.2011.
13 Mitteilung von Karl-Felix van de Sandt, Kleve 2011.
14 Eine Kopie des handgeschriebenen Testaments befindet sich in meinem Besitz.

Für nähere Angaben und Auskünfte bin ich folgenden Personen und Institutionen zu Dank verpflichtet:
Maria Giebe-Richter, Duderstadt
Hans-Josef Henk, Rheinbach
Maria Knaup, geb. Wasmuth, Etteln
Dietmar Perz, Stadtarchiv Rheinbach
Mechthild Zimmermann, geb. van de Sandt, für zahlreiche Bilder aus dem Familienalbum und wertvolle Auskünfte.

Gedenken an Rheinbachs Ehrenbürger Generalanzeiger 3/11/11

An Allerheiligen gedenkt die Stadt Rheinbach alljährlich ihrer verstorbenen Ehrenbürger Karl Commeßmann, Wilhelm Schneider, Johann Schäfer und Hans Hirschmann. Gemeinsam legten die beiden stellvertretenden Bürgermeister Tamara Vogt und Claus Wehage Kränze an den Gräbern auf dem Friedhof Sankt Martin nieder. Karl Commeßmann war fast 30 Jahre lang, vom 17. Mai 1897 bis 1. September 1926, Bürgermeister von Stadt und Amt Rheinbach. Rechtsanwalt Wilhelm Schneider, bekannt als „Justizrat", war viele Jahre Beigeordneter der Stadt Rheinbach. Erster frei gewählter Bürgermeister der Stadt Rheinbach nach dem Zweiten Weltkrieg war Konrektor Johann Schäfer. 18 Jahre lang, von 1946 bis 1964, gehörte der niedergelassene Arzt Dr. Hans Hirschmann dem Rat der Stadt Rheinbach an, davon 15 Jahre als Bürgermeister und zwölf Jahre als Landrat des früheren Landkreises Bonn.   sax/FOTO: KOHLS

Sebastian Lauff

DIE SIEDLUNG „AM TRERICHSWEIHER"

Während des Dritten Reiches entstand von der Nationalsozialistischen Deutschen Arbeiterfront (DAF) eine Mustersiedlung im Stadtteil Siegburg-Brückberg. Die Siedlung erhielt den Namen „Am Trerichsweiher". Über diese Siedlung hat bereits Richard Hedrich-Winter 1997 eine historische Abhandlung geschrieben.[1] Hedrich-Winter konzentrierte sich auf die Siedlungsstrukturen im Allgemeinen und auf die Frage, inwiefern die gesamte Siedlung den Zielen der nationalsozialistischen Siedlungsgestaltung entsprach. In der vorliegenden Untersuchung muss natürlich auch auf die Entstehung der Siedlung eingegangen werden, aber darüber hinaus werden zwei heute noch stehende Doppelhaushälften aus dem Jahr 1941 herausgegriffen. Davon wird die eine Hälfte, die seit 1941 so gut wie unverändert blieb und daher 1988 unter Denkmalschutz gestellt wurde, näher betrachtet. Soweit auf historische Tatbestände zurückgegriffen wird, dient die Arbeit von Hedrich-Winter als Grundlage.

DIE GESCHICHTLICHE ENTWICKLUNG DES GEBIETES „BRÜCKBERG"

Das Gelände am Trerichsweiher liegt im Siegburger Stadtteil „Brückberg". Der Name „Brückberg" lässt sich wohl von der Brücke herleiten, die bis zur Verlegung der Handelsstraße von der Anhöhe über die Agger führte.

Fast der gesamte Brückberg war seit Ende des 19. Jahrhunderts in den Händen der Familie Virnich aus Bonn. Sie waren Vertreter des rheinischen, katholischen Großbürgertums. Dr. Winand Virnich war Reichs- und Landtagsabgeordneter der Zentrumspartei. Therese und Maria, seine beiden Töchter, gehörten zu den ersten Frauen, die Anfang des 20.Jahrhunderts an der Universität Bonn promovierten.[2] Aufgrund der Tatsache, dass später auf ihrem Land die Deutsche Arbeiterfront (DAF) eine Mustersiedlung plante, erscheint es interessant zu erwähnen, dass der Bruder Franz wegen seiner Kritik am NS-Regime 1934 in die

Die Siedlung „Am Trerichsweiher" in Siegburg

Der Brückberg im Winter 1891/92, Blick auf die Brauerei Breuer

Niederlande fliehen musste, 1943 dann aber doch im KZ Brandenburg-Görden ums Leben kam.[3]

1908 wurde das fast ausschließlich landwirtschaftlich genutzte Gebiet durch die Familie Virnich erschlossen.[4] Die Virnichs baten darum, dass die Straßen nach den in ihrer Familie vorkommenden Vornamen benannt wurden: Winand-Straße, Christinnen-Straße und Virnich-Straße.[5] Der damalige Siegburger Bürgermeister lehnte dies ab und schlug stattdessen die Namen der ersten Siegburger Äbte, Erpo, Reginhart und Kuno vor. Man einigte sich schließlich, dem patriotischen Zeitgeist folgend, vielleicht aber auch wegen der beiden staatlichen Munitionsfabriken in der Nähe, auf die Namen Roon, Moltke und Blücher, bei denen es sich um preußische Generalfeldmarschälle handelt.[6]

Der zweite Schritt der Geländeerschließung folgte 1917 mit der Gneisenaustraße und dem Ulmenhorst. Im Jahr 1925 versuchte die Stadt vergeblich das gesamte Gelände zwischen Trerichsweiher und Strafanstalt der Familie Virnichs abzukaufen. Vermutlich sollte hier eine Arbeiterwohnsiedlung mit Naherholungsgebiet entstehen.[7]

Erschließungsplan des Baurats Geimer, 1925. Zur Orientierung kann die kreuzförmige Anlage der Strafanstalt dienen.

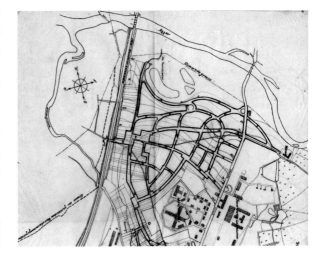

Die Siedlung „Am Trerichsweiher" in Siegburg

DIE ENTWICKLUNG DER INDUSTRIE IN SIEGBURG UND UMGEBUNG. IM 19. JAHRHUNDERT BIS IN DIE DREISSIGER JAHRE DES 20. JAHRHUNDERTS

Zur Klärung der Umstände, die zu der Errichtung einer DAF-Mustersiedlung in Siegburg führten, muss kurz auf die wirtschaftliche Entwicklung in Siegburg seit dem 19. Jahrhundert eingegangen werden.

Neben einigen Kleinbetrieben in der Eisen- und Metallverarbeitung und einer Kattunfabrik wurde das wirtschaftliche Bild in Siegburg bis zum Ersten Weltkrieg hauptsächlich durch zwei Betriebe der staatlichen Rüstungsindustrie geprägt.[8] Diese waren die königliche Geschoßfabrik (1875 gegründet) und das königliche Feuerwerkslaboratorium, welches 1892 auf dem Brückberg gebaut wurde.[9] Die Arbeiterschaft für die beiden Fabriken kam aus ganz Deutschland. Die Einwohnerzahl wuchs daraufhin um das Vierfache von 4753 zur Gründung der Werke auf 21148 am Ende des Ersten Weltkrieges.[10] Das führte dazu, dass bald fast alle Einwohner Siegburgs direkt oder indirekt von der Rüstungsindustrie abhängig waren. Durch den Strom der Arbeiter – zu Spitzenzeiten waren über 19000 Arbeiter in den Rüstungsfabriken angestellt – stieg der Wohnungsbedarf rasch an. Die Ausdehnung, die Siegburg schließlich erreichte, sollte bis zum Zweiten Weltkrieg konstant bleiben, denn nach verlorenem Ersten Weltkrieg mussten die Rüstungsbetriebe in Siegburg aufgrund des Versailler Vertrages schließen. Tausende Menschen wurden arbeitslos, und in Siegburg brach eine Zeit des Notstands an. 1923 1923 waren von den 4000 Menschen im arbeitsfähigen Alter, die in Siegburg lebten, 3200 – rund 84% – arbeitslos. Erst nach Einführung der Rentenmark im Jahre 1923 und der damit verbundenen Eindämmung der Inflation besserten sich auch in Siegburg die wirtschaftlichen Verhältnisse.[11] Im März 1928 sollte die Besserung kommen. Die Bemberg AG Barmen, ein chemischer Großbetrieb, wollte in Siegburg ein Werk zur Kunstseidenherstellung errichten, in dem ca. 1600 Arbeiter und Angestellte beschäftigt werden sollten. Man schloss zwar mit der Stadt Siegburg einen Vertrag und das Werksgelände wurde von 1928 bis 1929 nach den Plänen von Baudirektor Flakowski im Stil der klassischen Moderne errichtet, doch kam es nie zum Produktionsbeginn. 1929 verschob man den geplanten Produk-

Blick auf die neu errichtete Fabrikanlage der Bemberg AG, 1930

tionstermin, weil es der Bemberg AG wirtschaftlich zunehmend schlechter ging. Die darauffolgende Weltwirtschaftskrise 1929 bedingte die vollständige Aufgabe der Pläne.[12] Anfang 1937 verkaufte die Bemberg AG das Gelände an die Rheinische Zellwolle AG, welche später ein Teil der Phrix AG Hamburg wurde. Bis zu diesem Zeitpunkt verschlechterte sich die wirtschaftliche Situation in Siegburg immer mehr.

DER VIERJAHRESPLAN DER RHEINISCHEN ZELLWOLLE AG[13]

Im Rahmen des Nürnberger Parteitags der NSDAP 1936 beschloss man die Durchführung sogenannter Vierjahrespläne. Mit diesen Maßnahmen wollte man innerhalb kürzester Zeit in der Rohstofferzeugung unabhängig von den Devisen verschlingenden Importen werden. Ein Zweig der Industrie, der von Hitler zur Vierjahresplanung angehalten wurde, war die Zellwollherstellung, um die deutsche Textilindustrie unabhängig zu machen. Rund ein Drittel der aus dem Ausland importierten Baumwolle sollte durch die, aus dem Grundstoff Holz gewonnene, Spinnfaser ersetzt werden.[14] Die IG Farben, welche zu dieser Zeit neben den Vereinigten Glanzstoffwerken der einzige Zellwollproduzent war, weigerte sich, diesen Forderungen nachzukommen. Daher wurden sechs neue Werke gegründet.[15] Die Spinnereien, als Erstkonsumenten, mussten für das Gründungskapital der Rheinischen-, Thüringischen-, Sächsischen- und Schlesischen- Zellwolle AG aufkommen. Die Rheinische Zellwolle AG wurde im November 1936 in Köln gegründet und kaufte Anfang 1937 für 1,43 Millionen RM die leer stehenden Gebäude der Bemberg AG in Siegburg.[16] Früh entschloss man sich, die zunächst 450 bis 500 Arbeiter in der Nähe des Werks anzusiedeln. Die Stadt Siegburg war aus den schon erwähnten wirtschaftlichen Gründen sehr an der Ansiedlung und der somit geplanten Mustersiedlung der DAF auf dem Stadtgebiet interessiert. Um der Gemeinde Buisdorf zuvorzukommen, bemühte man sich um einen geeigneten Bauplatz. Zunächst wurden die Gelände zwischen Marienhof- und Jakobsstraße, an der Bemberg- und Wolsdorfer Straße, sowie auf dem Stallberg in Betracht gezogen.[17] Gegen Ende April 1937, als die Gebiete wegen zu umfangreicher Kanalisationsarbeiten für untauglich erklärt wurden, war zum ersten Mal von dem Gelände „Am Trerichsweiher" die Rede. Wegen der Nähe zu Troisdorf hoffte man auch Siedler aus dieser Gemeinde für die geplanten Siedlungsstellen und Volkswohnungen zu gewinnen.

Anfang 1938 kaufte die Stadt 45 Morgen zu 850 RM von Fräulein Dr. Virnich, die restlichen 29,5 Morgen bis Mai 1938 von anderen Besitzern. Fünf Morgen gehörten schon der Stadt und weitere 3,5 Morgen wurden enteignet.[18] Es stellte sich aber heraus, dass die Zellwolle AG am Anfang ihre Arbeiter noch in Werkswohnungen unterbringen konnte, so wurde das Projekt „Am Trerichsweiher" zunächst zurückgestellt. Obwohl die Anzahl der Arbeiter während des Kriegs auf 2500 anstieg[19] und in Spitzenzeiten noch 2874 Zwangsarbeiter hinzukamen[20], griff man nicht auf das Gebiet „Am Trerichsweiher" zurück, sondern baute die Wohnungen, die nötig waren, im sogenannten Phrix-Dorf an der Wilhelm-Ostwald-Straße. Dort wurden über 100 Mietwohnungen geplant und teilweise auch gebaut. Außerdem wollte die Zellwolle AG nochmals 210 Mietwohnungen auf dem

Die Siedlung „Am Trerichsweiher" in Siegburg

Gelände der Gemeinde Buisdorf errichten. Für die Siedlung am Brückberg stand im Hochsommer 1937 indes bereits endgültig fest, dass sie keinesfalls „im Rahmen des Vierjahresplans" gebaut werden würde, „da bei der Rheinischen Zellwolle AG mit einer genügenden Siedlerschaft nicht zu rechnen sei". [21]

VOM VIERJAHRESPLAN ZUR DAF-MUSTERSIEDLUNG

Nachdem nun feststand, dass die Siedlung „Am Trerichsweiher" nicht im Rahmen des Vierjahresplans der Zellwoll AG entstehen würde, wurde die Entwicklung alleine durch das Gauheimstättenamt der DAF vorangetrieben. Wahrscheinlich war damals von der DAF schon geplant, die Siedlung für Arbeiter im Rahmen des Rüstungsprogramms in der Nähe der Troisdorfer Werke Dynamit AG und Klöckner-Mannstaedt AG zu nutzen. Die beiden Troisdorfer Werke waren zu diesem Zeitpunkt sehr an der Errichtung von Wohnungen für ihre Arbeiter interessiert und nahmen deshalb ein Angebot der DAF gerne an.[22] In den Jahren 1935/36 wurden neben den bestehenden Werken auf Geheiß der Wehrmacht noch fünf weitere sogenannte Schattenbetriebe gegründet, die ihre volle Produktionskapazität erst im Kriegsfall erreichen sollten. Dieses und das stetige Wachstum der Werke forderten eine Menge neuer Wohnungen.

DIE ENTSTEHUNGSGESCHICHTE DER SIEDLUNG „AM TRERICHSWEIHER". DIE ERSTEN SCHRITTE

Auf die Initiative des NSDAP-Kreisleiters der Siegkreises, Fritz Marrenbach, fand im Oktober 1938 eine Zusammenkunft von Vertretern der Partei, der Industrie und der Behörden statt, in der die Frage der Finanzierung und der Trägerschaft der Siedlung „Am Trerichsweiher" erörtert werden sollte. Als mögliche Siedler kamen Arbeiter der Siegburger Werke Cantulia und Siegwerk[23] sowie der Troisdorfer Werke Dynamit AG und Klöckner-Mannstaedt in Frage. Außerdem waren – immer noch oder schon wieder – Arbeiter der Zellwoll AG im Gespräch. Zusätzlich sollte eine

Die Rheinische Zellwolle AG. Rechts oben die neu erbauten Wohnhäuser an der Wilhelm-Ostwald Straße, das „Phrix-Dorf", undatiert

große Anzahl von Volkswohnungen für Bewohner von zu kleinen städtischen Häusern in Siegburg errichtet werden. Als Trägerin wurde die Rheinische Heimstätten GmbH genannt.[24] Die gemeinnützige provinzielle Treuhandstelle für Wohnungs- und Kleinsiedlungswesen Rheinische Heimstätte GmbH wurde 1937 im Zusammenhang mit der in diesem Jahr in Düsseldorf stattfindenden Ausstellung „Schaffendes Volk" gegründet. Ihre Aufgabe war die Unterstützung des Staates bei der Durchsetzung seiner Wohnungs- und Siedlungspolitik. Als Trägerin von Kleinsiedlungsprojekten im Rahmen des Vierjahresplans kümmerte sie sich vor allem um deren Organisation, das heißt um den reibungslosen Ablauf von Planung, Finanzierung, Bau, Siedlerauswahl und deren Betreuung bis zur Schlussrechnung. Das Gauheimstättenamt der DAF kümmerte sich als deren letzte Aufgabe um die Werbung der Siedler. Zwei ausführliche und fast gleichlautende Zeitungsartikel erschienen im Dezember 1937 und im Januar 1938.[25] Durch diese Artikel wurde die Öffentlichkeit das erste Mal ausführlich über die Pläne informiert. Man schrieb, dass vorerst 200 Siedlerstellen gebaut werden sollten, aber 500 geplant seien. Der Baubeginn wurde für das Frühjahr 1938 vorgesehen.

Hiermit waren die Aufgaben des Gauheimstättenamts im Rahmen dieser Siedlung beendet. Es tauchte nur noch einmal im Oktober 1938 in den Akten auf, als sich das Heimstättenamt von der Stadt Siegburg das Modell der Siedlung „Am Trerichsweiher" erbat, um es bei der Siedlerausstellung in Frankfurt am Main als Beispiel einer „DAF-Mustersiedlung" zeigen zu können.[26]

DIE AUSWAHL DER SIEDLER

Mitte der dreißiger Jahre hatte sich das Verfahren zur Auswahl der Siedler geändert. Die Siedlung als Arbeitsbeschaffungsmaßnahme hatte sich mit der erreichten Vollbeschäftigung überholt. Jetzt sollten die Siedlungsplätze an verdiente Stammarbeiter als Belohnung vergeben werden. Diejenigen, die sich für einen Siedlungsplatz bewarben, mussten ein mehrstufiges Auswahlverfahren über sich ergehen lassen. Grundsätzlich konnten „alle ehrbaren minderbemittelten Volksgenossen" als Siedler zugelassen werden, wenn sie „deutscher Reichsangehörigkeit, deutschen oder artverwandten Blutes, politisch zuverlässig und erbgesund" waren, wobei Stammarbeiter bevorzugt wurden. Die politischen Absichten sind hierbei gut zu erkennen. Durch die Bevorzugung von „minderbemittelten Volksgenossen" sollte eine Entproletarisierung durch Aussicht auf Eigentum geschaffen werden. Die „Erbgesundheit" weist auf

Die Siedlung „Am Trerichsweiher" in Siegburg

die Aufgabe der Familien hin, dem deutschen Volk Kinder zu schenken. Die Bevorzugung von Stammarbeitern war eine wirtschaftspolitische Maßnahme im Rahmen der Produktionssteigerung.

Wer eine Kleinsiedlerstelle zugeteilt bekommen wollte, musste bei der zuständigen Gemeindebehörde in Siegburg, in diesem Fall dem Bürgermeisteramt, einen Antrag stellen. Dieses hatte sachdienliche Auskunft zu erteilen, ob der Bewerber aus einem Grund ausgeschlossen werden sollte. Der Bewerber musste einen Fragebogen der DAF ausfüllen. Die Fragen bezogen sich auf Wohnstättenwunsch, Beruf, Arbeitsverhältnis, Kinderzahl, Erbgesundheit der Familie, Erfahrungen im Bereich der Gartenarbeit und Kleintierhaltung, Mitgliedschaft in der NSDAP oder ihr angeschlossenen Organisationen, Eigenkapital und monatliches Einkommen. Die Stadt holte bei der Polizei ein Führungszeugnis ein, und der Betriebsführer wurde gehört. Hatte der Bewerber diese Formalitäten erfolgreich bestanden, wurde sein Antrag dem Prüfungsausschuss vorgelegt. Dieser bestand aus dem Bürgermeister, einem örtlichen Beauftragten des Gau- oder Kreisheimstättenamtes und dem Ortsgruppenleiter der NSDAP. Im Gau Köln- Aachen

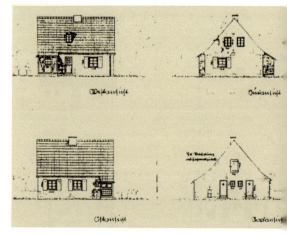

Einfamilien-Doppelhaus mit freistehendem Stall, Typ S46, M 1:100 und 1:50, Rheinische Heimstätte, 12.04.1938

wurde darüber hinaus ab 1938 auch noch das „Deutsche Frauenwerk" an der Auswahl beteiligt. Sie sollten die Eignung der Frauen zur Haushaltsführung beurteilen.

BAUPLANUNG UND FINANZIERUNG

Für den ersten Bauabschnitt waren 100 bis 160 Kleinsiedlungen und 100 bis 150 Volkswohnungen geplant, mit deren Bau man im März beginnen wollte. Mit der Fertigstellung der Häuser rechnete man im Herbst des Jahres.

Eine Kleinsiedlerstelle, mit einem Grundstück von ca. 800 qm, sollte insgesamt etwa 6.800 RM kosten. Im März 1938 legten Gauheimstättenamt, Rheinische Heimstätte und die Stadtverwaltung Siegburg die einzelnen, von einem Dipl.-Ing. Janssen aus dem Planungsbüro des Gauheimstättenamts, entworfenen Häusertypen für die Kleinsiedlerstellen fest. Für die Volkswohnungen wollte man die Typenvorschläge der Rheinischen Heimstätte abwarten. Auch einigte man sich über den vom Gauheimstättenamt ausgearbeiteten Gesamtbebauungsplan für das Siedlungsgelände.

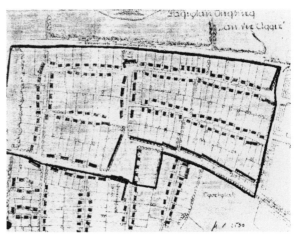

Lageplan Siegburg „An der Agger", Westdeutscher Beobachter, 20.12.1937

Acht Kleinsiedlungen sollten als Doppelhaustyp „S46" zu einem Preis von je 6.470 RM errichtet werden. Elfmal sollte der Typ „5v" zu 7.200 RM bzw. 7.500 RM gebaut werden. Der Preis differierte je nachdem, ob das Haus mit einem oder drei Kellerräumen versehen wurde. Insgesamt 40 Kleinsiedlungshäuser vom Typ „2a" bzw. „2b" sollten zu 6.850 RM (ein Kellerraum) bzw. 7.230 RM (vollunterkellert) gebaut werden.

Die durchschnittliche Parzellengröße der Kleinsiedlungen betrug 840 qm.[27] Bei einer durchschnittlichen Grundfläche der Häuser von 80qm blieben so etwa 760 qm für den Nutzgarten.

Weiterhin sollten 84 dreiräumige und 44 vierräumige Volkswohnungen in insgesamt 32 Häusern vom „Typ 7888" und „Typ 7833" nach Plänen der Rheinischen Heimstätte GmbH von H. Schinckmann errichtet werden. Der durchschnittliche Preis pro Wohnung betrug 5.498 RM. Die zugehörige Gartenzulage für jede dieser Volkswohnungen sollte etwa 100 qm betragen und lag vermutlich an der Rückfront der Häuser.

Somit stand die endgültige Anzahl der zu bauenden Häuser des ersten Bauabschnitts fest: 59 Kleinsiedlerstellen und 128 Volkswohnungen. Für letztere erhielt die Dynamit AG Ende 1938 das Belegungsrecht.[28] Bis auf zwei der Kleinsiedlungen sind sämtliche Häuser errichtet worden. Von den 128 begonnenen Volkswohnungen wurden 124 fertig gestellt. Ein Mietshaus mit vier Wohnungen wurde noch im Rohbau durch Bombentreffer zerstört und nicht mehr zu Ende gebaut.

Der zweite Bauabschnitt mit 69 Kleinsiedlungen, 128 Volkswohnungen[29] und einer Anzahl von Eigentumswohnungen sollte östlich des erschlossenen und bebauten Gebiets an der verlängerten Aggerstraße und der Straße „An der Schlade" entstehen. Die Stadt nahm 1941 Ankaufsverhandlungen mit den Grundstücksbesitzern auf und erstellte Vorplanungen.[30] Mit dem Baubeginn für diesen Abschnitt wurde damals mit dem 2. Quartal 1939 gerechnet. 1939/40 hielt man die Errichtung von 120 Volkswohnungen noch für „nicht aussichtslos".[31]

Die Siedlung „Am Trerichsweiher" in Siegburg

Zerstörter Rohbau eines Volkswohnungshauses der Siedlung „Am Trerichsweiher" nach einem Bombenabwurf in der Nacht vom 3. zum 4. Mai 1941

FERTIGSTELLUNG UND BEZUG

Der eigentliche Baubeginn ist in den Akten nicht überliefert. Geplant war er jedoch für Mitte August 1938.[32] Von Oktober 1938 an existieren Schriftstücke, die die Bautätigkeit für diesen Monat nachweisen. Mit den Volkswohnungen wurde im Gegensatz zu den Kleinsiedlerstellen erst zwischen April und Juni 1939 begonnen.[33] Bezeichnenderweise wurde der schleppende Fortgang der Arbeiten schon im Oktober 1938 in den Akten vermerkt. Bis zur Fertigstellung der letzten Häuser zwei Jahre später blieb der stockende Fortgang ein vorwiegendes Thema. Gründe dafür gab es genügend. Die Zuteilung und Anlieferung der Materialien war zwar zunächst kein Problem, aber die Bauunternehmen arbeiteten nur selten und mit wenigen Arbeitern. Sowohl die Stadt als auch die Rheinische Heimstätten GmbH beschwerten sich mehrmals bei den Bauunternehmern. Die Begründungen der Unternehmer sind jedoch keinem Briefwechsel zu entnehmen. In der damaligen Zeit waren solche Verzögerungen allerdings keine Seltenheit. Spätestens seit Ende 1936 war ein starker Abzug der Baufacharbeiter in die lukrativere Rüstungsindustrie zu registrieren. Ab Mai 1938 wurde dann mit dem Bau des „Westwalls" begonnen, einer Befestigungslinie an der Westgrenze des Deutschen Reiches von Aachen bis Basel mit Bunkern und Panzersperren. Durch dieses große

Die Neubauten in der Roonstraße, Frühjahr 1941

Bauvorhaben, das von Hitler mit höchster Priorität behandelt wurde, kam es im ganzen Reich zu einer Baustoffknappheit. Mit Beginn des Krieges im September 1939 wurden diese Probleme noch verstärkt. Erst als das Bauvorhaben der 128 Volkswohnungen Mitte 1940 für „kriegswichtig" erklärt worden war, sah sich das Arbeitsamt in der Lage, genügend Arbeitskräfte bereitzustellen.[34]

Zu den bestehenden Straßennamen Moltke-, Roon- und Gneisenaustraße kamen noch der Moltkeplatz (heute Adolf-Kolping-Platz), Am Trerichsweiher, Am Hohlweg und Am Grünweg hinzu.[35]

Am 1. November 1940 wurden schließlich die ersten Kleinsiedlerstellen bezogen und die restlichen folgten bis zum 1. Mai 1941. Die Volkswohnungen wurden im August 1941 zum Bezug freigegeben. Insgesamt zogen 271 Personen in die Kleinsiedlungen, was bedeutete, dass durchschnittlich 4 Personen in den Häusern lebten. Die Kleinsiedlerstellen wurden von dem Deutschen Siedlerbund e.V. mit einem Schwein, einer Ziege, sechs Hühnern und zwei Kaninchen sowie zehn Obstbäumen, Gartengeräten, Dünger und Saatgut ausgestattet, wofür der Regierungspräsident in Köln jeder Siedlerstelle 250 RM zur Verfügung stellte.[36] Die Volkswohnungen wurden ausschließlich mit Arbeiter aus verschiedenen Werken der Dynamit AG in Troisdorf belegt.

Normalerweise hätten die Kleinsiedlungen nach einer dreijährigen Probezeit in das Eigentum der Siedler übergehen müssen, was jedoch durch die Kriegswirren erst im Jahre 1946 geschehen konnte.[37] Die Bewerber, die noch wenige Jahre zuvor ihre politische Zuverlässigkeit dem Dritten Reich gegenüber unter Beweis stellen mussten, um ein Haus zu bekommen, mussten jetzt die entgegengesetzten Voraussetzungen erneut erbringen, um das Haus zu behalten.

Die Volkswohnungen blieben unter der Verwaltung der Rheinischen Kleinwohnungsbau GmbH und wurden bis 1988 ausschließlich von der Dynamit Nobel AG Troisdorf belegt.

DIE ARCHITEKTONISCHEN ASPEKTE DER SIEDLUNG AM TRERICHSWEIHER" UND DER DOPPELHAUSHÄLFTE GNEISENAUSTRASSE 12

NS-Wohnungs- und Siedlungsbau-Grundlagen

Bereits kurz nach ihrer Gründung hatte das Reichsheimstättenamt der NSDAP und DAF 1934 eine Reihe von Schriften publiziert, in denen der Siedlungsbau der NS-Zeit charakterisiert wurde. In einer dieser Publikationen steht der folgende Absatz:

„Die Kleinsiedlung ist auch geeignet, die notwendige innerdeutsche Umsiedlung in Gang zu bringen, die Großstädte und Industriebezirke zu entlasten und die Wohnungsverhältnisse der werktätigen Bevölkerung wesentlich zu verbessern, wenn sie auch in der Hauptsache als Siedlungs- und Wirtschaftsmaßnahme, nicht aber als Kleinwohnungs- und Eigenheimbau zu gelten hat. Sie dient dadurch dem nationalpolitisch besonders bedeutsamen Ziel der Auflockerung der Großstädte und dicht besiedelten Industriebezirke, der allmählichen Zurückführung der Bevölkerung auf das Land oder wenigstens in ländliche oder halbländische

Lebensverhältnisse und die Bereitstellung gesunder und billiger Wohnungen. Schließlich liegt ihre Bedeutung darin, dass sich mit ihr bevölkerungs- und familienpolitische, rassische und erbbiologische Bestrebungen verwirklichen lassen. Ein Teil der bisher städtischen Arbeiterschicht wird durch sie umgewandelt in eine halbländliche, gewerblich tätige und dabei noch bodenverbundene Schicht".[38]

Aus diesem Zitat kann man neben wirtschaftlichen und sozialpolitischen Ansätzen hauptsächlich ideologische Grundsätze der NS-Zeit erkennen. Sowohl die Großstadtfeindlichkeit als auch die „bevölkerungs- und familienpolitische, rassische und erbbiologische Bestrebungen" sind hier Musterbeispiele. Die Gestaltung der Siedlungen sollte sich aus diesen Forderungen ergeben und über die Landesplanung, in die die Reichsplanung eingebunden war, in ein größeres Gesamtbild einfügen[39] und ausbaufähig bleiben.

Vorbild war die Gestaltung mittelalterlicher Städte und Dörfer.[40] Ihre Gemeinschaftseinrichtungen wie Schulen, Feierabendhaus, Läden, Post, Ärzte etc.[41] sollten sich natürlich in die jeweilige Landschaft eingliedern.[42] Die Siedlung sollte also organisch und gewachsen erscheinen und nicht wie am Reißbrett geplant. Letztlich waren diese Maßnahmen aber alles Mittel, um die soziale und politische Organisation der Siedlungsbewohner zu beeinflussen. Die Siedlung und ihr Aufbau sollten dem Führerprinzip und der „Blut und Boden-Ideologie" Ausdruck verleihen und eine Volksgemeinschaft wachsen lassen.

STRASSEN UND PLÄTZE

Um die Siedlung natürlich gewachsen erscheinen zu lassen, wurde ein „organischer" Verlauf der Straßen, anhand eines Schichtungsplans des Geländes und den Höhenlinien folgend festgelegt.[43] Es gab drei verschiedene Straßenkategorien:

1. Die Zubringer- und Durchfahrtsstraßen.
Sie sollten die Siedlung begrenzen und mit der nächsten Siedlung oder Stadt verbinden. Diese Straßen verliefen meist am Rande der Siedlung vorbei oder durchschnitten sie und unterteilen diese in verschiedene Bauabschnitte.

2. Die siedlungsinternen Verkehrsstraßen.
Diese für den Transport und privaten Verkehr bestimmten Straßen gingen von den Zubringer- und Durchfahrtsstraßen ab und erschlossen die Siedlung. Sie wurden den Geländeformen angepasst. An diesen verkehrsreicheren Straßen innerhalb der Siedlung wurden meist die Volkswohnungen geplant.

3. Die Wohnstraßen.
Die Kleinsiedlungsstellen, die noch weiter im ruhigen Siedlungsinnenraum lagen, wurden durch Wohnweg und Stichstraßen erschlossen. Diese „organisch" geformten Straßen waren meist schmal und für den Autoverkehr ungeeignet. Dementsprechend gab es auch fast nie Fußgängerwege.

Hier vereinigen sich verschiedene Ansätze. Mit der Gliederung der Straßen erreichte man einen privaten und ruhigen Raum um die Siedlungsstellen. Die Straßen konnten wegen ihrer geringen Verkehrsbelastung zum Spielplatz für Kinder oder zum Gemeinschaftsraum werden.[44] Neben den gewundenen Straßen wurde aber auch noch ein anderes Leitbild des Städtebaus benutzt, nämlich das der achsialen Straße. Kreuzungen der größeren Straßen wurden oft platzartig erweitert. Die größten Straßen führten fast immer zu einem großen zentralen Platz. Dieser ist ein wichtiges, immer vorhandenes Element jeder NS-Siedlung. Hier waren gemeinschaftlich nutzbare Gebäude angesiedelt. Es gab zum Beispiel Geschäfte und Arztpraxen, der symbolischen und ideologischen Funktion dienten ein Gemeinschaftshaus oder die obligatorischen NS-Einrichtungen wie Hitler-Jugend-Heime. Um diesen sozialen Mittelpunkt der Siedlung gruppierten sich in abnehmender Bebauungshöhe und dichte die Wohngebiete.

DIE VOLKSWOHNUNG

An den Plätzen und größeren Straßen lagen zumeist die Volkswohnungen. Diese billigen Mietwohnungen wurden ab 1935 als Wohnungsideal für Minderbemittelte staatlich gefördert. Als eigentliches Ideal der NS-Siedlungen galt aber die Kleinsiedlerstelle. Daher wurden die Volkswohnungen nach ihrem „Vorbild" gestaltet. Die Drei- bis Vierzimmerwohnungen mit Bad lagen immer paarweise an einem Treppenhaus, um die Nachbarschaft zu fördern. Die Wohnungen entsprachen der Häusertiefe und hatten daher Fenster zur Vorder- und Rückseite. Die Geschossigkeit der Blöcke wurde möglichst niedrig gehalten, und mit einem Spitzdach betonte man nochmals die Verwandtschaft zu den Einzel- oder Doppelhäusern. Die Fassade wurde, nicht zuletzt aus Kostengründen, schlicht gehalten. Manchmal findet man eine Betonung der Treppenhäuser, um der Eintönigkeit entgegenzuwirken. Auf dem Dach befanden sich voll ausgestattete Wasch- und Trockenräume. Im Keller waren meist Luftschutzbunker geplant. Zu jeder Wohnung gehörte ein Gartenstreifen, der nur als Erholungsgarten nutzbar war, da er zur Selbstversorgung zu klein konzipiert war.

Volkswohnungshaus Typ 7888, Moltekestraße 1942

DIE SIEDLUNGSTEILE

Die Kleinsiedlerhäuser wurden als Wirtschaftsstellen geplant. Somit richtete sich die Form, Gestalt, Ausstattung und auch die Größe des Gartens nach diesen Ansprüchen. In den Einzel-, Doppel- oder Reihenhäusern gab es einen Wohntrakt, einen Stall und einen Wirtschaftsraum. Die äußere Gestalt der Häuser sollte sich an die regionale Erscheinungsform eines Kleinbauern- oder Landarbeiterhauses anlehnen. Aus Kostengründen arbeitete man aber später mit nur wenigen verschiedenen Grundrissen, um eine Werkfertigteilproduktion zu ermöglichen, was natürlich den regionalen Charakter der Häuser zunichtemachte. Das Haus sollte konturlos und hellfarbig verputzt sein. Ein Satteldach mit 50-60 Grad war vorgeschrieben. Diese Bestimmungen sollten den Siedlungen ein einheitliches Bild verleihen, und darüber hinaus das „kunstpolitische Feindbild" [45] bekämpfen. So hieß es in einer Schrift der DAF zur Frage der Dachform eindeutig: „Klar ist, dass wir das Flachdach ablehnen."[46]

TRERICHSWEIHER ALS NS-SIEDLUNG

Wie bereits erwähnt handelt es sich bei der Siedlung „Am Trerichsweiher" in Siegburg um eine Mustersiedlung der DAF. Daher sollte man annehmen, dass die oben genannten Prinzipien exakt eingehalten wurden. Einschränkend muss angemerkt werden, dass von der Planung für die Siedlung „Am Trerichsweiher" nur der erste Bauabschnitt beendet wurde. Es existieren noch zwei weitere Entwürfe für diese Siedlung. Der Plan des Gauheimstättenamtes der DAF Köln-Aachen aus dem Jahr 1938 kommt ins besonders in der Straßenführung, aber auch in der Bebauung, der gebauten und erhaltenen Situation am nächsten. Der Plan zeigt ein Gebiet von der Blüchlerstraße im Norden bis zum Hohlweg im Süden und von der projektierten Umgehungsstraße im Westen bis zur Moltkestraße, dem Adolf-Kolpingplatz und dem Urnenfeld im Osten. Auf jeweils beiden Seiten der Moltkestraße und der Straße Am Trerichsweiher sowie an

Die Kleinsiedlerhäuser im Winter 1942, gut erkennbar an den im Bildhintergrund liegenden Häusern sind die Stallanbauten.

der Nord- und West-Seite des Adolf-Kolping-Platzes waren Volkswohnungen vorgesehen. Volkswohnungen sollten auch dort entstehen, wo die Moltke-, die Roon- und die Gneisenaustraße in die Blücherstraße münden. Entlang der Gneisenau- und der Roonstraße sowie Am Hohlweg, Am Rosenweg und Im Urnenfeld waren Kleinsiedlungen geplant. An der Ostseite des Adolf-Kolpingplatzes plante man Ladenlokale und an der Südseite das „Gemeinschaftshaus" mit L-förmigem Grundriss. Die längere Seite schloss den Adolf-Kolpingplatz im Osten ab, die kürzere Seite lag zur Straße Am Trerichsweiher. Am anderen Ende dieser Straße war das Hitler-Jugend-Heim geplant. Es sollte ebenfalls L-förmig sein und sich zur Straße Am Trerichsweiher und somit zum Gemeinschaftshaus öffnen.

Auf dem Lageplan von 1938 sind Höhenlinien eingezeichnet und man erkennt, dass die Straßenführung der projektierten Umgehungsstraße, der Gneisenau-, der Roon- und der Moltkestraße, in etwa parallel zu dem nach Westen zum Trerichsweiher hin leicht abfallenden Gelände verläuft.

Somit kann man die erste Forderung der DAF nach „organischem", in die Landschaft eingepasstem Bauen in diesem Gebiet erkennen, obwohl die Geländestruktur nur wenig ausgeprägt ist. Die rechtwinklig zu diesen Straßen verlaufenden Wohnstraßen, wie die Blücherstraße, wurden von den Planern des Gauheimstättenamtes genutzt, um in den Straßenplan eine Art Achsenkreuz zu integrieren, an dessen Schnittpunkt der zentrale Platz liegt. Die in nordsüdlicher Richtung leicht gekrümmt verlaufende Achse wird unterbrochen vom Adolf-Kolpingplatz, von der Moltkestraße und der Straße Im Urnenfeld. Die west-östliche Achse bilden die Straße Am Trerichsweiher, an deren Ende auch das HJ-Heim geplant war, und die Aggerstraße. Das ganze Achsenkreuz ist jedoch nicht symmetrisch angelegt. So trifft die Moltkestraße am nordwestlichen Ende auf den Adolf-Kolpingplatz, die Straße Im Urnenfeld führt dagegen etwas östlich versetzt von der Südseite des Platzes weg. Noch deutlicher ist diese Asymmetrie bei der West-Ost-Achse. Die Straße Am Trerichsweiher trifft an der äußersten Südwest-Ecke auf den Adolf-Kolpingplatz, die östliche Fortsetzung der Achse, die Aggerstraße jedoch schließt an der äußersten Nordost-Ecke an den Platz an. Zudem ist die Aggerstraße schmaler als die Straße Am Trerichsweiher, was den Eindruck der Asymmetrie noch verstärkt. Auf diese Weise gelang es den Planern der DAF die beiden verschiedenen städtebaulichen Grundkonzeptionen der „achsialen" wie der „gewundenen" Straße miteinander zu verbinden und in die Straßenplanung dieser Siedlung zu integrieren. Wegen ihrer Asymmetrie trägt die Straßenachse zum „organischen" Gesamteindruck der Siedlung bei und trotz ihrer Asymmetrie erfüllt sie die ihr zugedachte repräsentative Aufgabe. Letzteres liegt daran, dass die Moltkestraße und die Straße Im Urnenfeld breite Durchgangs- bzw. Zubringerstraßen sind und die Siedlungsstraße Am Trerichsweiher ebenfalls etwas breiter gehalten ist.

Ein weiteres Zeichen für die repräsentativen Aufgaben dieser Achsen und des zentralen Platzes ist deren bereits beschriebene Bebauung: An der Nordseite des Platzes sowie parallel zu den Rändern der Moltkestraße und der Straße Am Trerichsweiher stehen an beiden Seiten zweistöckige Volkswoh-

Die Siedlung „Am Trerichsweiher" in Siegburg

Kleinsiedlerstellen Typ S46, Gneisenaustraße 20-26, Februar 1942

nungen aufgereiht. Entlang der Straße Im Urnenfeld sind zwar nur einstöckige Kleinsiedlungshäuser eingezeichnet, jedoch vom Doppelhaustyp. Durch die Höhe der Häuser und durch deren Aufreihung heben sich die Moltkestraße und die Straße Am Trerichsweiher deutlich von den anderen Straßen ab. Zudem führen die beiden Achsenschenkel im Fall der Moltkestraße auf den zentralen Platz zu. Die Straße Am Trerichsweiher verbindet die beiden die Gemeinschaft symbolisierenden Gebäude, nämlich das „Gemeinschaftshaus" und das „Hitler-Jugend-Heim" miteinander.

Die Kleinsiedlungsstellen liegen in einer ruhigeren Lage. Sie sind nur von den soeben beschriebenen Straßen und der Blücherstraße aus zu erreichen. Es besteht keine direkte Verbindung zu der projektierten Umgehungsstraße im Westen. Die Wohngebiete sind durch diese Straßenführung einerseits an das Zentrum der Siedlung angebunden und darauf ausgerichtet, erhalten aber andererseits auch einen eigenen, in sich geschlossenen, fast dörflichen Charakter. Der Verlauf der Siedlungsstraßen parallel zur Umgehungs- und zur Moltkestraße birgt die Gefahr eines rasterartigen und somit steril wirkenden Siedlungsaufbaus in sich, der aber laut der DAF vermieden werden sollte. Die Planer der Siedlung „Am Trerichsweiher" haben diese Gefahr aber geschickt umgangen, indem sie die Siedlungsstraßen zum einen dem Geländeverlauf folgend etwas gebogen entwarfen und zum anderen in der Breite variierten und so den gewünschten organischen Charakter erhielten.

Zudem sind die Straßen an den Kreuzungen und Einmündungen platzartig erweitert und setzen ihren Verlauf jeweils leicht versetzt fort. Auf diese Weise wird der Verkehrsfluss, der von den großen Straßen ins Wohngebiet fließt, immer wieder unterbrochen und verlangsamt, und es entsteht der Eindruck einer gewachsenen und daher individuellen Siedlungsstruktur mit dem psychologischen Effekt, dass die Bewohner sich besser mit der Siedlung identifizieren können und eher ein „Heimatgefühl" entwickeln.

Derselbe Effekt wird auch dadurch erreicht, dass die Siedlungshäuser alle nahe an den Straßen stehen und zusammen mit den verkehrsberuhigten, oft platzartig erweiterten Straßen einen Kommunikationsraum bilden. Hierdurch soll die Nachbarschaft gefördert werden. Beides zusammen sollte zum Grundpfeiler der angestrebten Volksgemeinschaft werden.

Durch die abnehmende Bauhöhe und Baudichte von den Gemeinschaftsbauten zu den Kleinsiedlerstellen wird das nationalsozialistische Ordnungsprinzip verdeutlicht. Der verlangten absoluten Unterordnung der Menschen unter ein gemeinsames Ziel entsprechen die weitgehende Gleichartigkeit

Die Siedlung „Am Trerichsweiher" in Siegburg

Der Eindruck, der aufgrund der Untersuchung des Lageplans gewonnen wurde, bestätigt sich, wenn man heute durch die Siedlung „Am Trerichsweiher" geht. Kommt man aus der Siegburger Innenstadt oder aus Troisdorf über die Moltkestraße in die Siedlung, so fällt immer noch die Ausrichtung der gesamten Siedlung auf den Adolf-Kolping-Platz auf. Dieser Eindruck entsteht, obwohl die Siedlung während des Dritten Reichs nicht im ursprünglich geplanten Ausmaß fertig gestellt wurde. Selbst der erste Bauabschnitt fiel nicht so groß aus, wie auf dem Lageplan von 1938 vorgesehen. Dass der Eindruck dennoch entsteht, liegt wohl daran, dass die fertig gestellten Volkswohnungen an der Moltkestraße durch ihre dichte Reihung zunächst keinen Blick in die Siedlung erlauben, sondern direkt zum Adolf-Kolping-Platz leiten. Da die Geschäftsbauten am östlichen Ende dieses Platzes und das an seiner Südseite vorgesehene Gemeinschaftshaus nie gebaut wurden, dem Platz also an zwei Seiten der bauliche Abschluss fehlt, wirkt er seltsam überdimensioniert, was seine Stellung innerhalb der Siedlung aber nur noch mehr betont. Die Straße Am Trerichsweiher hingegen hebt sich kaum noch aus dem Siedlungsbild hervor, da statt des Hitler-Jugend-Heims an ihrem westlichen Ende ein Wohnhaus errichtet wurde. Ohne diesen baulich hervorgehoben Abschluss wirkt sie nicht mehr wie einer der Achsschenkel des Straßenkreuzes.

der Häuser und deren Ausrichtung auf die Gemeinschaftsbauten, die als Parteibauten das Führerprinzip verkörpern.

Bebauung des als Aufmarschplatz geplanten ehem. Moltkeplatzes, heute Adolf-Kolping-Platz mit der Kirche St. Joseph, Juli 1965. Das Luftbild zeigt gut erkennbar die Siedlungsstruktur mit den den Platz einfassenden Reihenhäusern und den dahinterliegenden Einzelsiedlungshäusern.

Ein weiterer Grund für den gleichgebliebenen Eindruck von Ordnung und Ausrichtung ist, dass die Siedlung in den fünfziger und sechziger Jahren unter weitestgehender Beibehaltung des ursprünglichen Bebauungsplanes auch in den weiteren Bauabschnitten nach Osten bis zur Arndtstraße fertig gestellt wurde. Die Bebauung wurde aber entgegen des ursprünglichen Plans geändert. An der Straße Am Trerichsweiher wurden Mehrfamilienhäuser errichtet, im Plan von 1938 waren dort Volkswohnungen vorgesehen. Im Urnenfeld, wo ursprünglich Doppelhäuser geplant waren, wurden ebenfalls Mehrfamilienhäuser errichtet.

Verlorengegangen ist hingegen der Eindruck der abnehmenden Bebauungsdichte vom Mittelpunkt der Siedlung nach außen hin. Das liegt daran, dass die Siedler im Laufe der Zeit die Nutzgartenwirtschaft aufgegeben haben und die großen Grundstücke geteilt und mit neuen Häusern bebaut haben. Was in den Wohngebieten an der Gneisenau- und Roonstraße dagegen auch heute noch auffällt, sind die wechselnde Breite der Straßen und die platzartigen Erweiterungen an den Kreuzungen. Die Absicht der Planer, den Eindruck eines sterilen rasterartigen Straßenverlaufs in der Siedlung zu vermeiden und Kommunikationsräume statt Verkehrsräumen zu schaffen, wirkt immer noch.

DAS DOPPELHAUS

Zum Abschluss soll exemplarisch für alle Kleinsiedlerstellen der DAF-Mustersiedlung ein Doppelhaus näher vorgestellt werden. Hierzu bietet sich die Doppelhaushälfte Gneisenaustraße 12 an, da dieses Haus unter Denkmalschutz gestellt wurde und man somit von einem nahezu unverfälschten Eindruck des Originalzustandes ausgehen kann.

Das Doppelhaus Gneisenaustraße 12/14 ist zweigeschossig und teilunterkellert gebaut worden. Der Keller besteht aus nur einem Raum. Im Erdgeschoß lagen Elternschlafzimmer, Wohnküche und Kinderkammer. Die Nebengebäude beherbergten die Wasch- und Futterküche sowie einen Stall für 12 Hühner, ein Schwein und eine Ziege. Im Dachgeschoß waren 3 Schlafkammern vorgesehen, außerdem befanden sich hier ein Heu- und Futterboden. Die Ausführung der Pläne variiert aber. So ist in einem Schreiben der Rheinischen Heimstätten Gesellschaft von 19.9.1940 zum Beispiel zu lesen, „...verschiedene Siedler haben sich die Wasserleitung in den Abortraum durchgeführt mit dem offensichtlichen Zwecke,

Kommunikationsraum Gneisenaustraße im Sommer 1998

Gneisenaustraße 12, 1998, unter Denkmalschutz stehend mit angrenzender, stark veränderter Doppelhaushälfte Gneisenaustraße 14

eine Wasserspülung des Abortes einzurichten. Wir machen darauf aufmerksam, dass für die Kleinsiedlung das Trockenklosett die gegebene Einrichtung ist, um Fäkalien und Abfallstoffe nutzbringend zu verwenden…". Bei diesem Haus wurde die Wasserspülung wohl schon damals eingerichtet. In den Plänen von 1962 ist ein Bad mit Wasseranschluss eingezeichnet, und in der Denkmalakte von 1988 heißt es, dass das Haus von 1941 bis 1962 praktisch unverändert geblieben sei.

Der Architekt dieses Häusertyps lässt sich nicht mehr ermitteln. Die restlichen Bauten dieser Siedlung wurden aber von den beiden bei der Rheinischen Heimstätte angestellten Architekten Janssen und Schinkmann geplant. Da es scheint, dass Janssen für alle Kleinsiedlungsstellen zuständig gewesen ist, liegt es nahe, ihn auch für die Planung der Doppelhäuser verantwortlich zu machen.

Bei der Gestaltung der Doppelhäuser wurde auch auf die oben genannten Prinzipen geachtet. In Anlehnung an Bauernhäuser unterstützen sie den geplant dörflichen Charakter dieses Teils der Siedlung. Das tief heruntergezogene Dach lässt die Häuser eng mit dem Boden verbunden erscheinen. Es soll ein Gefühl von Sicherheit und Geborgenheit vermittelt werden. Die geringe Größe der Häuser sowie die kleinen Sprossenfenster mit den Schlagläden sollen Gemütlichkeit signalisieren.

Über die am 24.8.1938 ausgestellte Baubeschreibung kann man Näheres über die Bauweise der Siedlerstellen erfahren. Die Fundamente und die Kellerwände sind aus Stampfbeton und der Kellerboden aus Schlackenbeton. Für die gemauerten Wände in den anderen Geschossen wurden Zementschwemmsteine verwendet, außen in 25cm Stärke, innen in 12cm Stärke. Die Erd- und Obergeschossdecke wurde mit einer Holzkonstruktion realisiert. Die Böden wurden mit Nut- und Feder-Hobeldielen belegt. Die Treppen waren ebenfalls aus Holz gefertigt. Alle Fenster hatten einen einfachen Anschlag und waren – wie die Türen – aus Kiefernholz. Die Häuser wurden außen mit zweilagigem wasserabweisenden Trax-Putz und innen mit glattem Kalkputz verputzt. Das Dach wurde mit Rheinlandziegeln gedeckt. Die Dachrinne war - wie die Fensterbänke – aus Zinkblech. Nebengebäude wurden im gleichen Prinzip erbaut, nur, dass man hier aus praktischen Gründen Ziegelsteinflachschichtpflaster als Fußboden verwendete.

Das erste Schreiben der Rheinischen Heimstätte Gesellschaft, das sich auf das hier betrachtete Haus bezieht, ist am 2.9.1938 bei der Stadt Siegburg eingegangen. Es handelt sich um 3 Lagepläne für den Regierungsbaumeister Orb, die bei den – ihm wahrscheinlich zuvor persönlich überreichten – Baugenehmigungsunterlagen noch fehlten. Am 3.9.1938 beantragt die Rheinische Heimstätte offiziell die baupolizeiliche Genehmigung für unter anderem acht Stellen vom Typ 546, dem Doppelhaus. Das Schreiben trägt den am 7.9.38 vom Bürgermeister unterschriebenen Vermerk: „1. Bauerlaubnis ausfertigen 2. Polizeiabteilung zur Kenntnis 3. Straßenbaukosten sind gezahlt – nicht gezahlt 4. Zu den Haushalten". Somit konnte mit dem Bau der Siedlung im September 1938 begonnen werden.

Der spätere Eigentümer der Doppelhaushälfte Gneisenaustraße 12 muss im September 1938 die Auswahlkriterien erfüllt

Die Siedlung „Am Trerichsweiher" in Siegburg

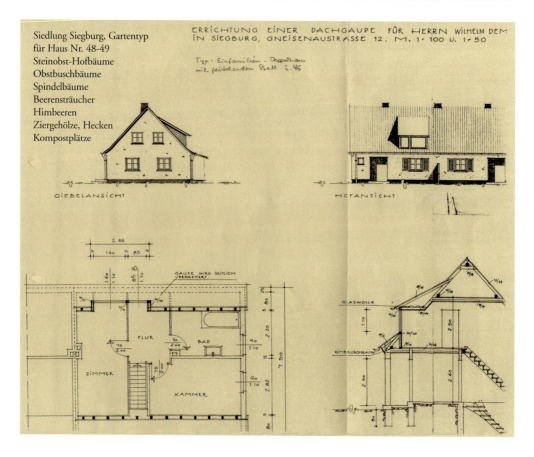

haben. Am 5.9.38 geht ein Schreiben an ihn, in dem er zur Zahlung von 970.- RM (370.- RM nach Abzug der Zuschüsse) als Eigenkapital aufgefordert wird, da „ ...nunmehr mit der Ausführung der Siedlerstellen begonnen ist ...".

Erst am 31.3.1941 kommt es - wegen der im ersten Teil beschriebenen Verzögerungen – zur Rohbau-Gebrauchsabnahme der Schornsteine und Befeuerungsanlagen. Hier wurden die acht Siedlerstellen vom Typ „S46" – wozu auch das Haus Gneisenaustraße 12/14 gehört – auf Mängel geprüft, jedoch gab es keine Beanstandungen. Am 23.4.1941 bat die Rheinische Heimstätte schließlich um die endgültige Gebrauchs-

abnahme für diese Siedlungsstellen, da die Häuser „ ...bis auf Restarbeiten fertig gestellt sind und ... in den nächsten Tagen bezogen werden". Damit war das hier untersuchte Haus nach 20 Monaten Bauzeit fertig gestellt und konnte nach Gebrauchsabnahme am 24.6.41 offiziell bezogen werden.

Auf der Planung von 1939 ist ein Mustergarten mit verschiedenen Bäumen, Sträucher und Beeten zu erkennen. Es wird deutlich, dass man sich aus diesem Garten versorgen sollte. Was letztemdlich davon umgesetzt wurde, bleibt unklar. Auf dem Plan ist jedoch handschriftlich vermerkt, dass bei der unter Denkmalstellung 1988 noch zwei der ursprünglichen Bäume erhalten sind.

VERÄNDERUNGEN DER DOPPELHAUSHÄLFTE UND DENKMALSCHUTZ

Bis in das Jahr 1962 blieb die Doppelhaushälfte weitgehend unverändert, dann wurde eine Dachgaube auf der der Straße abgewandten Seiten genehmigt, die sich in der Größe und der Gestaltung gut in das ursprüngliche Konzept eingliederte. Eine weitere Veränderung des Ursprungs wurde 1976 vorgenommen. In der Bauakte heißt es dazu: „Auf dem Grundstück Siegburg, Gneisenaustraße 12 soll eine Garage mit Abschlusswand und einem überdachten Freisitz errichtet werden. Bei der Ausführung dieser Baumaßnahme soll im linken hinteren Bereich eine Schuppenanlage und die alte Garage abgebrochen werden. Das Satteldach

Doppelhaus Gneisenaustrasse 12/14, 1950

Plan zur Erweiterung um eine Dachgaube, 1962

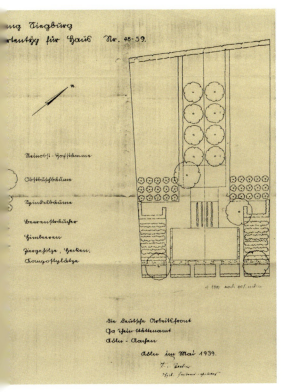

der bestehenden Stallanlage wird entfernt und dafür in der Verlängerung des geplanten überdachten Freisitzes über die Stallanlage (Abstellraum) eine Holzbalkendecke ausgeführt." Auch diese Änderungen blieben, für den ursprünglichen Charakter des Hauses, aufgrund ihrer hauptsächlichen Ausrichtung zum Garten hin, ohne unerwünschte Folgen.

Somit ist es auch zu erklären, dass die eine Doppelhaushälfte am 10.2.1988 unter Denkmalschutz gestellt wurde. In der Begründung heißt es zutreffend: „Das o.a. Haus wurde 1941 als Siedlungsstelle fertiggestellt. Bis auf den Ausbau einer Dachgaube 1962 ist das Haus bis heute völlig unverändert geblieben. Da die übrigen Siedlungshäuser überwiegend durchgreifend modernisiert wurden und somit ihr Aussehen wesentlich verändert haben, stellt das Haus Gneisenaustraße 12 das letzte Zeugnis der originalen Deutsche Arbeiterfront-Mustersiedlung dar. Es ist daher sowohl baugeschichtlich als auch durch seine Zugehörigkeit zur Mustersiedlung stadtgeschichtlich wertvoll ...". -

Unter den Auflagen des Denkmalschutzes wurden dann von 1988 bis 1993 einige Renovierungen an Fassade, Innenwänden und den

Treppen vorgenommen. Auch die Haustür und die Dacheindeckung wurde in diesem Zeitraum erneuert. Insgesamt bestätigt der Denkmalschutz dem Haus jedoch trotz Runderneuerung einen traditionellen Anblick.

EIN VERGLEICH MIT DER ANDEREN HAUSHÄLFTE

Im Gegensatz zur Gneisenaustraße 12 ist die andere Hälfte des Doppelhauses grundlegend verändert worden. Zum einen wurde das Haus verklinkert, zum anderen sind Garage und Wohnfläche angebaut worden, die den äußeren Eindruck zerstört haben. Fenster und Türen wurden ausgewechselt, wobei nicht der alte Zustand berücksichtigt wurde. Über der Eingangstür wurde ein Vordach angebracht. Abschließend kann man sagen, dass neben dem am besten erhaltenen Haus eines der am meisten veränderten Häuser der Siedlung steht.

RESÜMEE

Wir waren von der Mutmaßung ausgegangen, dass die Siedlung „Am Trerichsweiher" wegen Ihrer Entstehung als DAF-Mustersiedlung ein gutes geschichtliches Abbild des damaligen Siedlungsbau sein müsste. Obwohl die Siedlung noch nicht mal in ihrem ersten Bauabschnitt fertig gestellt wurde und insbesondere die öffentlichen Bauten, wie das Gemeinschaftshaus und das HJ-Heim fehlen, ist diese Aussage richtig, denn die Siedlung wurde nach dem Krieg unter Zuhilfenahme der Originalpläne weitergebaut. Verändert wurde nur die Bebauung: Die öffentlichen Bauten wurden durch Wohnhäuser ersetzt, die Kleinsiedlungsstellen durch Reihenhäuser oder Mehrfamilienhäuser. Das geplante Bild der Siedlung mit der Einteilung in private und öffentliche Bereiche und den zentralen Platz kann man auch heute noch erleben. Zwar bietet die Siedlung wegen der vielfältigen Modernisierungsmaßnahmen an den Häusern kein einheitliches Bild mehr, aber durch die fertig gestellten Volkswohnungshäuser entlang der Einfallstraßen und dem Adolf-Kolping-Platz entsteht der geplante Eindruck. Man kann also die Siedlung „Am Trerichsweiher" als Musterbeispiel für den Siedlungsbau im Dritten Reich ansehen.

Anmerkungen:

1 HEDRICH-WINTER, Richard: „Siedlung am Trerichsweiher – Arbeiterwohnungen im ‚Dritten Reich'" (Denkmalschutz in Siegburg 4, Siegburg 1997).
2 KUHN, Anette et al. (Hg.), „100 Jahre Frauenstudium – Frauen an der Rheinischen Friedrich Wilhelm Universität Bonn", Ausstellungskatalog, Göttingen 1996, Seite 134f. Zum Folgenden auch: HEDRICH-WINTER (wie Anm. 1), 29ff.
3 Stadtarchiv Bonn.
4 Stadtarchiv Siegburg II-IV, II, 119 B-D.
5 Stadtarchiv Siegburg II-IV, III, 119 B.
6 Stadtarchiv Siegburg II-IV, III, 119 B.
7 Stadtarchiv Siegburg II-IV, III, 119 B.
8 WARNING, Hans Helmut „Siegburg als Industriestandort", Lohmar 1975, Seite 36-114. Zum Folgenden auch: HEDRICH-WINTER (wie Anm. 1), 34ff.

Blick in die Gneisenaustraße um 1980

9 WARNING (wie Anm. 3) Seite , 41-45.
10 WARNING (wie Anm. 3) Seite , 47.
11 Verkehrsamt (Hg.), Führer durch Siegburg und die Umgebung, Seite 18-21; WARNING (wie Anm. 3), Seite 78
12 Stadtarchiv Siegburg III, 332, 1-2 und II 6 „Industrie"
13 WARNING (wie Anm. 3), Seite 103-111.
14 WARNING (wie Anm. 3), Seite 104.
15 RITSCHL, Albrecht „Wirtschaftpolitik im Dritten Reich", Frankfurt 1957, Seite 125.
16 Stadtarchiv Siegburg II, 6 „Industrie".
17 Stadtarchiv Siegburg III, 191, 1-3.
18 Stadtarchiv Siegburg RATSPROTOKOLLE.
19 WARNING (wie Anm. 3), Seite 106.
20 Stadtarchiv Siegburg II, 239, (10880 Sowjetrussen, 628 Niederländer, 610 Belgier, 489 Polen, 33 Franzosen, 18 Tschechoslowaken und 6 Jugoslawen).
21 Stadtarchiv Siegburg III, 191, 1-3.
22 Stadtarchiv Siegburg II, 191, 1-3.
23 Stadtarchiv Siegburg II, 6 „Industrie". Zum Folgenden auch: HEDRICH-WINTER (wie Anm. 1), 38-58
24 Stadtarchiv Siegburg III, 191, 1-3.
25 Stadtarchiv Siegburg III, 191, 1-3.
26 Stadtarchiv Siegburg III, 191, 1-3.
27 Stadtarchiv Siegburg III, 191, 1.
28 Stadtarchiv Siegburg III, 192, 1.
29 Stadtarchiv Siegburg II, 191, 1.
30 Stadtarchiv Siegburg I, A 15.
31 Stadtarchiv Siegburg III, 192, 1.
32 Stadtarchiv Siegburg III, 191, 1-3. Zum Folgenden auch: HEDRICH-WINTER (wie Anm. 1), 58-64
33 Stadtarchiv Siegburg III, 191, 1-3; Stadtarchiv Siegburg 192, 1.
34 Stadtarchiv Siegburg III, 191, 1-3.
35 Stadtarchiv Siegburg III, 192, 1.
36 Stadtarchiv Siegburg III, 192, 1.
37 Stadtarchiv Siegburg III, 91, 1-3.
38 Kruschwitz, Seite 735-744, Seite 736
39 Reichsheimstättenamt der NSDAP und DAF (Hg.) „Ein Beispiel aus der Siedlungsplanung", 1934, Seite 16.
40 Reichsheimstättenamt der NSDAP und DAF (Hg.) „Ein Beispiel aus der Siedlungsplanung", 1934, Seite 16 und 18.
41 Reichsheimstättenamt der NSDAP und DAF (Hg.) „Ein Beispiel aus der Siedlungsplanung", 1934, Seite 20.
42 Reichsheimstättenamt der NSDAP und DAF (Hg.) „Ein Beispiel aus der Siedlungsplanung", 1934, Seite 21.
43 MÜNK, Dieter „Die Organisation des Raumes im Nationalsozialismus", Bonn 1993, Seite 208-220.
44 Reichsheimstättenamt der DAF „Die Siedlung – Ein Planungsheft der DAF", Berlin 1938, Seite 7.
45 MÜNK, Dieter „Die Organisation des Raumes im Nationalsozialismus", Bonn 1993, Seite 217.
46 §1 der Verordnung über die Baugestaltung vom 10.11.1936.

Helmut Fischer

KARTENGRÜSSE AN SONNTAGS

PRIVATE SCHRIFTLICHE KOMMUNIKATION AM BEGINN DES 20. JAHRHUNDERTS

POSTKARTEN UND KOMMUNIKATION

Dass der sprachliche Austausch die menschlichen Begegnungen beherrscht, bedarf keines besonderen Nachweises. Wohl ist es der Beachtung wert, welche kommunikativen Mittel verwendet werden. Den Anfang macht die mündliche Versprachlichung. Sie erfährt eine Ergänzung durch die Schriftlichkeit[1]. Diese besitzt einen außerordentlichen Nutzen im Alltag, indem sie verschiedene Arten der Textverwendung ermöglicht. Mitteilungen werden mit Dauerhaftigkeit und Objektivität versehen. Sie dienen der Überlieferung und fördern die Erinnerung. Ihre schriftliche Gestalt passt sich den kulturellen und technischen Bedürfnissen an. Druckmedien wie Buch und Zeitschrift ziehen kleingrafische Erzeugnisse nach sich, die wie die Postkarte individuelles Schreiben gestatten. Die sogenannten neuen Medien, die auf elektronischem Weg eine Vielzahl von Anwendungen vernetzen, haben die handschriftlichen und druckschriftlichen Verfahren weitgehend der Vergangenheit überlassen.

Seit die Postkarte 1872 für die Übermittlung von Nachrichten zugelassen wurde, kam sie nach und nach in massenhaften Gebrauch[2]. Es entwickelte sich eine Postkartenindustrie, die unter anderem eine Bildkarte herstellte, die für jede Gelegenheit die Grundlage bot, einen Gruß oder eine Mitteilung in aller Kürze an einen Empfänger zu richten. Der Träger bestand aus Karton. Die Bildseite zeigte Motive, die entsprechend dem Anlass, etwa einem Gruß zu Weihnachten oder Neujahr oder mit einer deutenden Absicht, etwa einer Liebesbekundung, ausgewählt werden konnten. Nicht selten fanden sich Hinweise auf die Festlichkeit (Viel Glück im neuen Jahre) oder poetische Texte (Liebesklänge) aufgedruckt. Außer den Motivkarten waren Ansichtskarten verbreitet. Die Textseite war der schriftlichen Äußerung des Senders und der Empfängeranschrift vorbehalten[3]. Die Bildpostkarten erleichterten wesentlich die Übermittlung von Botschaften an Familienmitglieder und Verwandte, Bekannte und Freunde von Sendern, die sonst nicht zu schreiben pflegten. Um die Mitte des 20. Jahrhunderts verlor die Postkarte weitgehend ihre kommunikative Wirksamkeit. Wohl regte sie bereits um die Wende vom 19. zum 20. Jahrhundert zum Sammeln an[4]. Sie ist ein kulturelles Erzeugnis, das Einblicke in das ästhetische und literarische Verhalten sowie in die Gestaltung sozialer Beziehungen von Menschen erlaubt.

SENDER UND EMPFÄNGER

Erhalten hat sich eine Sammlung von Bildpostkarten an die Familie Sonntag in Greuelsiefen. Es handelt sich um 39 Belege, die zwischen 1907 und 1919 ihre Empfänger in „Greuelsiefen bei Blankenberg an der Sieg" oder „Post Blankenberg Siegkreis", damals in der Bürgermeisterei Hennef, erreichten. Die Anlässe der Versendung waren private Mitteilungen aus dem Alltag, Botschaften zu Festtagen und persönlichen Gedenktagen sowie aus dem Krieg. Alle Karten sind „gelaufen", das heißt mit einem Wertzeichen und dem Stempel des Aufgabeortes versehen und am Empfangsort dem Adressaten ausgehändigt worden[5]. Die meisten Poststücke richten sich an Adolf Sonntag und seine Frau Anna sowie an die Tochter Anna, die übrigen an andere Mitglieder der Familie.

Die familiären Verhältnisse bilden den Hintergrund für die Sendung der Postkarten. Abgesehen von wenigen Sendungen aus dem engen Kreis von Verwandten und Freunden, werden die meisten Karten an den Vater, die Mutter und eine jüngere Tochter geschickt. Der Vater Adolf Sonntag (1852-1932) lebte als Ackerer und Bahnwärter mit seiner Familie in Greuelsiefen. Aus einer ersten Ehe gingen neun, aus der zweiten Ehe sechs Kinder hervor. Die Söhne scheinen handwerkliche Berufe erlernt zu haben. Die älteren Töchter gingen wohl „in Stellung" als Haushaltshilfen. Die Entfernung vom Elternhaus aus beruflichen Gründen oder in der militärischen Dienstzeit regte sie zum Schreiben an. Auf diese Weise hielten Gustav, Maria, Luise, Johann, Josefine und Peter Sonntag die Verbindung zu den Eltern und den jüngeren Geschwistern. Die Familie des Kleinbauern und Bahnwärters Adolf Sonntag, der 1910 seine Tätigkeit bei der Eisenbahn nicht mehr ausübte, wurzelt in einem lebendigen Beziehungsgefüge.

ALLTÄGLICHE MITTEILUNGEN

Der Alltag liefert mancherlei Schreibanlässe[6]. Wer sich auf einer Ferieninsel aufhält, macht die Zuhausegebliebenen durch Bild und Text neugierig (1). Die Besucher des Marienwallfahrtsortes Kevelaer bestätigen ihre Pilgerfahrt und kündigen ihren Besuch an (2). Ein Verwandter bittet auf einer Ansichtskarte von seinem Wohnort um Verständnis für seine gesundheitliche Lage und erkundigt sich nach dem Stand der landwirtschaftlichen Arbeit (3). Termine werden auf einer Motivkarte ohne Bezug zur Mitteilung bekannt gegeben (4). Eine Frau übermittelt aber ebenso ihre Anteilnahme an einer Person und bedankt sich für ein Lebenszeichen mit einer Bildkarte, die einen Soldaten in zärtlicher Annäherung an ein Mädchen darstellt. Eine vierzeilige Gedichtstrophe spricht wohl die Sehnsucht der Schreiberin aus, denn „Die Liebe ist das Glück!" (5). Ähnlich anzüglich erhofft die Schreiberin, dass die „Liebesklänge" ihr wie auf dem Bild ein Wiedersehen bescheren (6). Sie betont ihren Wunsch mit einer weiteren Liebespostkarte, die „Zwei glückliche Menschen" vorführt (7). Schließlich spielt ein mit Buchstaben und Ziffern verrätselter Text auf eine Verabredung an, die der Blick eines Mädchens aus einem Fenster offen lässt (8). Die Texte sind privat und vertraulich und werden mit der Postkarte öffentlich gemacht.

Kartengrüße an Sonntags

1 a

1 b

Liebe Louise
Werde erst heute gewahr daß Du zu Hause bist Das konntest Du mir auch schon mitgeteilt haben. Hir ist es wunderschön Amüsemang genug großartig. Du müßtest hier sein. Naumann schreibt fleißig. Für heute herzlichen Gruß D. Helene

2 a

2 b

Kevelaer, 26. 7. 18
Viele Grüße von hier senden Euch Emanuel und Josepha. Auch die herzlichsten Glückwünsche den beiden Namenstags Kindern. Auf Wiedersehen am Sonntag. Abs. E. Muß, Uckerath

3 a
3 b

Asbach (Westerwald) den 12. 3. 1918
Lieber Schwager Sch. u. Kinder. Die besten Grüße von hier sendet Familie Hurtenbach. Ich bin auch wieder in Hause. Es ging nicht das ich nach dort hinkam. Wenn ich mal den neuen Fuß habe dann komme ich mal nach dort. Nun bitte ich seid mir doch nicht böse. Wie könnten so durch fahren ohne um zu steigen. Seit Ihr schon auch tüchtig am Sähen dort. Nochmals Gruß von Eurer Schwägerin und Tante. Auf ein frohes Wiedersehen.

4 a

4 b

Siegburg den 19. 4. 1918
Lieber Heinrich! Teile Dir eben mit das ich 8 Tage in Siegburg bin. Da Lischen krank ist muß ich 8 Tag sein. Stelle vertreten. Hoffe noch alles gute von da Was ich dir auch von mir mitteilen kann Viele Grüße v. Gretchen.

Kartengrüße an Sonntags

5 a

5 b

Fußhollen den 24. 9 18.
Lieber Heinrich. Deine Karte dankend erhalten. Es freut mich noch mal ein Lebenszeichen von Dir zu hören. Sonst geht es mir gut. Was ich auch von Dir hoffe. Nochmals viele Grüße. D. Gretchen Auf baldiges Widersehen

6 a

6 b

Fußhollen den 14. 9. 18
Mein l(ie)b(er) Heinrich. Aus bester Gesundheit sendet Dir die herzlichsten Grüße Gretchen Hoffe noch alles gute von Dir Auf ein frohes Wiedersehen.

Kartengrüße an Sonntags

Fußhollen, den 29. 9. 18
Lieber Heinrich Aus bester Gesundheit sendet Dir die herzl(ichsten) Grüße Gretchen Schütz. Auf Wiedersehen Gruß von Christina Wirges

7 a

7 b

8 a

8 b

Sendet Dir L 7 Q I 7 12. 1. 17. 9. 1. 2. 20. 17. 19. 1. 90. 5 D T Auf Wiedersehen?

GRÜSSE ZU DEN JAHRESZEITEN

Bildpostkarten, mit denen Grüße verschickt werden können, gibt es für alle möglichen Gelegenheiten. Beliebt sind die jahreszeitlichen Feste, an denen man den Empfängern gute Wünsche übermittelt[7]. Der Jahreswechsel, der Übergang vom alten zum neuen Jahr, ist der Anlass, den Empfängern Glück und Segen, Gesundheit und Wohlergehen zu wünschen. Die Darstellungen auf der Bildseite verleihen dem aufgedruckten Gruß eine inhaltliche Verstärkung. „Viel Glück im neuen Jahre" wird durch den Glückswagen mit Kleeblatträdern versinnbildlicht, der von einem Glücksschwein gezogen wird (9). Die winterliche Idylle ist mit einer Schneelandschaft, Glockenklang, Weihnachtsbaum und Rehen im verschneiten Wald gegenwärtig (10, 11, 12). Ein „Glückliches Neujahr!" entbieten auch die musizierenden Zwerge bei einem goldenen Fass (13). Darüber hinaus wird eine Karte mit Mutter und Kind, die zum Besten der Kriegskinder 1916 herausgegeben wurde, für einen Neujahrsgruß verwendet (14). Die Texte sprechen ein „glückseliges neues Jahr" an und die Hoffnung auf ein bevorstehendes Fest (10). Die aufgedruckten Wunschformulierungen werden wiederholt, erweitert und mit Erwartungen versehen (11, 12, 13, 14). Die Schreiber äußern ihr Interesse am Empfänger und fördern auf diese Weise die Beziehung untereinander.

Lieber Bruder!
Hoffentlich geht es
Dir noch gut.
Hat Dir Johann
das von mir gesagt?
Ich hoffe aber das ich
aber doch balt einen
Brief von Dir erhalte,
für heute herzlichen
Gruß Luise

9 a

9 b

31. 12. 16 Lieber Vetter! Hoffendlich bist Du noch gesund und munter, was ich von mir berichten kann. Ich wünsche Dir ein Glückseliges neues Jahr. Wir wollen hoffen, das wir im neuen Jahr das Freudenfest feiern können. Es grüßt Dich herzlich Peter Wilsberg

Die besten Neujahrsgrüsse sendet Euch Fr(au) Luise u. Kinder Hoffentlich ist da noch alles wohl was ich auch von hier berichten kann. Gruhs Fr(au) Schmitz und Familie

12 b

Meine Lieben! Ein glückliches fröhliches neues Jahr wünscht Euch von ganzem Herzen Familie Wilsberg. Will Euch noch mitteilen, das so Gott will meine Mutter und Tante Gretchen, am 7. Januar mit dem mittags Zuge zu Euch kommen. Alles andere dann mündlich. Es grüßt Euch alle Familie Wilsberg. Besonderen Gruß an Anna Lenchen.

12 a 13 a

13 a

Küchenberg den 31. 12. 1917 Meine lieben Ein glückseliges neues Jahr wünscht euch allen eure Fina. Ich hoffe doch das ich euch bald mal besuchen kann. Hier ist noch alles gesund Seid nochmal gegrüßt von Fina.

Kartengrüße an Sonntags

14 a

14 b

Küchenberg den 1.1. 1917 Meine lieben Ein Glückliches neues Jahr wünscht euch alle Fina. Wie geht es bei euch noch hier ist noch alles so ziemlich beim alten das Wetter könnte besser sein das neue Jahr hat keinen guten anfang. Aber wir hoffen das es dieses Jahr besser wird. Grüßt auch nochmal alle.

In dem Rahmen der Grüße im festlichen Jahreslauf fällt die Fastnacht heraus. Vetter Peter schickt seiner Kusine die Porträtkarte einer jungen Frau mit den „herzlichsten Fastnachts-Grüßen" (15). Er verbindet damit sein Bedauern darüber, dass sie nicht an den Fastnachtsfeierlichkeiten teilnehmen konnte, war doch der Erste Weltkrieg beendet.

Liebe Anna! Die herzlichsten Fastnachts-Grüße von hier sendet Vetter Peter. Nur schade das die Welt nicht offen war, sonst hätte ich dich herzlich eingeladen. Denn hier war 3 Tage Musik ich glaube da jetzt unter Euch nicht so viel los war. Jetzt gibt es aber auch Waffenstillstand, ist mir aber auch ganz recht dann kann man sich auch wieder was erlauben. Zum Schluß Grüßt Euch alle Herzlich Vetter Peter. Auf Wiedersehen.

15 a

15 b

Die Ostergrüße bieten die Gelegenheit mitzuteilen, dass man die Empfänger „noch gesund munter" erwartet (16). Im Krieg veranschaulicht das Bild mit dem Aufdruck „Herzliche Ostergrüsse" eine Lagerszene. Soldaten begutachten Ostereier. Ein Soldat erinnert sich an die Heimat, richtet den Blick nach oben und erblickt in der Vorstellung seine Familie, die Ei und Huhn darreicht (17). Der Hang zum Kitsch lässt sich nicht leugnen.

16 b

16 a

Meine Lieben! Wünsche Euch alle recht fröhliche Ostern. Hoffentlich seid Ihr noch gesund und munter. Für heute viele herzliche Grüße. Luise

17 b

Sendet nebs vielen Grüßen Gustav. Bin noch gesund und munter und wünsche euch ein frohes lebewohl Auf Wiedersehen

Weihnachtskarten verkünden „Fröhliche Weihnachten!". Die Fröhlichkeit kommt im Bild mit einem Wagen daher, der, von zwei Lämmern gezogen, das Christkind und den Christbaum zu den Menschen fährt. Musizierende Engel begleiten den Vorgang (18). Ein „glückseliges frohes und freudiges Weihnachtsfest" wünscht ein liebender Vetter seiner Kusine mit einer Bildkarte, die einen Soldaten, gestützt auf sein Gewehr, im Wald zeigt (19). Der „herzinnige Weihnachtsgruß" soll gewiss Gefühle wachrufen.

18 b

18 a

Liebe Eltern und Geschwister. Fröhliche Weihnachten wünscht euch allen euer Finchen. Ich habe den Brief von Siegburg erhalten. Da hat mir ein Herr geschrieben wegen einer Stelle er war auch bei mir. Die Leute waren aus Siegburg aber sie zogen jetzt nach Bonn. Hoffentlich wird die Mutter mit Anna bald kommen.

19 a

19 b

Geschrieben den 23. 12. 17 Liebes Kosinchen! Die Liebe tränckt mich dazu Dir ein Kärtchen zu schreiben. Ich Wünsche Dir von ganzem Herzen ein glückseliges frohes und freudiges Weihnachtsfest und dabei noch ein fröhliges Prosit neu Jahr. Komme bitte Stefanstag nach hier, so kanns Du mit zum Vater gehen. Auf ein baliges Wiedersehen grüßt Dich dein Vetter Peter W. Mein Freundt Gruß Peter Limberg

GRÜSSE ZUM NAMENSTAG

Die meisten Grußkarten beziehen sich auf den Namenstag. In der katholischen Gegend war es üblich, dass der Kalendertag des Heiligen, dessen Namen jemand trug, gefeiert wurde. Den Familienvater Adolf erreichen Karten mit „vielen guten Wünschen zum Namenstage" (20, 22, 34). Viele Glückwünsche sind mit vier Karten an die Mutter Anna und mit dreizehn Belegen an die Tochter Anna gerichtet, die ihren Namenstag am 26. Juli feiern. Die Bildseiten führen als Geschenke Blumen an (32, 33), ein Gebinde aus Glückskleeblättern und Vergissmeinnicht (20, 25, 30, 31), Blumen auf einem festlichen Tisch mit einer Damenrunde (21), ein Kind mit Blumen im Arm (22, 26), einen Karren voller Blumen (23, 24), einen Jungen in Soldatenuniform, der Blumen überreicht (27) und Kinder, die ein Fenster mit Blumen schmücken (28). Schließlich trägt auch eine Ansichtskarte „die herzlichsten Glücks- und Segenswünsche" (34). Die Namenstagskarten stärken die Beziehung zu den Geehrten und bezeugen die Wertschätzung, die sie bei den Sendern genießen.

20 a

21 a

Vivat liebe Mutter! Viel Glück und Segen zu Deinem Namenstag sendet Dir und Anna Maria. Ich bin nach Hause gekommen aber sehr spät. Herzlichen Gruß an meinen lieben Vater und Gesch(wister)

Herzlichen Glückwunsch zu Eurem heutigen Namenstage sendet Euch Bruder und Onkel Anton. Hoffe das Ihr diesen Tag noch recht offt in voller gesundheit erleben möge. Komme vielleicht Donnerstag abend mal nach dort. Sonst noch alles beim alten. Gruß an alle anderen. Anton

20 b

21 b

22 a

22 b

Liebe Mutter und Anna Sende die herzlichsten Glückwünsche zum Namenstage. Bin auch gut hier angekommen. Hier ist immer Regen und am Freitag ein schreckliches Unwetter ein Wolkenbruch. Es grüßt nochmals Luise

23 a

23 b

Herzlichen Glückwunsch zu Eurem heitigen Namenstage sendet Euch Bruder und Onkel Anton. Wollen hoffen das wir diesen Tag noch recht oft, „aber nicht im Kriegszustande" bei gutem Wetter erleben mögten. Nebst Gruß an alle. Anton

Kartengrüße an Sonntags

24 a 24 b

Geschrieben den 22. 7. 16 Liebe Schwester. Die besten Glück und Segens Wünsche zu deinem Namens Tage sendet dir dein Br(uder) Peter. Ich bin noch gesund und munter. Es grüßt euch alle Peter.
Abs. Pionier Sonntag Pionier Hauptpark Feldpost 214 im Osten

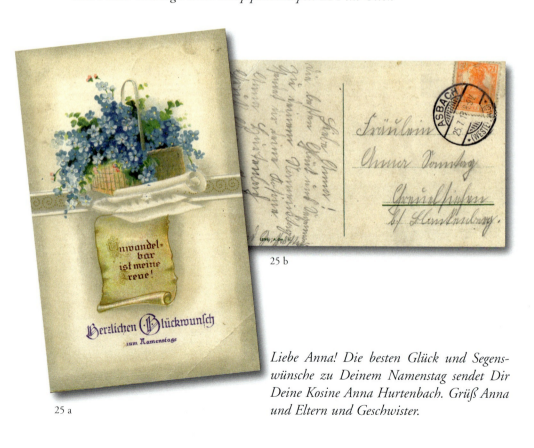

25 b

25 a

Liebe Anna! Die besten Glück und Segenswünsche zu Deinem Namenstag sendet Dir Deine Kosine Anna Hurtenbach. Grüß Anna und Eltern und Geschwister.

Kartengrüße an Sonntags

26 a

26 b

Mein liebes Anna! Wünsche Dir von ganzem Herzen viel Glück und Segen zu Deinem Namenstage. Ich bin noch gesund und munter und hoffe selbiges von Dir. Am 1ten August muß ich mich um 10 Uhr in Neuwied stellen. Dann gebe ich auch mich der Deutschen Infanterie Herzlichen Gruß von Deinem Vetter Peter. Gruß an Deine Eltern und Bruder Paul

27 a

27 b

Liebe Anna. Die besten Glückwünsche zum Namenstage wünscht Dir und Mutter Fina. Wie geht es bei euch noch und der Spanischen Krankheit ich bin angeblich angehauen. Es grüßt euch für heute Fina.

28 a

28 b

Liebe Freundin Die herzlichsten Glück und Segens wünsche zu Deinem nebst Mutter heutigen Namenstage sendet Maria Engelbertz. Auf Wiedersehen.

29 b

29 a

Die besten Glück- und Segenswünsche zu deinem Namenstage sendet Dir Dein Freund Peter. Nochmals viele grüß und Küsse von Deinem Freund Peter. Lebt wohl bis auf ein baldiges wiedersehen.

30 a
30 b

Liebe Anna die herzlichsten Glück und Segens
wünsche zu deinem nebst Mutter heutigem Namenstage sendet dir Maria Engelbertz. Werde
in kurzem mal nach dort kommen. Schreibe
dir noch mehr bescheid wann ich komme

31 a
31 b

Liebe Anna Herzlichen Glückwunsch zu
Deinem Namenstage senden wir Dir alle.
Gruß an Paul. Gruß Lenchen

Liebe Tante Anna, die besten Glück und Segenswünsche senden wir alle Mutter war heute verhindert, kommt so Gott will am nächsten Sonntag, dann kann Anna sofort mitgehen auf die Kirmes G(ruß) Lenchen

33 a

Vivat Anna Die herzlichsten Glück- und Segenswünsche zu Deinem heutigen Namenstage sendet Dir Peter Engelbertz. Nochmals herzlichen Glück- und Segenswunsch zu Deinem nebst Mutter heutigen Namenstage sendet P. Engelbertz

Kartengrüße an Sonntags

34 a   34 b

Malmedy, den 17. 6. 18 Sende Ihnen von hier aus die herzlichsten Glück und Segenswünsche zu Ihrem Namenstage. Schade, daß ich nicht die genaue Adr(esse) von Luise weiß, dann hätte ich sie mal aufgesucht. Hier ist es wunderschön, nur schade, daß die Tage so schnell vergehen. Es grüßt Sie, nebst Familie Lisa und Mann

FELDPOSTKARTEN

Der Krieg 1914 – 1918 bringt für die Soldaten eine langfristige Trennung von den Angehörigen mit sich. Die Verbindung mit der Heimat wird über Feldpostkarten aufrecht erhalten[8]. Drei Söhne der Familie Sonntag, Gustav, Johann und Peter, schreiben an Vater und Schwester. Peter liegt mit seiner Einheit im Pionier-Hauptpark Mitau in Lettland. Seinen Aufenthalt teilt er auf einer Bildkarte mit, die Soldaten bei der Besichtigung der Trinitatiskirche zeigt (35). Auf einer Bildkarte mit Grenadieren zu Pferde nennt Sohn Gustav seinen augenblicklichen Standort in Bromberg in der preußischen Provinz Posen (36). Mit einer weiteren Karte vom Stadttheater in Bromberg erwähnt er, dass seine Einheit in der Provinz Posen im Quartier liegt und er sich auf ein Wiedersehen freut (37). Der Sohn Johann schreibt eine Ansichtskarte aus Pfirt im Oberelsass (38). Bruder Gustav schickt „Grüße aus Feindesland" auf einer Bildkarte mit einem „Promenadenweg" an seine Schwester Anna (39). Konkrete Informationen über das Kriegsgeschehen werden nicht mitgeteilt. Auf die persönliche Situation wird mit der Floskel hingewiesen, dass man „gesund und munter" ist. Die Hoffnung und die Wünsche richten sich auf ein „Wiedersehen". Die Nachrichten beschränken sich auf ein einfaches, knappes Lebenszeichen.

35 a

35 b

Lieber Vater Teile euch hirdurch mit das ich noch gesund und munter bin was ich auch von euch allen hofe. Hir ist es noch kalt Gustav hat doch sicher meinen Brief erhalten. Ed grüßt euch alle auf ein frohes Wiedersehn Peter
Abs. Pion(ier) Sonntag Pion(ier) Hauptpark Feldpost N. 214 Osten

36 a

36 b

Bromberg. D. 13. 1. 1916 Meine Lieben. Viele Grüße von hier sendet Sohn Gustav. Wir haben unseren Aufenthalt noch immer hier, und denken das es bald weiter geht. Sons alles gesunt und munter, bis hoffentlich frohes Wiedersehen.
Ers. Bes. Sonntag. Ers. Batl. L. J. Regt. 4/29 4 Corp. Bromberg in Posen. Viehhof: Restaurant

Kartengrüße an Sonntags

37 a

37 b

9. 9. 1916 Lieber Vater Die besten Grüße von hir sendet Sohn Gustav. Wir sint hier einquatirt (Provinz Posen) wie lange wir hir bleiben ist unbestimmt. Auf die Adr(esse) könt ihr mir vorläufig nicht schreiben. Habe den Brief erhalten, mit den Neujahrs Wünschen. Mit vielen Grüßen bis Wie(ersehen) Gustav

38 b

Fahrer Sonntag Minenwerfer Bataillon 3 Gesch-Abt. 17. 12. 17 Meine Lieben! Die besten Weihnachtsgrüße empfanget von Joh(ann). Bin noch gesund und munter hoffe dasselbe von Euch allen. Auf Wiedersehen.

38 a

Kartengrüße an Sonntags

39 a

39 b

Geschr(ieben) 19. 6. 18. Liebe Schwester! Empfange die besten Grüße aus Feindesland von Br(uder) Gustav. Hoffentlich hast Du meinen Brief erhalten, woh ich dir mitteilte, wegen den zwei Paketcher. Sie waren in ser gutem Zustande bei der Ankunft, und haben gereigt bis zum 14. 6. Und es war noch immer gut trotzdem warmen Wetter. Auf Wiedersehen. Kan(onier) Sonntag Fußartl. Battl. 37. 3. Batter. Deutsche Feldpost Nr. 296

PRAXIS DER POSTKARTENNUTZUNG

Die Postkarten dienen der schriftlichen Bewältigung von alltäglichen Situationen. Sie erlauben nur einen geringen Textumfang und eignen sich daher für kurze Mitteilungen insbesondere an Familienmitglieder und Verwandte. Aus diesem Grunde kann beim Schreiber oder Sender und beim Leser oder Empfänger eine gewisse Vorinformiertheit und Erwartung vorausgesetzt werden[9]. Es handelt sich um private Schreibanlässe, die aus der Notwendigkeit einer Nachrichtenübermittlung oder einem kalendarischen Ereignis wie den jahreszeitlichen Festen und einem persönlichen Gedenktag wie dem Namenstag ausgelöst werden. Die Beispiele der vorliegenden Sammlung führen lediglich die Verbindung vom Sender zum Empfänger in einer Richtung vor.

Die Schreiber und Sender gehören zum überwiegenden Teil der Familie Sonntag an. Die Töchter, die „auswärts in Stellung" sind, halten mit den Postkarten die Verbindung zu Eltern und Geschwistern (1, 9, 13, 14 18, 20, 27). Sie Söhne geben als Soldaten ein Lebenszeichen aus ihren Standorten im Ersten Weltkrieg (35-39). Auch Verwandte und Freunde nutzen die Postkarte zur Übermittlung von Grüßen, Glückwünschen und kurzen Nachrichten.

Die Senderorte, die selten vermerkt und zumeist aus dem Poststempel zu erschließen sind, finden sich fast durchweg im Umfeld des Wohnortes der Adressaten, also um Greuelsiefen in der Bürgermeisterei Hennef. Die Karten wurden in Asbach (3, 12, 25, 31, 32), Bergisch-Gladbach (13, 27), Fußhollen (5), Germscheid (15, 12, 26), Hennef (10),

Köln (9, 16, 22), Merten (28, 29, 33), Odenthal (14), Rosbach (14), Siegburg (4, 23) und Uckerath (20) geschrieben oder bei der Post eingeliefert. Aus größerer Entfernung erreichten Karten aus Aachen (34), Kevelaer (2) und Norderney (1) die Familie Sonntag. Unter den Bedingungen des Krieges suchten die Söhne die Verbindung aus Bromberg in der Provinz Posen (36, 37), Mitau in Lettland (35), aus dem Osten (35) und dem Westen (38) oder aus „Feindesland" (39) zu halten.

Die Postkarte ist ein kommunikativer Gebrauchsgegenstand. Sie wird im privaten Bereich als offene Sendung ohne Umschlag verschickt. Da sie als Bildpostkarte nur eine geringe Schreibfläche besitzt, werden die Nachrichten sprachlich kurz und knapp gefasst. Die Mitteilungen sind auf die adressierte Person ausgerichtet. Hingewiesen wird auf einen Krankenhausaufenthalt und es wird die Frage nach dem Stand der landwirtschaftlichen Arbeit gestellt (3). Man berichtet über den eigenen Zustand und die Erwartungen an die Zukunft (10, 11). Die Informationen werden bei den Gruß- und Glückwunschkarten in den Zusammenhang des Grüßens und Glückwünschens eingebaut. Man fragt nach dem Wohlbefinden (9), äußert den Wunsch nach einem Wiedersehen (6, 34, 36, 37) und kündigt einen Besuch an (12, 13, 30, 32). Mit dem Glückwunsch verbindet sich der Bericht über die neue Stellung (18) und die Erkundigung nach dem Gesundheitszustand wegen der „Spanischen Grippe", einer Grippeepedemie des Jahres 1918 (27). Geäußert wird auch die Hoffnung, einen Namenstag „nicht im Kriegszustande", aber „bei gutem Wetter" zu erleben (21). Ein Schreiber muss sich „um 10 Uhr in Neuwied stellen" und sich „der Deutschen Infanterie" überlassen, also zum Kriegsdienst einrücken (26). Auf den Feldpostkarten wird das eigene Wohlergehen bestätigt (35-39). Hinweise auf kriegsbedeutende Ereignisse und Wahrnehmungen fehlen[10]. Im Vordergrund steht der Wunsch nach einem Wiedersehen.

Die Bildpostkarten nutzen die bildlichen Möglichkeiten der Darstellung und Symbolisierung. Als Ansichtskarten liefern sie den Nachweis, dass sich der Schreiber an dem dargestellten Ort aufgehalten hat (1, 2, 3, 35-39). Die Bildpostkarten entfalten eine eigene Ästhetik, indem sie mit der Bildseite eine erotische Beziehung nahelegen (4-7), die im Text angedeutet wird[11]. Die Gruß- und Glückwunschkarten verdeutlichen durch die Versinnbildlichung, was man dem Empfänger wünscht. Glücksschwein, Glückskleeblatt und Blumenkarre stellen das allgemein günstige Geschick heraus (9). Die Neujahrsglocke über der Schneelandschaft und die Winteridylle mit Rehen erzeugen eine gewisse betuliche Stimmung (10, 12). Das Bild mit Christbaum und Glückshufeisen verbindet gläubige Gewissheit und hoffnungsfrohe Erwartung (13). Ostern wird durch ein Kind, das ein Lamm führt und einen Weidenkätzchenstrauß in der Hand hält, hervorgehoben (16). Soldaten wenden sich im Lager den Ostereiern zu (17). Auf Weihnachten verweisen das Christkind und singende Engel (18). Ein Tannenzweig und ein Soldat im winterlichen Wald sollen zur Besinnung anregen (19). Die Gruß- und Glückwunschkarten lenken die Wahrnehmung auf ein beliebtes und leicht vermittelbares Geschenk, auf Blumen in verschiedenen Anordnungen und Zusammenstellungen. Sie sind als chromolithographische bunte Karten (1, 2, 19.21, 29-33), reliefierte Chromoprägedrucke (9, 12-14, 22-24, 28), Kupfertiefdruckerzeugnisse (4-7, 10, 17, 26, 27) und Fotopostkarten (8, 11, 14, 15, 34-39) gestaltet.

Das Medium Postkarte lässt nur kurze Texte zu, zumal die Bildseite nicht zur Beschriftung vorgesehen ist. Im Gegensatz zum Brief wird die Sprache stark auf drei bis höchstens fünf Sätze zurückgenommen. Einen Glückwunsch kann man im Ein-Wort-Satz aussprechen (31). Häufig werden die „Glück- und Segenswünsche" formelhaft dargeboten (27-30, 32-34). Gelegentlich wiederholt sich der Schreiber (29, 33). Wiederholungen derselben Floskeln und andere sprachliche Eigenheiten und Abweichungen in der Rechtschreibung sowie bruchstückhafte Grammatik weisen darauf hin, dass die Schreiber ungeübt im Gebrauch des Mediums sind (4, 6, 7, 14, 19). Immerhin ist im 19. und 20. Jahrhundert die Schreibfähigkeit der Bevölkerung derart angewachsen, dass auch die „kleinen Leute" vor der Verwendung des Mediums Postkarte nicht zurückschrecken. Wendungen wie „gesund und munter" zur Kennzeichnung des eigenen Zustandes (16, 17, 24, 35) oder die Antizipationsformel „Auf Wiedersehen" (28, 29) und ähnliche erleichtern den sprachlichen Ausdruck. Anrede und Grußformen fassen die Kurztexte ein.

Die Postkarte als Bildkarte, gestaltet als Ansichts-, Gruß- und Glückwunschkarte, hat zur Zeit ihrer überwiegenden Verwendung vom letzten Viertel des 19. bis zur Mitte des 20. Jahrhunderts das kommunikative Verhalten vieler Menschen wesentlich geprägt[12]. Die Sammlung gelaufener Karten, die an eine Familie geschickt wurden, ermöglicht einen Einblick in das Beziehungsgefüge von Menschen. Die Postkarte wird ein Mittel der Gestaltung sozialer Beziehungen. Kinder bringen ihre Bindung an Eltern und Geschwister und ihr freundliches Verhältnis ihnen gegenüber zum Ausdruck. Verwandte und Freunde erklären durch ihre Beiträge, welche Haltung sie zu den Empfängern einnehmen. Der interpersonale Bezug der schriftlichen Privattexte hat den kommunikativen Alltag zumindest zeitweise lebendiger gemacht.

Anmerkungen:

1 FISCHER, Helmut: Schriftlichkeit. In: Enzyklopädie des Märchens 12. Berlin/ New York 2007, Sp. 204-212.
2 UKA, Walter: Brief. In: FAULSTICH, Werner (Hrsg.): Grundwissen Medien. 5. Aufl. München 2004, S. 122.
3 HOLZHEID, Anett: Das Medium Postkarte. Eine sprachwissenschaftliche und mediengeschichtliche Studie. Berlin 2001. (Philologische Studien und Quellen; 231), S. 27.
4 Vgl. BERNHARD, Willi: Bildpostenkartenkatalog. Deutschland 1870-1945. Hamburg 1972.
5 HOLZHEID (Anmerkung 3), S. 28.
6 SCHIKORSKY, Isa: Private Schriftlichkeit im 19. Jahrhundert. Untersuchungen zur Geschichte des alltäglichen Sprachverhaltens „kleiner Leute". Tübingen 1990. (Reihe Germanistische Linguistik; 107), S. 58.
7 HARTWIG, Helmut: Zwischen Briefsteller und Bildpostkarte. Briefverkehr und Strukturwandel bürgerlicher Öffentlichkeit. In: FISCHER, Ludwig/ HICKETHIER, Knut/ RIHA, Karl (Hrsg.): Gebrauchsliteratur. Methodische Überlegungen und Beispielanalysen. Stuttgart 1976, S. 123.
8 SCHELLACK, Fritz: Eine Postkartensammlung als Quelle zur Vorkriegszeit und zum Ersten Weltkrieg. In: FRECKMANN, Klaus/ SCHELLACK, Fritz (Hrsg.): „Der König ruft..." Militär und Krieg im Alltag des ländlichen Raumes (1870-1918). Köln 1994. (Schriftenreihe des Freilichtmuseums Sobernheim; 15), S. 45-53.
9 WEGERA, Klaus-Peter: Deutsche Sprachgeschichte und Geschichte des Alltags. In: Handbücher zur Sprach- und Kommunikationswissenschaft. Sprachgeschichte I. 2. Aufl. Berlin/ New York 1998, S. 140.
10 METKEN, Sigrid: „Ich hab' diese Karte im Schützengraben geschrieben". Bildpostkarten im Ersten Weltkrieg. In: ROTHER, Rainer (Hrsg.): Die letzten Tage der Menschheit. Bilder des Ersten Weltkrieges. Berlin 1994, S. 137-148.
11 DIEKMANNSHENKE, Hajo: Text-Bild-Kommunikation am Beispiel der Postkarte. In: POHL, Inge (Hrsg.): Semantik und Pragmatik – Schnittstellen. Frankfurt a. M./ Berlin/ Bern u. a. 2008, S. 85-107
12 HOLZHEID (Anm. 3), S. 32

Hartmut Benz

GENEALOGISCHE SKIZZEN ZUR GESCHICHTE DER FAMILIE (VON) LEY ZU HONSBACH

Der hier vorgelegte Aufsatz will nicht die Geschichte der Adelsfamilie von Ley schreiben. Er soll vielmehr das genealogische Material liefern, mit dem verschiedene Zweige oder einzelne Personen dieser noch heute blühenden Familie künftig näher erforscht werden können. Daher seien zu Beginn des Artikels nur einige kurze Anmerkungen zu drei Aspekten der Leyschen Geschichte gemacht. Die nachfolgend zitierten Buchstaben- und Zahlenkombinationen beziehen sich dabei stets auf die entsprechenden Einträge in der Genealogie.

Die Wurzeln der im 16. Jahrhundert zu Honsbach (heute: Stadt Lohmar, bis 1969: Gemeinde Wahlscheid) ansässigen Familie Ley, die noch zu Beginn des 18. Jahrhunderts meist ohne durchgängig genutztes Adelsprädikat firmierte, sind nicht eindeutig geklärt. Fest steht, daß dem ersten in Honsbach ansässigen Namensträger, Heinrich Ley (A.1.), dieser Besitz von seiner Ehefrau, Elisabeth Schelten, zugebracht wurde. Heinrichs Herkunft selbst bleibt rätselhaft. Da die Ley zu Honsbach Wappengleichheit mit den Neuhof gen. Ley aufweisen (in Blau, senkrecht über die Mitte, eine silberne Kette mit zwei runden und zwei halb viereckigen, offenen Gliedern), liegt die Vermutung nahe, daß beide Familien eines Stammes sind. Daß obiger Heinrich dem Zweig der Neuhof gen. Ley zuzuordnen sei, der damals die nahe Honsbach gelegene Burg Honrath besaß, ist allerdings sehr zweifelhaft. Auf Honrath lebte seit 1494 Volmar von Neuhof gen. Ley († 1531), ältester Sohn der Eheleute Friedrich von Neuhof gen. Ley zu Eibach (Kirchspiel Lindlar) und Christine von Loë. Burg und Hof zu Honrath waren ihm, zusammen mit den Höfen Hohnenberg, Scheid und Oberhaus, der Jexmühle sowie der Fischereigerechtigkeit im Jecksbach und in der Agger, durch seine Gattin, Ludgard Stael von Holstein, Tochter der Eheleute Wilhelm Stael von Holstein zu Honrath († 1494) und Henrika Hering, zugefallen. Über Volmars Geschwister (Johann, Gerhard und Adolf) und seine Kinder (Wilhelm, Amtmann zu Steinbach; Adelheid; Volmar;

Wilhelm, Drost zu Dinslaken; Johann) ist man so gut unterrichtet, daß die Existenz eines Heinrich für diese beiden Generationen auszuschließen ist. In den Jahren 1538 und 1553 fiel Honrath schließlich an die Eheleute Jost von Lüninck und Gisela von Etzbach, den Schwager von Volmars ältestem Sohn, des Amtmannes Wilhelm, der in erster (kinderloser) Ehe Elisabeth von Lüninck zur Frau hatte.

Am 27. November 1829 beantragte Franz Karl Philipp von Ley (H.1.2.), Bürgermeister zu Siegburg, beim Oberpräsidium der Rheinprovinz in Koblenz, ein Adelsprädikat führen zu dürfen. Als Anlage fügte er einen 1735 angefertigten Stammbaum bei, aus dem hervorgehe, daß sein Großvater, Dr. Adam Maximilian von Ley (E.1.6.), als Besitzer des freiadeligen Gutes Honsbach ungestört das Prädikat „von" geführt habe. Gleiches weist er auch für seinen Vater, Johann Heinrich von Ley (G.1.14.), bei dessen Berufung zum Schatzschultheiß von Stieldorf (1749), und für sich, bei seiner Ernennung zum Hofkammerrat (1774), nach. Außerdem, so ergänzt Ley auf Nachfrage, habe bereits sein Urgroßvater, Heinrich Ley (D.1.3.), das freiadelige Gut Ellingen (Kirchspiel Morsbach) besessen. Er selbst sei am 6. August 1802 durch die Brüder Edmund Gottfried Wilhelm Cornelius und Franz Ludwig Grafen von Hatzfeldt-Wildenburg mit den Gütern Ellingen und Hall belehnt worden. Das Leysche Familienarchiv scheint 1829/30 in keinem guten Zustand gewesen zu sein, denn Ley kann für den Kauf Ellingens kein genaues Datum angeben [er fand am 21. Juli 1672 statt] und bleibt auch andere, erbetene Unterlagen, wie den Taufschein seines Vaters, schuldig. Dennoch genehmigte das Ministerium des Königlichen Hauses in Berlin am 15. September 1830 die Eintragung des Siegburger Bürgermeisters in die preußische Adelsmatrikel.

Hervorgehoben werden muß endlich auch das Engagement der Familie von Ley für die katholische Kirche. Acht Männer und Frauen (E.1.11. / E.1.14. / F.1.2.4. / F.1.2.5. / G.1.1. / K.1.7. / K.1.10. / K.1.11.) sind als Priester oder / und Ordensleute auszumachen. Bleibende Verdienste hat sich die Familie vor allem als Mitstifter und -patron der heutigen katholischen Pfarrgemeinde Neuhonrath erworben. Die Kirchen in Honrath und Wahlscheid waren im Religionsvergleich von 1672 endgültig den Lutheranern zugewiesen worden. Katholiken, die in den beiden Kirchspielen lebten, mußten bis zum Beginn des 18. Jahrhunderts die Messen in Seelscheid, Overath, Rösrath oder Lohmar besuchen. Erst am 25.12.1710 fand in der Kapelle von Haus Honsbach wieder ein öffentlicher katholischer Gottesdienst statt. Dr. Adam Maximilian von Ley (E.1.6.), der in Köln lebende Besitzer des Hauses Honsbach, dürfte als Ratsherr der Stadt seine Kontakte zum Kurfürsten, Erzbischof Joseph Clemens von Bayern (1671 – 1723), genutzt haben, um die Erlaubnis zu erhalten, seine Hauskapelle dauerhaft den in der Nähe lebenden Katholiken zur Verfügung zu stellen. Auch der Herzog von Berg, Johann Wilhelm von der Pfalz (1658 – 1716), hatte seine Zustimmung gegeben. Mitte März 1711 wurde den Minoriten des Klosters Seligenthal die Seelsorge in Honsbach übertragen. Seit 1716 nutzte die Diasporagemeinde die (größere) Hauskapelle des nahegelegenen Schlosses Auel. Auch Auel war im Besitz einer katholischen Adelsfamilie. Johann Caspar Proff (1668 – 1720), Landdinger des Amtes Blankenberg, der in Auel wohnte, war zudem mit den Eigentümern des Hauses Honsbach verwandt – seine Mutter war eine geborene Ley (C.1.2.1.).

Es waren besonders die Familien Ley und Proff, die den erstmals 1715 schriftlich fixierten Plan zum Bau einer katholischen Kirche durch ihren Einfluß und ihr Vermögen förderten. Dr. Adam Maximilian von Ley brachte sich sowohl mit Barspenden, als auch der Fundierung von Stiftungen ein. Für den Unterhalt des „Missionars", wie die Priester in Diasporagegenden genannt wurden, reservierte er eine Stiftung, die ihm 1713 zugefallen war. Am 28. Januar dieses Jahres hatten seine Stiefmutter (die zweite Gattin von D.1.3.) und seine beiden jüngsten Halbschwestern (E.1.11. und E.1.14.) ihm vor ihrem Eintritt in das Lütticher Kloster St. Klara ihre Anteile am Gut Oberschmitten (Kirchspiel Seelscheid) übertragen. Von der Grundsteinlegung (23. Juli 1732) bis zur Benedizierung (21. September 1738) der Kirche mußten die Herren zu Honsbach und zu Auel – wo inzwischen Peter Josef von Proff (1699 – 1766) Hausherr war – mehrfach Finanzierungslücken decken. Dr. von Ley hatte außerdem, wie eine Statistik von September 1737 verrät, in der Stadt Köln 526 Reichstaler und drei Albus an Kollekten für den Kirch- bau gesammelt. Ley und Proff versprachen überdies (im Mai bzw. im Juni 1738) für sich und ihre Erben, den Neuhonrather Pfarrern eine jährliche Rente (von 30 bzw. 25 Reichstalern zu 70 Albus) zu zahlen. Beiden Familien war 1735 das Recht zuerkannt worden, abwechselnd den Pfarrer vorzuschlagen. Sowohl die Rentenstiftungen als auch das (zuletzt nur noch förmliche) Präsentationsrecht wurden Ende des 19. Jahrhunderts aufgehoben.

Während die Bewohner des Hauses Honsbach seit 1738 dem Gottesdienst in der neuen Pfarrkirche beiwohnten, wo ihnen in der ersten Reihe des linken Kirchenschiffs eine abschließbare Bank reserviert war, nutzten die Proffs weiterhin nur ihre Hauskapelle und beschäftigten in Auel stets einen Hausgeistlichen. Der Kapuzinerpater Elias Baclain, der dort von 1753 bis 1759 wirkte, sollte in Neuhonrath den Aufbau einer Schule vorantreiben. Als Erinnerung an die von Ley zu Honsbach findet man in der heutigen Pfarrkirche St. Mariä Himmelfahrt zu Neuhonrath noch ein Kirchenfenster mit dem Leyschen Wappen und den mit diesem Wappen geschmückten, auf „1641" datierten Stuhl des (so die Inschrift) „Wimar Ley zu Honsbach, Scholtes zu Honrode und Walscheide". Schultheiß Ley (B.1.2.) war pikanterweise ein evangelisches Familienmitglied und hatte am angesehenen, reformierten Pädagogium zu Herborn studiert. Die Statue der heiligen Barbara kam aus dem Nachlaß des Franz Karl Ferdinand von Ley (J.1.3.) in die Kirche.

Zum Schluß noch einige Erläuterungen zum Verständnis der nachstehenden Genealogie: Der nach Generationen und innerhalb derselben nach Familien erstellte Aufbau folgt dem Schema, das Herbert M. Schleicher bei seiner Bearbeitung der genealogisch-heraldischen Sammlung Ernst von Oidtmans wählte und wie es auch die Gothaischen Genealogischen Taschenbücher bieten. Aus Gründen der Lesbarkeit und im Interesse eines machbaren Layouts habe ich darauf verzichtet, die zu jeder Person gelieferten Aussagen jeweils durch Anmerkungen zu belegen. Die von mir ausgewerteten Quellen und die konsultierte Literatur sind im Anhang zusammengestellt. Hier sind auch die

Genealogische Skizzen zur Geschichte der Familie (von) Ley zu Honsbach

Institutionen und Personen genannt, denen ich für ihre Hilfe, speziell bei der Erfassung der im 20. Jahrhundert Lebenden, sehr zu Dank verpflichtet bin. Wo eine Angabe fraglich schien, habe ich auf ihren Abdruck verzichtet – das gilt zum Beispiel für die Geburtsangaben, die sich nur aus einer bei der Aufnahme eines Sterbefalles gemachten Altersangabe errechnen lassen. Da diese in sehr vielen, nachprüfbaren Fällen falsch waren, bin ich keinem dieser Hinweise gefolgt. Das Adelsprädikat „von" habe ich nur von der Generation des Dr. Adam Maximilian von Ley (E.1.6.) an vergeben. Für die Generationen J. sowie K. und L. nenne ich auch die zu den Geburts-, Heirats- und Todestagen entsprechenden Ortsangaben. Titel und Ränge sowie Berufs- und Amtsbezeichnungen finden sich ebenfalls, mit dem jeweils höchsten, erreichten Grad, nur in zweifelsfreien Fällen. Die Schreibweise der Vor- und Nachnamen wurde generationenübergreifend einheitlich gestaltet.

(A)

1. Heinrich **Ley**, Schultheiß zu Honrath und Wahlscheid († 1543)
oo
Elisabeth **Schelten** zu Obersülz, Honsbach, Holl, Bach und Sprengbüchel († 24.12.1552)

    1.1. Johann **Ley** zu Obersülz, Honsbach, Kern, Holl und Hasenberg, Schultheiß zu Honrath und Wahlscheid († 1585)
    oo 12.03.1551
    Katharina **Rode** zu Rodenhaus, Tochter von Adolf **Rode** zu Rodenhaus und Doppenberg († 1565) und Anna **Moer**

        1.1.1. Heinrich **Ley** zu Honsbach, Schachenauel, Sprengbüchel und Hasenberg, Schultheiß zu Honrath und Wahlscheid († 14.08.1638)
        oo 01.10.1588   (B)
        Agnes zur **Schmitten** († 10.06.1631), Tochter von Adolf zur **Schmitten**, Schultheiß zu Seelscheid († 1603), und Veronica (**N.**)

        1.1.2. Roland Wilhelm **Ley** zu Obersülz, Bürgermeister zu Siegburg († 1607)
        oo   (C)
        Christine **Flach**

        1.1.3. Elisabeth **Ley** zu Holl
        oo
        Hermann **Korte** zur Bach, Notar zu Naaf

        1.1.4. Margaretha **Ley**
        oo 25.08.1585
        Konrad **Rengeroth** zu Weeg, Sohn von Rorich **Rengeroth** zu Weeg, Schöffe des Amtes Blankenberg, und Maria (**N.**)

Genealogische Skizzen zur Geschichte der Familie (von) Ley zu Honsbach

1.1.5. (N.) **Ley**
oo
Adolf **Flach**

1.1.6. (N.) **Ley**
oo
Friedrich **Pfeil**

1.1.7. Anna **Ley**
oo
Johann **Flach**

1.1.8. Irmgard **Ley**
oo
Dietrich **Wrede**,
Stadthauptmann zu Siegburg,
Sohn von Johann **Wrede**,
Rentmeister des
Amtes Löwenburg († 1588),
und Adelheid **Scholtheiß**

Abb. 1: Johann Wilhelm Ley, Landdinger des Amtes Blankenberg, weist seinen Vetter Wimar Ley, Schultheiß des Kirchspiels Honrath, an, der Armenverwaltung zu Seelscheid in einem Prozeß um ausstehende Einkünfte aus einem Hof in Ingersauel (Kirchspiel Wahlscheid) beizustehen. Der Befehl dürfte am 5. Januar 1651 (und nicht, wie zu lesen, 1650) ergangen sein. Nachdem er am 25. März 1651 vorgelegt worden war, ließ Wimar Ley ihn am 15. April 1651 „dem H(errn) Bauwman als Inhaberen des Hoeff Ingersaell" zustellen. Im Jahre 1621 hatte „Witwe Bloch" der Seelscheider Armenverwaltung ein Legat von 25 kölnischen Talern vermacht. Der Betrag sollte aus Einkünften eines Hofs in Ingersauel aufgebracht werden. Ihr Schwiegersohn Lukas Gottscheid, Schöffe und Kirchmeister zu Neunkirchen, hatte den Hof 1632 seinem Sohn Heinrich übertragen, als dieser Maria Catharina Burman heiratete. Nach Heinrichs Tod fiel der Hof seinem Bruder Lukas zu, der ihn 1650, als er als Frater Willibald in das Kapuzinerkloster Köln eintrat, seiner Schwägerin überschrieb, die inzwischen mit Christian Bollig, Schöffe zu Bonn, verheiratet war. Das Ehepaar trat den Hof 1651 dem Bruder der Braut, Peter Burman, Zollschreiber zu Linz († 02.01.1669), und dessen Ehefrau, Gertrud Palandt, ab.

Genealogische Skizzen zur Geschichte der Familie (von) Ley zu Honsbach

(B)

1. Heinrich Ley zu Honsbach, Schachenauel, Sprengbüchel und Hasenberg, Schultheiß zu Honrath und Wahlscheid († 14.08.1638)
oo 01.10.1588
Agnes zur **Schmitten** († 10.06.1631), Tochter von Adolf zur **Schmitten**, Schultheiß zu Seelscheid († 1603), und Veronica (**N.**)

    1.1. Heinrich **Ley** zu Oberschmitten (* 1589)
    oo
    Christina **Lichtenberg**

        1.1.1. Johann **Ley** († 1636)

        1.1.2. Veronika **Ley** zu Niederschmitten und Stein

        1.1.3. Anna Gabriele **Ley** († 1697)

    1.2. Wimar **Ley** zu Honsbach, Sprengbüchel und Hasenberg, Schultheiß zu Honrath und Wahlscheid († 08.12.1668)
    oo
    Christina (**N.**)

        1.2.1. Anna Christina **Ley** (1656 – 29.08.1726)
        oo 1673
        Ernst Heinrich **Wittenius**, Pastor zu Volberg (1645 – 29.03.1701), Sohn von Heinrich **Wittenius**, Pastor zu Volberg († 1688), und Katharina (**N.**)

    1.3. Johann **Ley** zu Oberschmitten, Notar, Gerichtsschreiber der Ämter Löwenburg und Lülsdorf (1610 – Mai 1667)
    I. oo 1639   (D)
    Anna Katharina **Weyerstraß** (* 1618), Tochter von Antonius **Weyerstraß** († 1622) und Katharina Margaretha von **Berchem**
    Er: II. oo
    Margaretha von **Getten gen. Haen**

    1.4. Maria **Ley**

    1.5. Irmgard **Ley**
    oo 1615
    Wilhelm **Kuttenkauler**, Sohn von Konrad **Kuttenkauler** und Christina (**N.**)

    1.6. Katharina **Ley** († 1665)

Genealogische Skizzen zur Geschichte der Familie (von) Ley zu Honsbach

(C)

1. Roland Wilhelm **Ley** zu Obersülz, Bürgermeister zu Siegburg († 1607)
oo
Christine **Flach**

    1.1. Heinrich **Ley**

    1.2. Johann Wilhelm **Ley**, Landdinger des Amtes Blankenberg († 18.02.1660)
    oo 04.10.1640
    Anna **Bachmann** zu Bülgenauel († 07.01.1666), Tochter von Adolf **Bachmann**
    zu Bülgenauel, Landdinger des Amtes Blankenberg († 29.08.1636), und Anna
    Kuchenbecker

        1.2.1. Anna Katharina Gertrud **Ley** (August 1641 – 28.09.1678)
        I. oo 17.03.1660
        Johann Gottfried **Proff** zu Menden, Landdinger des Amtes Blankenberg,
        (1632 – 17.01.1691), Sohn von Johann Wilhelm **Proff** zu Millendorf
        (1580 – 10.07.1633) und Maria Katharina von **Menden gen. von der Brüggen**
        zu Menden (1597 – 1671)
        Er: II. oo November 1678
        Anna Gisela Margaretha **Graff**, Tochter von Arnold **Graff** († 1669)
        und Katharina **Bachmann**

        1.2.2. Maria Elisabeth **Ley** (1642 – 08.05.1678)
        I. oo 10.06.1658
        Dr. Johann Gottfried von **Redinghoven**, Kurpfälzischer Geheimer Rat
        (10.11.1628 – 23.06.1704), Sohn von Dr. Winand von **Redinghoven**
        († 1631) und Margaretha **Mattencloet** (1596 – 29.12.1675)
        Er: II. oo 1679
        Eva von **Amerongen** (1625 – 1693)

    1.3. Johann Peter **Ley** zu Obersülz († 13.02.1676)
    oo
    (N.N.)

        1.3.1. Rorich **Ley** zu Obersülz

        1.3.2. Magdalena **Ley** († 24.09.1699)
        I. oo
        Johann **Nalbach**
        Sie: II. oo
        Matthias **Scheiding**, Zollbeseher zu Leutesdorf († 13.04.1677)
        Sie: III. oo
        Michael **Dresbach**, Schöffe zu Rösrath

Genealogische Skizzen zur Geschichte der Familie (von) Ley zu Honsbach

Abb.2: Joseph von Ley
(1873 – 1938)
war das jüngste
von elf Kindern
und trat 1893
in den Orden
der „Oblaten
der Unbefleckten
Jungfrau Maria" ein.
Nach der Priesterweihe (1899)
wirkte er in Holland,
Belgien und Deutschland
in verschiedenen Klöstern
seines Ordens als Lehrer,
Novizenmeister,
Beichtvater
und Hausoberer.

(D)

1. Johann Ley zu Oberschmitten, Gerichtsschreiber der Ämter Löwenburg und Lülsdorf (1610 – Mai 1667)
I. oo 1639
Anna Katharina **Weyerstraß** (* 1618), Tochter von Antonius **Weyerstraß** († 1622)
und Katharina Margaretha von **Berchem**
Er: II. oo
Margaretha von **Getten** gen. **Haen**

Aus 1. Ehe:

1.1. Michael Konrad **Ley** (* 09.10.1639)

1.2. Katharina **Ley** (* 24.03.1641)

1.3. Heinrich **Ley** zu Ellingen, Richter und Rentmeister des Amtes Windeck (1642 – 24.04.1700)
I. oo 28.09.1667
Maria Amelia **Weyer** (27.09.1645 – 03.04.1685), Tochter von Johann   (E)
Wilhelm **Weyer**, Richter und Rentmeister des Amtes Windeck († 1662),
und Ottona Amelia **Hogerbietz** (1607 – 02.02.1702)
Er: II. oo 18.11.1685

Genealogische Skizzen zur Geschichte der Familie (von) Ley zu Honsbach

Maria Franziska du **Chatteau** († 13.12.1721, als Klarissin zu Lüttich)

1.4. Wenceslaus **Ley** zu Honsbach, Gerichtsschreiber der Ämter Wied und Neuerburg († 26.01.1713)
oo
Maria Mechthilde von **Neuß** († 1695) (F)

Aus 2. Ehe:

1.5. Maria Sibylla **Ley** (* 02.02.1653)

1.6. Maria Mechthild **Ley** (* 23.05.1655)
oo Januar 1675
Markus Engelbert **Rheinbach**, Vogt zu Rheinbach (* 1648)

(E)

1. Heinrich **Ley** zu Ellingen, Richter und Rentmeister des Amtes Windeck (1642 – 24.04.1700)
I. oo 28.9.1667
Maria Amelia **Weyer** (27.09.1645 – 03.04.1685), Tochter von Johann Wilhelm **Weyer**, Richter und Rentmeister des Amtes Windeck († 1662), und Ottona Amelia **Hogerbietz** (1607 – 02.02.1702)
Er: II. oo 18.11.1685
Maria Franziska du **Chatteau** († 13.12.1721, als Klarissin zu Lüttich)

Aus 1. Ehe:

1.1. Johann Heinrich Otto **Ley**, Hauptmann

1.2. Franz Peter **Ley** († 13.12.1691)

1.3. Josina Theresia **Ley** (17.03.1673 – 1710)
oo 19.05.1693
Wilhelm **Dorst** († April 1734)

1.4. Maria Katharina Antonetta **Ley** (10.10.1684 – 10.07.1735)
I. oo 20.02.1710
Roderich **Roth**, Schultheiß zu Richrath († 14.09.1719)
Sie: II. oo April 1724
Johann Heinrich **Hausmann** († 1751)

1.5. Anna Franziska **Ley** (* 04.04.1677)

1.6. Dr. Adam Maximilian von **Ley** zu Honsbach und Ellingen, Ratsherr der Stadt Köln (21.10.1678 – 01.08.1744)
I. oo 20.02.1703
Gertrud Margaretha **Rheinen** (18.03.1687 – 19.09.1719), Tochter von (G)
Johann Konrad Gumprecht **Rheinen**, Schultheiß zu Morsbach und Waldbröl
(† 20.11.1711), und Anna Gertrud **Becker**

Genealogische Skizzen zur Geschichte der Familie (von) Ley zu Honsbach

Er: II. oo 17.02.1722

Anna Gertrud **Sander** (11.01.1691 – 01.12.1748), Tochter von Dr. Vincenz **Sander** und Katharina **Henseler**

1.7. Maria Amalia **Ley** († 09.09.1716)
I. oo 1708
Wimar **Wittenius** zu Obersülz, Sohn von Johann Heinrich **Wittenius** zu Obersülz, Rentmeister zu Schönrath, und Odilia **Wasser**
Er: II. oo 1717
Eva Katharina **Gerlach** († 01.03.1765)

1.8. Maria Barbara **Ley** (* 22.05.1683)
oo 10.01.1708
Johann Thomas **Tripler**, Rentmeister des Amtes Siegen

Aus 2. Ehe:

1.9. Anna Elisabeth Lambertine **Ley** (09.02.1687 – 09.04.1689)

1.10. Johann **Ley** (1688 – 09.04.1689)

1.11. Anna Maria Josefa **Ley** (* 05.07.1689), Klarissin zu Lüttich

1.12. Mechthild Franziska **Ley** (25.06.1691 – Februar 1692)

1.13. Anna Margaretha Franziska **Ley** (* 24.05.1693)

1.14. Anna Margaretha Franziska **Ley** (* 11.05.1695), Klarissin zu Lüttich

(F)

1. Wenceslaus **Ley** zu Honsbach, Gerichtsschreiber der Ämter Wied und Neuerburg († 26.01.1713)
oo
Maria Mechthilde von **Neuß** († 1695)

1.1. Maria Amelia **Ley** zu Honsbach († 05.03.1719)
oo 1709
Albert **Berg**

1.2. Hilarius **Ley**, Gerichtsschreiber und Schöffe zu Bedburdyck († 26.05.1708)
oo März 1696
Maria Ursula de **Roy**

1.2.1. Franz Wilhelm Damian **Ley** (* 02.12.1696)

1.2.2. Maria Wilhelmina **Ley** († 20.12.1729)
oo
(N.) **Wahn**

Genealogische Skizzen zur Geschichte der Familie (von) Ley zu Honsbach

1.2.3. Maria Rainer Marsilius **Ley**

1.2.4. Heinrich Adolf **Ley** (* 05.12.1700)
Priesterweihe: 31.10.1728, zuletzt (1741 – 1754) als Vikar in Dransdorf nachweisbar

1.2.5. Paul Maximilian **Ley** (1702 – 28.05.1755)
Priesterweihe: 17.12.1729, als P. Paul O.Cist. im Zisterzienserkloster Altenberg

(G)

1. Dr. Adam Maximilian von **Ley** zu Honsbach und Ellingen, Ratsherr der Stadt Köln (21.10.1678 – 01.08.1744)
I. oo 20.02.1703
Gertrud Margaretha **Rheinen** (18.03.1687 – 19.09.1719), Tochter von Johann Konrad Gumprecht **Rheinen**, Schultheiß zu Morsbach und Waldbröl († 20.11.1711), und Anna Gertrud **Becker**
Er: II. oo 17.02.1722
Anna Gertrud **Sander** (11.01.1691 – 01.12.1748), Tochter von Dr. Vincenz **Sander** und Katharina **Henseler**

Aus 1. Ehe:

1.1. Dr. Johann Franz Konrad von **Ley** zu Ellingen (04.10.1703 – 01.09.1775)
Priesterweihe: 24.9.1729, Dechant am Stift St. Andreas und Rektor der Universität in Köln

1.2. Maximilian Heinrich von **Ley**, Kurkölnischer Gesandter und Hofrat in Wien (02.01.1706 – 09.04.1740)
oo 1735
Maria Josefa von **Gay**

1.3. Johann Josef von **Ley** (10.04.1709 – 12.04.1709)

1.4. Johann Josef Wilhelm von **Ley** (31.08.1710 – 19.05.1713)

1.5. Maria Anna Katharina von **Ley** (31.08.1710 – 31.08.1710)

1.6. Anna Margaretha Carolina von **Ley** (30.09.1712 – 01.12.1744)
oo 08.12.1734
Wilhelm Bernhard **Hasenclever**, Richter und Rentmeister des Amtes Windeck (19.07.1690 – 05.01.1753), Sohn von Kaspar Jakob **Hasenclever** (1656 – 26.11.1738) und Anna Katharina **Brander** († 25.03.1728)

1.7. Felix Andreas von **Ley** zu Ellingen, Ratsherr der Stadt Köln (30.09.1712 – 20.04.1749)

1.8. Maria Josefa Ferdinanda von **Ley** (22.12.1714 – 21.10.1763)
oo 28.09.1743
Prof. Dr. Gerhard Ernst von **Hamm**, Ratsherr der Stadt Köln (06.08.1692 – 01.09.1776), Sohn von Hermann Josef von **Hamm** und Johanna Elisabeth von **Schönebeck** (1666 – 23.07.1743)

Abb. 3:
Wenceslaus Ley zu Honsbach
und sein Sohn Hilarius Ley bevollmächtigen
am 16. Dezember 1701,
mit Unterschrift und Siegel,
die Juristen Heinrich Schriels und Wilhelm Heeser,
sie in einem Prozeß
gegen Dr. Adam Maximilian von Ley zu Ellingen,
ihren Neffen bzw. Vetter,
beim Reichskammergericht
in Wetzlar zu vertreten.

1.9. Maria Anna Katharina von **Ley** (15.01.1716 – 1719)

1.10. Maria Mechthilde Philippine von **Ley** zu Honsbach
(20.05.1718 – 10.08.1753)
oo 13.11.1746
Johann Wilhelm **Schallenbach**, Richter und Rentmeister des Amtes Windeck
(21.09.1707 – 21.12.1776), Sohn von Tilmann Arnold **Schallenbach**, Richter
und Rentmeister des Amtes Windeck († 12.11.1717), und Maria Katharina
Scherer (1676 – 12.11.1723)

1.11. Ungetaufter Sohn von **Ley** (19.09.1719 – 19.09.1719)

Aus **2.** Ehe:

1.12. Sibylla Katharina von **Ley** (01.03.1723 – 1724)

1.13. Johann Gottfried Heinrich von **Ley** (29.05.1724 – 1724)

1.14. Johann Heinrich Gottfried von **Ley**, Hofrat, Rentmeister des Amtes
Blankenberg, Schatzschultheiß des Kirchspiels Stieldorf (03.06.1726 –
18.03.1771)
oo 07.12.1750   (H)
Maria Agnes de **Claer** (17.11.1731 – 14.01.1783), Tochter von Franz Johann
Ignatz Alexander de **Claer**, Hofrat (20.04.1700 – 22.10.1762), und Maria
Agnes **Schewastes** (02.10.1707 – 11.09.1757)

Genealogische Skizzen zur Geschichte der Familie (von) Ley zu Honsbach

(H)

1. Johann Heinrich Gottfried von **Ley**, Hofrat, Rentmeister des Amtes Blankenberg, Schatzschultheiß des Kirchspiels Stieldorf (03.06.1726 – 18.03.1771)
oo 07.12.1750
Maria Agnes de **Claer** (17.11.1731 – 14.01.1783), Tochter von Franz Johann Ignatz Alexander de **Claer**, Hofrat, (20.04.1700 – 22.10.1762), und Maria Agnes **Schewastes** (02.10.1707 – 11.09.1757)

    1.1. Johann Alexander Maria Franz Ignatz von **Ley** (05.02.1752 – 30.05.1752)

    1.2. Franz Karl Philipp von **Ley** zu Ellingen, Rentmeister des Amtes Blankenberg, Hofkammerrat, Bürgermeister von Siegburg (03.06.1754 – 06.01.1835)
    oo 12.05.1784   (I)
    Maria Elisabeth Wilhelmine **Stein** (12.11.1757 – 16.06.1793),
    Tochter von Dr. Johann Anton **Stein** († 19.09.1792) und Anna Elisabeth **Strunck**

    1.3. Maria Magdalena Philippina von **Ley** (30.11.1756 – 02.11.1817)
    oo 04.02.1789
    Severin **Meyer**, Rentmeister zu Sinzig (06.04.1754 – 30.01.1833)

    1.4. Josefine Franziska Walburga von **Ley** (01.04.1759 – 29.08.1767)

    1.5. Maria Anna Wilhelmina Antonia von **Ley** (24.03.1761 – 29.11.1813)
    oo 28.03.1785
    Franz Gabriel Johann Ignatz Anastasius von **Hamm**, Ratsherr der Stadt Köln (21.08.1756 – 27.09.1836), Sohn von Prof. Dr. Gerhard Ernst von **Hamm**, Ratsherr der Stadt Köln (06.08.1692 – 01.09.1776), und Maria Josefa Ferdinanda von **Ley** (22.12.1714 – 21.10.1763)

    1.6. Ottona Ernestine Antonia von **Ley** (11.01.1763 – 03.07.1801)
    oo 19.06.1788
    Hermann Josef **Hoffmann**

    1.7. Maximilian Marianus Antonius von **Ley** (19.06.1764 – Juni 1764)

    1.8. Franziska Josefa Walburga von **Ley** (26.04.1766 – 15.02.1768)

    1.9. Matthias Heinrich Wilhelm Josef von **Ley** (08.12.1768 – 28.06.1769)

Genealogische Skizzen zur Geschichte der Familie (von) Ley zu Honsbach

(I)

1. Franz Karl Philipp von **Ley** zu Ellingen, Rentmeister des Amtes Blankenberg, Hofkammerrat, Bürgermeister von Siegburg (03.06.1754 – 06.01.1835)
oo 12.05.1784
Maria Elisabeth Wilhelmine **Stein** (12.11.1757 – 16.06.1793),
Tochter von Dr. Johann Anton **Stein** (19.09.1792) und Anna Elisabeth **Strunck**

    1.1. Anna Elisabeth Bernhardine Franziska von **Ley** (20.04.1785 – 11.01.1787)

    1.2. Maria Magdalena Philippina Antonetta von **Ley** (08.06.1786 – 10.04.1794)

    1.3. Maria Wilhelmina Franziska Gottfrieda von **Ley**
    (03.07.1788 – 12.06.1834)
    oo 02.08.1807
    Franz Ferdinand Konrad **Halm**, Domänenrentmeister in Siegburg
    (23.01.1772 – 25.10.1825), Sohn von Christian Jakob **Halm** und
    Anna Gertrud **Schieren**

    1.4. Josef Ignatz Anton Wilhelm von **Ley**
    Siegburg 07.08.1790 – Köln 25.09.1853
    oo Siegburg 11.11.1813   (J)
    Anna Katharina Elisabeth **Neß**
    Siegburg 13.09.1793 – Köln 17.08.1861

    1.5. Maria Sibylla Franziska von **Ley** (29.04.1792 – 04.05.1792)

(J)

1. Josef Ignatz Anton Wilhelm von **Ley**
Siegburg 07.08.1790 – Köln 25.09.1853
oo Siegburg 11.11.1813
Anna Katharina Elisabeth **Neß**
Siegburg 13.09.1793 – Köln 17.08.1861

    1.1. Wilhelmina Franziska Theodora von **Ley**
    Siegburg 07.04.1814 – Siegburg 12.02.1819

    1.2. Franz Clemens August von **Ley**, Hauptmann
    Siegburg 04.03.1816 – Köln 18.04.1863

    1.3. Franz Karl Ferdinand von **Ley**
    Siegburg 24.01.1818 – Kram 19.02.1888
    oo Siegburg 12.05.1848   (K)
    Maria Johanna Katharina **Lückerath**
    Winterscheid 06.12.1829 – Kram 06.09.1884

1.4. Josef Ignatz von **Ley**, Notar
Siegburg 06.04.1820 – Köln 22.10.1911
oo Köln 09.10.1856 (L)
Katharina **Sürth**
Köln 03.11.1826 – Köln 11.02.1901

1.5. Wilhelmina Franziska von **Ley**
Siegburg 09.10.1822 – Königswinter 31.07.1898

1.6. Franz Gabriel Hermann von **Ley**
Siegburg 23.04.1825 – Königswinter 11.06.1895

1.7. Franz Karl Theodor von **Ley**
Siegburg 07.11.1827 – Königswinter 09.02.1900

1.8. Maria Franziska Josefa von **Ley**
Siegburg 26.09.1832 – Köln 13.05.1854

1.9. Franziska Petronella Helena von **Ley**
Siegburg 14.09.1838 – Königswinter 17.02.1919

(K)

1. Franz Karl Ferdinand von **Ley**
Siegburg 24.01.1818 – Kram 19.02.1888
oo Siegburg 12.05.1848
Maria Johanna Katharina **Lückerath**
Winterscheid 06.12.1829 – Kram 06.09.1884

1.1. Franz Josef Ferdinand von **Ley**
Siegburg 22.04.1849 – Ferrenberg 11.04.1928
oo Neuhonrath 31.07.1873
Margaretha Hubertina **Scharrenbroich**
Bombach 26.08.1839 – Bombach 25.01.1924

1.1.1. Max Josef von **Ley**
Bombach 05.07.1874 – Bombach 05.04.1945
oo Overath 09.02.1899
Maria Elisabeth **Kuckelberg**
Klef 31.05.1873 – Bombach 17.06.1953

1.1.1.1. Hubertine von **Ley**
Ferrenberg 04.11.1899 – Hammermühle 10.09.1950
oo Overath 30.04.1923
Peter Heinrich **Schumacher**
Hammermühle 25.03.1890 – Lindlar 14.12.1945

1.1.1.2. Margarethe Katharine Johanne von **Ley**
Ferrenberg 20.03.1901 – Hammermühle 09.06.1972
oo Overath 19.05.1926
Karl **Schumacher**
Hammermühle 28.08.1893 – Hammermühle 31.05.1944

Genealogische Skizzen zur Geschichte der Familie (von) Ley zu Honsbach

> **Jesus! Maria! Joseph! Walburgis!**
> „Wir wissen, daß, wenn dieses unser irdisches Haus aufgelöst worden, wir eine ewige Wohnung im Himmel haben werden."
> 2. Cor. 4, 1.
>
> ✝
>
> ## Im Frieden des Herrn
>
> entschlief zu Cram, Pfarre Overath, am 19. Februar 1888, Nachts ein halb 2 Uhr, in Folge eines Lungenleidens, wiederholt versehen mit den h. Sterbesakramenten, ergeben in Gottes h. Willen,
> der hochwohlgeborene Herr
>
> ### Franz Karl Ferdinand von Ley.
>
> Der Entschlafene, geboren zu Siegburg am 24. Januar 1818, lebte seit dem Jahre 1848 mit **Maria Johanna Catharina Lückerath** in glücklicher und zufriedener Ehe, und seit dem 6. September 1884 im Wittwerstande.
> In den verschiedenen Ehrenämtern, die er als Mitglied des Kirchen-, Gemeinde- und Schulvorstandes bekleidete, zeichnete er sich durch große Pflichttreue und Gewissenhaftigkeit aus, weßhalb er auch in seltenem Grade das Vertrauen und die Achtung aller seiner Mitbürger genoß. Sein fester Glaube gewährte ihm Trost und Erleichterung in den mehrmonatlichen schweren Leiden, die ihm der Wille der göttlichen Vorsehung beschieden und die er im Aufblicke zum Kreuze des Herrn willig und zufrieden ertrug, weßhalb wir zuversichtlich hoffen dürfen, daß ihm die zeitlichen Leiden der sichere Weg zu den ewigen Freuden gewesen sind. Sollte er indeß wegen menschlicher Schwachheit noch am Orte der Reinigung aufgehalten werden, so empfehlen die acht ihn überlebenden Kinder, welche mit der kindlichsten Liebe das Andenken ihres guten Vaters segnen, sowie eine Schwiegertochter und 3 Enkel seine liebe Seele dem h. Opfer des Priesters am Altare und dem Gebete der Gläubigen, damit sie desto eher ruhen möge **im ewigen Frieden.**

Abb. 4:
Franz Karl Ferdinand von Ley
(1818 – 1888)
ist der Stammvater
der beiden heute
noch blühenden Zweige
der Familie von Ley.

1.1.1.3. Franz von **Ley**
Ferrenberg 24.05.1903 – Köln 13.04.1966
oo Köln 03.03.1941
Margaretha **Göbbels**
Köln 23.07.1911 – Köln 19.03.1991

    1.1.1.3.1. Günter von **Ley**
    Köln 29.04.1942 – Köln 18.06.1993

1.1.1.4. Max Josef von **Ley**
Ferrenberg 26.07.1904 – Hoffnungsthal 04.09.1933

1.1.1.5. Georg Franz von **Ley**
Ferrenberg 13.02.1906 – Rußland 11.12.1941
oo Bensberg 31.03.1938
Anna **Unger**
Bensberg 18.05.1914 – Bensberg 01.04.1996

1.1.1.5.1. Walter von **Ley**
Köln 11.01.1936 – Bensberg 17.04.2012
oo Köln 11.04.1956
Erika **Paulus**
* Köln 20.09.1937

1.1.1.5.1.1. Richard von **Ley**
* Bensberg 13.06.1956
oo Köln 13.05.1983
Magdalene **Zims**
* Bensberg 11.12.1957

1.1.1.5.1.1.1. Thomas von **Ley**
* Bensberg 15.07.1986

1.1.1.5.1.2. Ingrid von **Ley**
* Köln 17.03.1960
oo Köln 22.10.1982
Matthias **Fischer**
* Köln 11.12.1952

1.1.1.5.1.3. Karin von **Ley**
* Köln 23.02.1966
oo Rhede 28.06.1991
Helmut **Wessels**
* Rhede 09.01.1963

1.1.1.6. Agnes von **Ley**
Ferrenberg 04.11.1907 – Wissersheim 15.01.1983
oo Köln 26.02.1935
Arnold **Durst**
Wissersheim 01.10.1905 – Wissersheim 08.09.1988

1.1.1.6.1. Erich von **Ley**
* Köln 06.03.1930
oo Köln 31.08.1954
Katharina Sophia **Berndgen**
* Brodenbach 05.06.1933

1.1.1.6.1.1. Petra von **Ley**
* Köln 20.01.1958
oo Köln 22.07.1998
Peter **Prautsch**
* Leverkusen 13.07.1957

1.1.1.6.1.1.1. Florian von **Ley**
* Leverkusen 08.02.1977
oo Köln 24.10.2009
Claudia **Jung**
* Pirmasens 03.04.1978

1.1.1.6.1.1.1.1. Antonia von **Ley**
* Köln 20.04.2009

1.1.1.7. Martha Maria von **Ley**
Ferrenberg 16.05.1909 – Ferrenberg 28.03.1915

1.1.1.8. Robert von **Ley**
Ferrenberg 31.08.1912 – Ferrenberg 05.04.1915

1.1.1.9. Josef von **Ley**
Ferrenberg 25.01.1914 – Ferrenberg 30.03.1915

1.1.1.10. Sibylla von **Ley**
Ferrenberg 22.03.1915 – Ferrenberg 22.03.1915

1.1.1.11. Martha Maria von **Ley**
Ferrenberg 23.04.1916 – Siegburg 15.11.1985
oo Köln 23.11.1942
Otto Walter **Pasemann**
Zasenbeck 11.07.1917 – Bergisch-Gladbach 23.11.1978

1.1.2. Franz von **Ley**
Bombach 18.08.1876 – Köln 12.02.1938
oo Köln 14.09.1909
Maria Agnes **Remagen**
Köln 23.05.1880 – Köln 14.04.1956

1.1.2.1. Franz Ferdinand von **Ley**
Köln 14.07.1910 – Ulm 26.10.1986
oo Köln 08.08.1946
Margarethe **Fischenich**
* Köln 30.09.1921

1.1.2.1.1. Annegret von **Ley**
* Köln 27.09.1946
oo Ulm 28.07.1978
Otmar **Barth**
* Ulm 12.11.1947

1.1.2.2. Max Gerhard von **Ley**
Köln 07.10.1911 – [verstorben]

1.1.2.3. Maria Josefine von **Ley**
Köln 31.08.1913 – Köln 10.05.2000

1.1.3. Otto von **Ley**
Bombach 30.05.1879 – Bombach 27.06.1879

1.1.4. Franziska Maria von **Ley**
Bombach 18.07.1880 – Siegburg 03.03.1965
oo Köln 10.02.1917
Anton Heinrich **Mönks**
Eversen 03.12.1885 – Siegburg 15.01.1965

1.2. Cornelia Katharina von **Ley**
Siegburg 14.03.1851 – Siegburg 10.11.1852

1.3. Franz Josef Maria von **Ley**
Siegburg 05.02.1853 – [verstoben]

1.4. Wilhelmina Theodora von **Ley**
Siegburg 18.02.1855 – Kram 28.01.1884

1.5. Maria Anna von **Ley**
Kram 07.05.1857 – Köln 1939

1.6. Hermann Josef von **Ley**
Kram 10.07.1859 – Königswinter 17.03.1945

1.7. Theodor Maria von **Ley**
Kram 13.12.1861 – Engelszell 20.01.1926
als Br. Maria Karl O.C.S.O. Pförtner im Trappistenkloster Engelszell (Österreich)

1.8. Maria Helena von **Ley**
Kram 17.02.1864 – Kram 18.04.1864

1.9. Maria Katharina von **Ley**
Kram 05.04.1865 – Köln 20.09.1932

1.10. Maria Josefina von **Ley**
Kram 22.05.1868 – [verstorben als Ordensfrau]

1.11. Josef von **Ley**
* 02.09.1873 Kram
† 02.03.1938 München
Priesterweihe: 09.07.1899, als P. Josef O.M.I. zuletzt im Oblatenkloster am Ammersee tätig

(L)

1. Josef Ignatz von **Ley**, Notar
Siegburg 06.04.1820 – Köln 22.10.1911
oo Köln 09.10.1856
Katharina **Sürth**
Köln 03.11.1826 – Köln 11.02.1901

1.1. Maria Franziska von **Ley**
Köln 03.09.1857 – Köln 19.02.1888
oo Köln Juli 1885
Julius Eduard **Bennert**, Generalkonsul von Uruguay
Köln 22.09.1856 – Köln 18.11.1929

1.2. Max Ferdinand Maria von **Ley**, Oberstleutnant
Wermelskirchen 06.09.1858 – Minden 04.08.1924

Abb. 5: „Philips Hundt", der „Quartir [...] bey [...] Juncker Hammerstein" in Burg Honrath genommen hat, fordert Wimar Ley, den „Schulteß zu Honßbach des Kirchspiels Hohnradt", am 12. Dezember 1640 auf, die ihm und seinen Soldaten zustehende Fourageliefferung „unfehlbarlich einliebern" zu wollen. Anders als erwartet habe „Scheffe Johan Schaffbuer [Johann Schiffbauer zu Schachenauel, Schöffe zu Wahlscheid]" kein „Futter" geliefert. Philipp Hundt zum Scheid diente als Obristwachtmeister im kaiserlichen Heer und fiel am 17. Januar 1642 in der Schlacht auf der Hülser Heide bei Kempen. Seine Eltern dürften Philipp Hundt, der von 1581 bis 1611 als Schultheiß zu Much nachgewiesen ist, und Eva von Markelsbach, die einen Hof in Scheid in die Ehe brachte, gewesen sein. Das hier im Siegelabdruck zu sehende Wappen des Offiziers und das des Schultheißen sind identisch und zeigen im oberen Feld des Schildes einen springenden Hund.

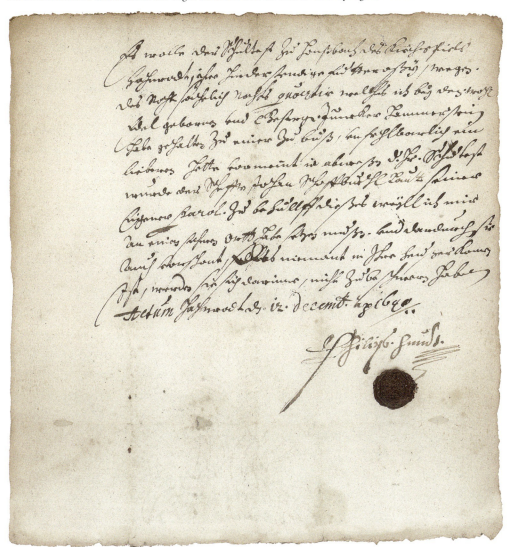

Genealogische Skizzen zur Geschichte der Familie (von) Ley zu Honsbach

1.3. Franz Wilhelm von **Ley**, Apotheker
Wermelskirchen 06.02.1860 – Hohengandern 18.03.1916
oo Hittfeld 11.10.1899
Alma von **Hinüber**
Hittfeld 21.02.1867 – Hohengandern 03.08.1914

1.3.1. Erich Georg Josef Maria von **Ley**
Hohengandern 20.04.1903 – Birkenfelde 21.02.1989

1.4. Otto Maria von **Ley**, Amtsgerichtsrat
Wermelskirchen 21.05.1862 – Köln 29.10.1939

1.5. Dr. Karl Maria von **Ley**, Amtsgerichtsrat
Wermelskirchen 21.08.1863 – Ahrweiler 22.02.1942

1.6. Dr. Oskar Walter Maria von **Ley**, Arzt
Wermelskirchen 16.02.1866 – München 15.12.1924
oo Leipzig 09.02.1904
Frieda Ida **Hühn**
Hohenmölsen 22.11.1886 – München 15.12.1924

1.6.1. Frieda Marie Johanne von **Ley**
Leipzig 20.12.1905 – München 14.06.1924

Abbildungsnachweis:

Abb. 1: Pfarrarchiv St. Georg, Seelscheid.
Abb. 2: Archiv des Oblatenklosters Mainz.
Abb. 3: Hauptstaatsarchiv Düsseldorf, Bestand Reichskammergericht, Akte L-389/1517, f. 18r.
Abb. 4: Stadtarchiv Overath.
Abb. 5: Archiv Schloß Auel, Akte 68.

Genealogische Skizzen zur Geschichte der Familie (von) Ley zu Honsbach

Anhang:

1. Verzeichnis der ungedruckten Quellen
Archiv Schloß Auel, Urkunde 26; Akte 68
Geheimes Staatsarchiv, Preußischer Kulturbesitz, Berlin, I. Hauptabteilung, Rep. 100, Akte 3802
Hauptstaatsarchiv Düsseldorf, Bestand Reichskammergericht, Akte L-389/1517; Bestand Jülich-Berg III, Akte R-63
Stadtarchiv Hürth, Adelsarchiv von Groote, Akten 659, 663, 664, 666
Landeshauptarchiv Koblenz, Abteilung 403, Akte 5809
Archiv Haus Ostwig, Bestwig, Akten 170, 173, 178, 196, 329, 337, 341, 343, 344
Pfarrarchiv St. Walburga, Overath, Kirchenbücher
Erzdiözesanarchiv Paderborn, Bestand Generalia rot, Akte 69
Archiv der Freiherren von Proff zu Irnich, Tutzing, Bestand Kirche Neuhonrath, Akte 1; Archiv der Freiherren von Proff zu Irnich, Tutzing, Bestand Mosbach gen. Breidenbach, Akte 5
Pfarrarchiv St. Georg, Seelscheid, Kirchenbücher

2. Verzeichnis der gedruckten Quellen und Sekundärliteratur
Franz Becher, Aus einer bergischen Adelsfamilie. Ahnenreihe derer von Ley (Honsbacher Linie), in: Rheinisch-Bergischer Kalender 33/1963, S. 129-131
Wilhelm Becker, Das Burghaus Scheltensülz und seine Besitzer, in: Schriftenreihe des Geschichtsvereins für die Gemeinde Rösrath 28/1997, S. 7-84
Hartmut Benz, Das Simultaneum in Seelscheid. Der Bestand VS-23 im Archiv des Rhein-Sieg-Kreises, Siegburg 1999
Hartmut Benz, Mucher Verhältnisse im Spiegel eines Testamentes von 1618, in: Mitteilungen der Westdeutschen Gesellschaft für Familienkunde 89/2001, S. 98-106
Hartmut Benz, Adelige in Matrikelbüchern von St. Georg, Seelscheid, in: Mitteilungen der Westdeutschen Gesellschaft für Familienkunde 90/2002, S. 226-230
Karl-Heinrich Boley, Beiträge zur Geschichte von Geistingen (Hennef), Köln 1996
Franz J. Burghardt, Dienstreiter des Amtes Blankenberg und ihre Sattelgüter im 16. Jahrhundert, in: Heimatblätter des Rhein-Sieg-Kreises 54-55/1986-87, S. 162-176
Anton Fahne, Denkmale und Ahnentafeln in Rheinland und Westfalen, Band 6, Düsseldorf 1883
Alfred Frackenpohl (Bearb.), Abschriften der Kirchenbücher der Evangelisch Lutherischen Kirchengemeinde Honrath im Rhein-Sieg-Kreis 1637-1809, Gummersbach 2002
Alfred Frackenpohl (Bearb.), Abschriften der Kirchenbücher der Evangelisch Lutherischen Kirchengemeinde Volberg 1684-1809, Gummersbach 2002
Genealogisches Handbuch des Adels, Bände 97, 116, Limburg 1989 bzw. 1998
Gothaisches Genealogisches Taschenbuch der Adeligen Häuser, Teil B, Jahrgänge 1911, 1928, 1942
W. Günter Henseler, Greitgen - Margaretha - Loh, verwitwete Rode, geborene Henseler. Die Lebensgeschichte einer Frau aus Siegburg im Zeitalter der Reformation, in: Heimatblätter des Rhein-Sieg-Kreises 78/2010, S. 22-54
Ernst Jaeger, Versuch einer Stammfolge der Herren von Neuhoff genannt Ley, in: Jülich-Bergische Geschichtsblätter 18/1941, S. 1-17.
Johannes Jansen (Bearb.), Honnefer Familienbuch 1632-1809, Köln 1972
Joseph Janssen, Familiengeschichtliches Quellengut aus den Kölner Weiheprotokollen, Imgenbroich 1929
Joseph Janssen, Friedrich-Wilhelm Lohmann, Der Weltklerus in den Kölner Erzbistums-Protokollen, Köln 1935/36
Elisabeth Klein (Bearb.), Familienbuch der katholischen Kirchengemeinde Neuhonrath 1711-1829, Lohmar 2010
Elisabeth Klein (Bearb.), Familienbuch der katholischen Kirchengemeinde Rösrath 1695-1875, Lohmar 2008
Elisabeth Klein (Bearb.), Familienbuch der evangelischen Kirchengemeinde Wahlscheid 1645-1840, Lohmar 1997
Jost Kloft (Bearb.), Inventar des Urkundenarchivs der Fürsten von Hatzfeldt-Wildenburg in Schönstein an der Sieg, Band 5, Köln 1988
Gemeinde Morsbach (Hrsg.), Morsbach. Chronik einer Oberbergischen Gemeinde, Band 2, Morsbach 1987
Kurt Niederau, Johann von Neuhof genannt Ley. Heisterbachs letzter adeliger Abt, in: Annalen des Historischen Vereins für den Niederrhein 195/1992, S. 100-116.
Herbert M. Schleicher, Die Genealogisch-Heraldische Sammlung des Kanonikus Joh. Gabriel von der Ketten in Köln, 5 Bände, Köln 1983-1986
Herbert M. Schleicher, Ernst von Oidtman und seine genealogisch-heraldische Sammlung in der Universitäts-Bibliothek zu Köln, 18 Bände, Köln 1992-1999
Herbert M. Schleicher, Ratsherrenverzeichnis von Köln zu reichsstädtischer Zeit von 1396-1796, Köln 1982
Carl Schoppe, Gebrüder Schoppe 1882-1889, in: Heimatblätter des Siegkreises 26/1958, S. 29-35
Jakob Torsy, Der Regularklerus in den Kölner Bistumsprotokollen 1661-1825, 3 Bände, Siegburg 1985-1987
Walter Venn, Geschichte der Familie Venn, Düsseldorf 1947
Walter Venn, Familie Rode vom Rodenhaus im Kirchspiel Wülfrath. Eine Richtigstellung, in: Mitteilungen der Westdeutschen Gesellschaft für Familienkunde 18/1957-58, Sp. 279-282
Bernhard Walterscheid-Müller, 250 Jahre Kath. Pfarrgemeinde St. Mariä Himmelfahrt Neuhonrath 1738-1988, Lohmar 1988
Westdeutsche Gesellschaft für Familienkunde (Hrsg.), Die Kölner Generalvikariatsprotokolle als personengeschichtliche Quelle, 12 Bände, Köln 1970-2008

3. Auskünfte von Behörden und Institutionen
Gemeinde- bzw. Stadtarchive in Ahrweiler, Lohmar, München, Overath, Rösrath und Siegburg; Archiv des Rhein-Sieg-Kreises, Siegburg; Standesämter in Hohengandern, Köln und Overath; Friedhofsamt der Stadt Overath; Personenstandsarchiv Brühl

4. Auskünfte von Personen
Für mündlich und schriftlich übermittelte Informationen danke ich Frau Annegret Barth, Herrn Heijo Durst, Herrn Alfred Frackenpohl, Herrn W. Günter Henseler, den Eheleuten Erich und Katharina von Ley, den Eheleuten Walter und Erika von Ley, P. Werner Pieper OMI, P. Alfred Schellmann OMI, Frau Liselotte Schumacher, P. Nivard Volkmer OCSO und Dr. Bernd Warlich

Andrea Korte-Böger

BERICHT
AUS DEM VEREINSLEBEN 2011

Nach außen wird der Verein maßgeblich durch seine Tagesexkursionen wahrgenommen, die sich bei der Mitgliederwerbung als bestes Zugpferd erwiesen haben. Sieht man von dem stoßweisen Arbeitsanfall nach der Drucklegung der Heimatblätter einmal ab, sind es auch sie, über die zumeist der Kontakt mit den Mitgliedern läuft. Da gibt es Rückfragen zum Programm an sich, zu Zahlungsmodalitäten, aber auch Absagen oder Nachfragen zu Wartelisten und der Chance noch nachzurücken.

Das Exkursionsjahr 2011 begann turbulent, um nicht zu sagen chaotisch. Im November 2010 hatte die Nachricht des Konvents der Benediktinerabtei St. Michael: „Wir lösen uns wegen spiritueller Erloschenheit auf!" die Menschen der Region erschüttert. In Folge davon war wiederholt die Frage an die Geschäftsführung herangetragen worden, ob es noch einmal Führungen geben könnte. Die Anregung wurde aufgenommen, Altabt Placidus Dr. Mittler für eine Führung durch die Abteikirche mit Krypta und Abschluss

Bericht aus dem Vereinsleben 2011

im Likörkeller gewonnen, die Einladungen im Gesamtverteiler verschickt – und dann bracht die Geschäftsstelle unter der Flut der Anmeldungen fast zusammen.

Als Ergebnis kam heraus: Es wurden insgesamt vier Termine durchgeführt, an denen eigentlich jeweils nur 25 Teilnehmer mitgehen sollten, in Wirklichkeit waren es aber fast immer das Doppelte. Und alle, die sich angemeldet hatten oder auch später noch dazukamen, mussten angerufen und Termine ausgehandelt werden. Gut 200 Menschen erlebten so noch einmal Führungen durch den Altabt, der allerdings bei keiner Veranstaltung auch nur ein Wort über die bevorstehende Auflösung, das Ende von fast 947 Jahre gemeinsamer Geschichte von Stadt und Abtei, verlor. Und so attraktiv war unser Angebot, dass wir allein durch diese Aktion zehn neue Mitglieder gewannen. Der Bedeutung dieser Veranstaltungskette entsprechend, wird dieser Bericht auch, mit einer Ausnahme, nur Bilder von ihr, und nicht wie sonst, auch von anderen Exkursionen, zeigen.

Mit den Fahrtenzielen der ersten Jahreshälfte widmeten wir uns im Schwerpunkt dem Thema „Wanderkaisertum", das heißt der mittelalterlichen Reichsgeschichte und besuchten dazu die Staufer-Pfalz in Gelnhausen und die Sonderausstellung im Historischen Museum der Pfalz in Speyer. Gelnhausen steht dabei als ein Beispiel für einen Exkursionsort, der von Mitgliedern in

regelmäßigen Abständen immer wieder gewünscht wird: „Wir könnten doch auch mal nach Gelnhausen fahren?" und wo es dann heißt: „Da waren wir erst kürzlich." Denn, von Sonderausstellung einmal abgesehen, lassen wir nach einem Besuch erst einmal rund 10 Jahre verstreichen, bis der Ort wieder im Programm erscheint.

Die zweite Jahreshälfte stand im Zeichen der BUGA, der Bundesgartenschau in Koblenz, zu der wir, wegen der Menge der Anmeldungen noch ein zweites Mal hinfuhren. Hier vor Ort in Siegburg wartete ein reichhaltiges Angebot von Friedhofsführungen, über den jüdischen, über den Alten und den Nordfriedhof, mit der wir uns in die seitens der Stadt veranstalteten Reihe „Kultur des Erinnerns" einbrachten.

Die seit 2007 zusammen mit ViadellArte Kunst- und Kulturführungen veranstalteten Mehrtagesfahrten, waren auch 2011 gut besucht, wenn auch das Kontingent der zur Verfügung stehenden Plätze nie ganz ausgeschöpft wurde. So fahren auch immer Gäste mit, die über den Veranstalter von der Fahrt erfahren haben und von denen sich dann, auf der Tour von unseren Vereinsangeboten hörend, auch immer wieder einige zur Mitgliedschaften entschließen. Noch etwas zu den ausgesuchten Zielen dieser Mehrtagesfahrten: die meistens werden von mir ausgesucht, Regionen, die ich kennengelernt habe und die nicht oder nur selten im Angebot von Reiseveranstaltern zu finden sind. 2011 waren das im Frühjahr Ziele in der Rhön – Bäder in Bayern und Thüringen, aber auch der „Point Alpha", ein sehr beeindruckendes Museum zur ehemaligen innerdeutschen Grenze, im Herbst die Heideklöster. Die Angebote führen bei vielen Mitglieder erst im Nachhinein, wenn sie von Mitfahrenden hören, was man so alles gesehen und erlebt hat, zu der Feststellung, dass man wohl etwas verpasst habe. Aber man kannte ja das Ziel gar nicht…. Da kann ich nur empfehlen, sich mal überraschen zu lassen und einfach mitzufahren. Es ist noch nie jemand enttäuscht zurückgekommen!

Noch einmal wirkte sich die Schließung der Abtei auf die Vereinsarbeit aus: Wir wollten unserem Ehrenmitglied P. Mauritius Mittler OSB die Freude machen, den ihm zu seinem 90. Geburtstag gewidmeten Band der Heimatblätter noch in seiner alten Heimat, der Abtei, vorzustellen. Es gelang! Autoren, Korrekturleser, Herstellung und Verlag – alle zogen mit und am 11. Juni, gut eine Woche vor der Abschlussmesse (19.6.2011), wurde der Band präsentiert. Dem Jubilar entsprechend, befassen sich alleine fünf Beiträge mit Themen zur Abteigeschichte.

Abschließend gilt für dieses Jahr, wie auch die Jahre zuvor: Unser Verein ist attraktiv, wir wachsen und können auch Menschen überzeugen, die eigentlich bisher beim Thema Geschichte eine ablehnende Meinung vertraten und glaubten, das sei doch alles recht langweilig. Dass uns das gelingen kann, liegt auch daran, dass Sie für unseren Verein die Werbetrommeln rühren und auch immer wieder Gäste mitbringen. Ihnen einen herzlichen Dank dafür und an uns alle: WEITER SO!

ORTSLITERATUR RHEIN-SIEG-KREIS 2011
(MIT NACHTRÄGEN)

Rhein-Sieg-Kreis (allgemeine und übergreifende Darstellungen)

BITTER, Stephan: Gott weiß allein die rechte Zeit. Superintendentenberichte vor der Kreissynode Bad Godesberg-Voreifel 1989-2001. Rheinbach 2002.

CUNZ, Siegfried: Der Heimatfluss, die Sieg, vom toten Fluss bis zum fischreichsten Fluss in Nordrhein-Westfalen! 40 Jahre „Bezirk Sieg" 1971 – 2011 im Rheinischen Fischereiverband von 1880 e.V. (vormals: LFV Nordrhein e.V. Bonn). Hg.: Vorstand Bezirk Sieg. O.O. [2011].

DEUTSCH, Hans: Die Kriege unserer Heimat. Eine Grenze, eine Straße, ein Denkmal. Eitorf 2010.

Evangelisch zwischen Rhein, Swist und Erft. Ein Jubiläumsbuch. 450 Jahre Evangelische Kirchengemeinde Flamersheim – 150 Jahre Evangelische Gemeinde Godesberg – 60 Jahre Evangelische Kirchengemeinde Rheinbach – 50 Jahre Evangelische Erlöser-Kirchengemeinde Bad Godesberg – 50 Jahre Evangelische Heiland-Kirchengemeinde Bad Godesberg – 50 Jahre Evangelische Johannes-Kirchengemeinde Bad Godesberg – 15 Jahre Evangelische Kirchengemeinde Wachtberg. Hg. v. Eberhard KENNTNER u. Uta GARBISCH im Auftrag des Evangelischen Kirchenkreises Bad Godesberg-Voreifel. Rheinbach 2011.

EVERTS, Evert: 20 Wanderungen im Bergischen Land – Der Süden. Düsseldorf 2009.

Geschichte löschen?? Ein Notfallplan fürs Kreisarchiv. Ein Projekt des Archiv des Rhein-Sieg-Kreises in Zusammenarbeit mit der Jugendfeuerwehr Rhein-Sieg im Rahmen des Wettbewerbs „Archiv und Jugend – Blick zurück nach vorn 2008" des Landes Nordrhein-Westfalen und der Landschaftsverbände Rheinland und Westfalen. [Zusammengestellt v. Monika MARNER. Siegburg 2010].

GÜCKELHORN, Wolfgang / PAUL, Detlev: V2 – gefrorene Blitze. Einsatzgeschichte der V2 aus Eifel, Hunsrück und Westerwald 1944/45. Eine Dokumentation. Aachen 2007.

Heimatblätter des Rhein-Sieg-Kreises. 79. Jahrgang 2011. Im Auftrag des Vorstandes [des Geschichts- und Altertumsvereins für Siegburg und den Rhein-Sieg-Kreis e.V.] hg. v. Helmut FISCHER, Wolfgang HERBORN, Andrea KORTE-BÖGER. Siegburg 2011.

IMGRUND, Bernd: 111 Orte im Kölner Umland, die man gesehen haben muss. Mit Fotografien von Nina OSMERS. Köln 2010.

Jahrbuch des Rhein-Sieg-Kreises 27 (2012). Orte der Geschichte • Chronik 2010/2011. Hg. v. Rhein-Sieg-Kreis. Niederhofen 2011.

KOLDEWEY, Bernd: Jakobsspuren an der Sieg. Pilgern zwischen Herchen und Siegburg. – Reisereportage –. Norderstedt 2011.

Mehr Schiene für Bonn. Hg.: VCD-Kreisverband Bonn/Rhein-Sieg/Ahr e.V. Arbeitskreis ÖPNV. Bonn 2011.

MÜLLER-SCHOLTEN, Claus-Dieter: Natursteig Sieg. Erlebniswanderungen von Siegburg bis Windeck. Düsseldorf 2011.

OEXLE-LOHMAR, Mechthild: Die Bergleute von Hoholz, Gielgen und Roleber in der vorindustriellen Zeit vor 1810. In: Mitteilungen der Westdeutschen Gesellschaft für Familienkunde, Bd. 45, Jg. 99/2, April-Juni 2011, S. 34-42.

Preußens letzte Kette. Aus dem Reisetagebuch des Hauptmanns Bendemann. Hg. v. Hans FRÖHLICH. Sankt Augustin 2011.

Rhein-Sieg-Kreis – Eine Region im Aufschwung. Verlagssonderveröffentlichung. Hg. v. VWP Verlag für Werbe-Publikationen GmbH und Co. KG. Siegburg 2011.

RÜFFER-LUKOWICZ, Christiane / RÜFFER, Jochen: Natursteig Sieg Wanderführer. 9 Tageseetappen auf wildromantischen Pfaden entlang der Sieg. Köln 2011.

Sagen und Geschichten von der Wahner Heide bis zur unteren Sieg. Sagen und Geschichten rund um die Wahner Heide – Sagen und Geschichten rund um Altenrath – Sagen und Geschichten rund um Troisdorf – Die untere Sieg bei Bergheim und Mondorf. Literarisches aus den Jahren 1840 bis 1850 von Gottfried und Johanna Kinkel und weiteren Mitgliedern des Bonner „Maikäferbundes". Hg., bearb. u. erzählt v. Marianne OVER. Illustrationen v. Francesca MAILANDT u. Niels HANISCH. Lohmar 2011.

TÖPNER, Walter: Wunderbares Siegtal. Erlebnisregion von der Mündung bis zum Windecker Ländchen. Mit Radweg und Natursteig Siegtal. Bonn 2011.

Unser NRW. Reiseführer zu Kultur- und Naturdenkmälern. Bergisches Land / Siebengebirge. Hg.: NRW-Stiftung. Essen 2011.

Unser NRW. Reiseführer zu Kultur- und Naturdenkmälern. Köln-Bonner Bucht. Hg.: NRW-Stiftung. Essen 2011.

Von Grubenfeld und Berghoheit. Erzbergbau im Rhein-Sieg-Kreis und seiner Umgebung Teil 2. Hg. v. Claudia Maria ARNDT u. Bernd HABEL. Siegburg 2011. (Circuli – Historische Forschungen aus dem Rhein-Sieg-Kreis; 1).

Weihnachtskrippen in den Kirchen des Dekanats Meckenheim-Rheinbach. Hg. v. Dekanatsrat Meckenheim-Rheinbach durch Lorenz DIERSCHKE. 3. Aufl. 2011/2012. O.O. [2011].

25 Jahre – aktiv und erfolgreich – der U. H. U. e. V. Neue siedlungsgeschichtliche Entdeckungen vor Ort. Spannende Kinder- und Jugendarbeit. Hg.: U. H. U. e. V. – Unabhängige Historische Untersuchungen mit Schwerpunkt der Vor- und Frühgeschichte e. V. Neunkirchen-Seelscheid [2011].

25 Jahre Jugendbehindertenhilfe Siegburg Rhein-Sieg e.V. 1985 – 2010. Siegburg 2010.

25 Jahre SOFA e.V. Hg.: Verein für Jugend- und sozialpädagogische Familienhilfe e.V. (SOFA e.V.). Troisdorf [2011].

BERGISCHES LAND

EVERTS, Evert: 20 Wanderungen im Bergischen Land – Der Süden. Düsseldorf 2009.

Unser NRW. Reiseführer zu Kultur- und Naturdenkmälern. Bergisches Land / Siebengebirge. Hg.: NRW-Stiftung. Essen 2011.

SIEBENGEBIRGE

LÖHR, Hermann-Joseph: Geheimnisvolle Burgen- und Schlösserwelt vom Drachenfels bis Engers. Adelssitze am Unteren Mittelrhein, im vorderen Westerwald und an der Wied. 2., erw. Aufl. Asbach 2010.

Der Mythos Petersberg / The Myth Petersberg. Königswinter · Bonn · Rheintal · Siebengebirge. Mit Texten von Werner P. D'HEIN u. Fotos von Michael SONDERMANN. Essen 2010.

RETTERATH, Ingrid: Bonn – Siebengebirge – Ahrtal. München 2009. (Polyglott on tour).

STICHT, Holger Maria: Natur- und Kulturführer Siebengebirge. 8 Rundwanderungen. Köln 2011.

Unser NRW. Reiseführer zu Kultur- und Naturdenkmälern. Bergisches Land / Siebengebirge. Hg.: NRW-Stiftung. Essen 2011.

WESTERWALD

DEUTSCH, Hans: Die Kriege unserer Heimat. Eine Grenze, eine Straße, ein Denkmal. Eitorf 2010.

GREIFENDORF, Oliver: Kriegsschauplatz Westerwald. Der Einmarsch der Amerikaner im Frühjahr 1945. 3. Aufl. Aachen 2010.

GÜCKELHORN, Wolfgang / PAUL, Detlev: V2 – gefrorene Blitze. Einsatzgeschichte der V2 aus Eifel, Hunsrück und Westerwald 1944/45. Eine Dokumentation. Aachen 2007.

LÖHR, Hermann-Joseph: Geheimnisvolle Burgen- und Schlösserwelt vom Drachenfels bis Engers. Adelssitze am Unteren Mittelrhein, im vorderen Westerwald und an der Wied. 2., erw. Aufl. Asbach 2010.

LÖHR, Hermann-Joseph: 41 historische Tatorte im rheinischen Westerwald. Mit Fotos von Heinz Werner LAMBERZ. Asbach 2011.

SCHÄFER, Ralf Anton / SCHÄFER, Rebecca: Das Kriegsende in der Heimat. Eine Reportage zum Kriegsgeschehen während des Ausbruches aus dem Brückenkopf von Remagen und um die Südfront des damaligen Ruhrkessels im März / April 1945. 3. Aufl. Betzdorf 2011.

GEMEINDE ALFTER

Glockenbeiern in Witterschlick. [Alfter 2011].

RICHTER, Willi G.: Ortsfamilienbuch Alfter 1600 – 1800. Die Familien in der Herrlichkeit Alfter von ca. 1600 bis 1800 mit den Orten Alfter, Birrekoven, Olsdorf und Roisdorf. Alfter 2011. (Beiträge zur Geschichte des Vorgebirgsraums; 1).

RICHTER, Willi G.: Ortsfamilienbuch Lessenich 1675 – 1800. Die Familien der ehemaligen Pfarrei Lessenich von ca. 1675 bis 1800 mit den Orten Duisdorf, Lessenich, Messdorf, Medinghoven, Gielsdorf und Oedekoven. Alfter 2011. (Beiträge zur Geschichte des Vorgebirgsraums; 2).

ROTHKEGEL, Stephan: Ortsfamilienbuch Witterschlick 1690 – 1900. Die Familien im Bereich der katholischen Pfarrei Witterschlick einschließlich der Gemeinde Witterschlick mit Volmershoven und Heidgen sowie der Gemeinde Impekoven mit Ramelshoven und Nettekoven. Alfter 2011. (Beiträge zur Geschichte des Vorgebirgsraums; 3).

TRENKLE, Klaus: Das Bahnhofsfest in Witterschlick sowie Feldbahnen in Witterschlick – eine Dokumentation. Alfter 2011. (Beiträge zur Geschichte von Witterschlick; 13).

TRENKLE, Klaus: Karneval in Witterschlick – eine Dokumentation. Alfter 2011. (Beiträge zur Geschichte von Witterschlick; 14).

TRENKLE, Klaus: Totengedenken in Witterschlick – Teil 2. Totenzettel, Todesanzeigen, Nachrufe. Alfter 2011. (Beiträge zur Geschichte von Witterschlick; 11/2).

Der Vorgebirgsrebell. Wilhelm Maucher (1903-1993) und der Friedensweg in Alfter bei Bonn. Hg. v. Förderverein Haus der Alfterer Geschichte e.V. Köln 2011.

STADT BAD HONNEF

Wir sind 135 Jahre jung. Einblicke in unser Vereinsleben der letzten 10 Jahre. Hg. v. Männer-Gesangverein „Liederkranz" 1875 Aegidienberg e.V. Königswinter [2010].

STADT BORNHEIM

Aufzeichnungen über die Freiwillige Feuerwehr (FF) Löschgruppe Brenig – gegründet 1885 –. Chronik Teil V: Zeitraum 1991 bis 2000. Bearb. v. Nikolaus BARTZEN. Hg.: Freiwillige Feuerwehr Bornheim Löschgruppe Brenig. Bornheim 2003.

Festschrift zum 60-jährigen Jubiläum des Tambour-Corps Germania Hersel und 15-jährigen Bestehen der Germania Funken Hersel. Hg.: Tambour-Corps Germania Hersel. Bornheim [2011].

Festschrift 50 Jahre KiTa St. Servatius im Landgraben. Hg. v. d. Katholischen Kindertagesstätte St. Servatius Bornheim. Bornheim [2011].

Pater Bertram (* 17.10.1937 + 15.7.2004). Hg.: Pfarrgemeinderat St. Walburga Walberberg. Bornheim 2004. (= Walburgisblatt. Pfarrbrief der Pfarrei St. Walburga Walberberg; Sonderausgabe Dez. 2004).

RICHTER, Willi G.: Ortsfamilienbuch Alfter 1600 – 1800. Die Familien in der Herrlichkeit Alfter von ca. 1600 bis 1800 mit den Orten Alfter, Birrekoven, Olsdorf und Roisdorf. Alfter 2011. (Beiträge zur Geschichte des Vorgebirgsraums; 1).

100 Jahre Turn- und Sportverein Germania Hersel Jubiläumsheft 1910 – 2010. Bornheim 2010.

120 Jahre Kirchenchor „Cäcilia" Roisdorf 1890 – 2010. Bornheim 2010.

GEMEINDE EITORF

Eitorfer Heimatblätter. Hg. v. Heimatverein Eitorf.
28 (2011). Eitorf [2011].

FUCHS, Thomas: 200 Jahre Orgelgeschichte in Sankt Patricius Eitorf. Von Orgeln und Orgelbauern 1811 – 2011. Hg.: Förderverein St. Patricius Eitorf. Eitorf 2011.

HABEL, Bernd: Bergbau in der Gemeinde Eitorf – ein Beitrag zur Regionale 2010. Königswinter 2011.

SCHMITZ, Stefan: Ein Gang durch die Kirche St. Patricius Eitorf. Hg.: Förderverein St. Patricius Eitorf. Eitorf 2011.

WINKELS, Bernd: Die Historischen Eitorfer Ortsfriedhöfe. Hg. v. Heimatverein Eitorf e.V. Eitorf [2011].

100 [Jahre] Karnevals-Gesellschaft „Närrische Stadtsoldaten" e.V. Eitorf 1912 – 2012. Eitorf [2011].

STADT HENNEF

Beiträge zur Geschichte der Stadt Hennef. Im Auftrag des Vorstandes des Verkehrs- und Verschönerungsvereins Hennef e.V. 1881 hg. v. Helmut FISCHER, Gisela RUPPRATH, Markus HEILIGERS. Hennef.
Neue Folge 5 (2011).

FISCHER, Helmut: „Ein segensreicher gemeinnütziger Verein". Die Geschichte des Heimat- und Verkehrsvereins Stadt Blankenberg e.V. 1911 – 2011. Hennef 2010. (Stadt Blankenberger Museumshefte; 3).

25 Jahre Briefmarkensammlerverein Stadt Hennef 1981 e.V. Briefmarkenausstellung 2006 in der „Meys Fabrik" Hennef, Beethovenstraße. Hennef 2006.

25 Jahre Tennisabteilung Sportclub Uckerath 1986 – 2011. Hennef 2011.

STADT KÖNIGSWINTER

Festschrift 25 Jahre AZK 1986 – 2011. Hg. v. Werner SCHREIBER im Auftrag d. Stiftung Christlich-Soziale Politik e. V. (CSP), Arbeitnehmer-Zentrum Königswinter (AZK). Königswinter 2011.

Festschrift 150 Jahre Kirchenchor „Cäcilia" in St. Margareta Stieldorf 1860 – 2010. Königswinter 2010.

Festschrift 200 Jahre Vogelschießen 1810 – 2010. Hg. v. d. St. Sebastianus-Junggesellen-Bruderschaft Niederdollendorf am Rhein e.V. von 1672. Königswinter 2010.

Jubiläumsausgabe 40 Jahre Bürgerverein Königswinter-Ost e.V. Bennerscheid – Sand – Waschpohl – Pützstück – Rübhausen. Königswinter [2011]. (Der Bergbote).

Der Mythos Petersberg / The Myth Petersberg. Königswinter · Bonn · Rheintal · Siebengebirge. Mit Texten von Werner P. D'HEIN u. Fotos von Michael SONDERMANN. Essen 2010.

REIßNER, Margarete (+): Stieldorf – aus der Geschichte von Gemeinde und Dorf. Zusammengestellt v. Rudolf PIEPER. Hg. v. Bürgerverein Stieldorf. 2. Ausg. Königswinter 2010.

WASSERHEß, Elke: „Dat Wasser von Berse es joot…". Wie ein kleines Dorf ein großes Projekt wagte. Die Geschichte der Wasserleitungsgesellschaft Berghausen von 1901 bis 1921. Königswinter 2011.

125 Jahre Kapelle Pleiserhohn 1885 – 2010. Hg. v. Verein „Nachbarschaft Pleiserhohn-Thelenbitze e.V.". Königswinter 2010.

STADT LOHMAR

Festschrift 50 Jahre Christuskirche Lohmar 1960 – 2010. Hg. v. Presbyterium der Evangelischen Kirchengemeinde Lohmar. Lohmar 2010.

Lohmarer Heimatblätter. Hg. v. Heimat- und Geschichtsverein Lohmar e.V.
Heft 25 – Jubiläumsausgabe November 2011.

STREICHARDT, Gerd: Wenn Steine reden. Wegekreuze in Lohmar. Lohmar 2011.

25 Jahre Städtepartnerschaft / 25 anos de geminaçao Lohmar – Vila Verde 1986 – 2011. Hg.: PLuS Europa – Partnerschaften für Lohmar und Städte in Europa. Verein zur Förderung der kommunalen Partnerschaften der Stadt Lohmar e.V. Lohmar 2011.

STADT MECKENHEIM

Das Archiv von Cler. Findbuch bearb. von Ingrid SÖNNERT. Meckenheim 2011. (Beiträge zur Geschichte der Stadt Meckenheim; 2).

BENDEN, H. Günter: Meckenheim. Stadt, Dörfer, Landschaft. Siegburg 2010.

Meckenheim. Familien- und Einkaufsführer Bürgerinformation 2011. Wichtiges und Wissenswertes für Meckenheimer Bürger/Innen. Hg. v. Meckenheimer Verbund e.V. Ausgabe 7 / November 2010.

OTZEN, Barbara / OTZEN, Hans: Stadtführer Meckenheim. Königswinter 2010.

SÖNNERT, Ingrid: „Unser und unsers Ertzstifts Stat Meckenheimb". Meckenheim bekommt die Stadtrechte verliehen. Meckenheim 2011. (Beiträge zur Geschichte der Stadt Meckenheim; 3).

GEMEINDE NEUNKIRCHEN-SEELSCHEID

Heimatblätter. Jahrbuch 2011 – Nummer 26. Hg. v. Heimat- & Geschichtsverein Neunkirchen-Seelscheid e.V. Neunkirchen-Seelscheid 2011.

Lions Club Neunkirchen-Seelscheid 1986 – 2011. Ein Porträt. Neunkirchen-Seelscheid 2011.

40 Jahre Fußballclub SC Germania 1971 Birkenfeld e.V. Festschrift. [Neunkirchen-Seelscheid 2011].

STADT NIEDERKASSEL

Lülsdorf – Ranzel – Weilerhof. Bürgerverein für Lülsdorf und Ranzel e.V. Red.: Reinhold HIPPCHEN in Zusammenarbeit mit Hans-Peter CURDT. Erfurt 2011. (Zeitsprünge).

Sagen und Geschichten von der Wahner Heide bis zur unteren Sieg. Sagen und Geschichten rund um die Wahner Heide – Sagen und Geschichten rund um Altenrath – Sagen und Geschichten rund um Troisdorf – Die untere Sieg bei Bergheim und Mondorf. Literarisches aus den Jahren 1840 bis 1850 von Gottfried und Johanna Kinkel und weiteren Mitgliedern des Bonner „Maikäferbundes". Hg., bearb. u. erzählt v. Marianne OVER. Illustrationen v. Francesca MAILANDT u. Niels HANISCH. Lohmar 2011.

Schulchronik Niederkassel 1946 - 1981. 60jähriges Jubiläum – Errichtung der „gelben" Schule 1950 – 2010. Bearb. v. Josef SCHNABEL u. Dieter EST. Niederkassel 2009.

STADT RHEINBACH

DIETZ, Helmut: St. Martinus Ipplendorf. Rheinbach 2011. (Beiträge zur Geschichte der Stadt Rheinbach. Kleine Reihe; 14).

Evangelisch zwischen Rhein, Swist und Erft. Ein Jubiläumsbuch. 450 Jahre Evangelische Kirchengemeinde Flamersheim – 150 Jahre Evangelische Gemeinde Godesberg – 60 Jahre Evangelische Kirchengemeinde Rheinbach – 50 Jahre Evangelische Erlöser-Kirchengemeinde Bad Godesberg – 50 Jahre Evangelische Heiland-Kirchengemeinde Bad Godesberg – 50 Jahre Evangelische Johannes-Kirchengemeinde Bad Godesberg – 15 Jahre Evangelische Kirchengemeinde Wachtberg. Hg. v. Eberhard KENNTNER u. Uta GARBISCH im Auftrag des Evangelischen Kirchenkreises Bad Godesberg-Voreifel. Rheinbach 2011.

Heiteres und Besinnliches aus dem Leben von Pater Ludwig. 40 + 1 Jahr im Vinzenz-Pallotti-Kolleg, Rheinbach. Hg.: ViViT für Vinzenz-Pallotti-Kolleg, Rheinbach. Red.: P. Franz-Josef LUDWIG SAC. Rheinbach [2003]. (Gedankensplitter; [1]).

Kinderskulpturen in Ton und Bronze [von] P. Ludwig – Vinzenz-Pallotti-Kolleg, Rheinbach. Hg.: ViViT für Vinzenz-Pallotti-Kolleg, Rheinbach. Red.: P. Franz-Josef LUDWIG SAC. Rheinbach [2005]. (Gedankensplitter; 3).

Mitteilungsblatt 10 – 2011. Hg.: Freunde des Archivs der Stadt Rheinbach e.V. Rheinbach 2011.

Skulpturen der Frömmigkeit und Stille von Pater Ludwig – Vinzenz-Pallotti-Kolleg, Rheinbach. Hg.: ViViT für Vinzenz-Pallotti-Kolleg, Rheinbach. Red.: P. Franz-Josef LUDWIG SAC. Rheinbach [2007]. (Gedankensplitter; 5).

Skulpturen rings um uns und anderswo von P. Ludwig – Vinzenz-Pallotti-Kolleg, Rheinbach. Hg.: ViViT für Vinzenz-Pallotti-Kolleg, Rheinbach. Red.: P. Franz-Josef LUDWIG SAC. Rheinbach [2006]. (Gedankensplitter; 4).

Über 40 Jahre Kunst von Schülerhand im Vinzenz-Pallotti-Kolleg 1962-2004. Hg.: ViViT für Vinzenz-Pallotti-Kolleg, Rheinbach. Red.: P. Franz-Josef LUDWIG SAC. Rheinbach [2004]. (Gedankensplitter; 2).

Was ich noch sagen wollte. Worte, Bilder und Skulpturen von Pater Ludwig – Vinzenz-Pallotti-Kolleg, Rheinbach. Hg.: ViViT für Vinzenz-Pallotti-Kolleg, Rheinbach. Red.: P. Franz-Josef LUDWIG SAC. Rheinbach [2009].

50 Jahre VPK. Jahresbericht zum Schuljubiläum / Best of VPK. Schüler zum Schuljubiläum 2011. Hg. v. Vinzenz-Pallotti-Kolleg. Rheinbach 2011.

100 Jahre St. Joseph-Gymnasium Rheinbach 1911 – 2011. Rheinbach 2011.

GEMEINDE RUPPICHTEROTH

BENZ, Günter: Zur Geschichte der Kalkbrennerei bei Schönenberg und Ruppichteroth. Ruppichteroth 2011.

Jahrbuch 2011 – Nr. 14. Hg. v. Heimatverein Winterscheid e.V. Ruppichteroth 2011.

WILLACH, Lothar: Das Ispert Haus in Ruppichteroth. Seine Geschichte und die seiner Bewohner. Hg. v. Bürgerverein Ruppichteroth e.V. Ruppichteroth 2011.

STADT SANKT AUGUSTIN

Bundespolizeistandort Sankt Augustin. Hg.: Fachinformations- und Medienstelle der Bundespolizei. Sankt Augustin 2011.

Festschrift 100 Jahre FC Adler Meindorf 1911 – 2011. Sankt Augustin 2011.

Fundgrube Vergangenheit. Aufsätze zur Stadtgeschichte, Folge 9. Hg. v. Stadtarchiv Sankt Augustin. Sankt Augustin 2011. (Sankt Augustin • Beiträge zur Stadtgeschichte; 50).

Sankt Augustin. Hg.: Stadtarchiv Sankt Augustin u. Fotogruppe des Heimatgeschichtlichen Arbeitskreises. Erfurt 2011. (Zeitsprünge).

STADT SIEGBURG

ESSER, Clemens: Vom Aufstieg zum Michaelsberg. Zwei historische Wege und eine neue Treppenanlage. In: Denkmalpflege im Rheinland 28 (2011), Nr. 4, S. 160-166.

Festschrift 50 Jahre Erlöserkirche in Siegburg. Hg. v. Presbyterium der Evangelischen Kirchengemeinde Siegburg. Siegburg [2011].

Die Heiligenfiguren im Chor der Abteikirche des Bildhauers Eduard Schmitz – auf dem Michaelsberg in Siegburg. Hg.: Benediktinerabtei Michaelsberg. Siegburg [2010].

Jubiläumssession 2002. K[arnevals]G[esellschaft] Husaren Grün-Weiss e. V. 1952 – 2002. Siegburg [2001].

KNAUER-ROMANI, Elisabeth: Das Siegburger „Backfischaquarium". Was wir hier wollen ist: Dem neuen Geist in der Schule das Haus bauen. [Siegburg] 2011. (Siegburger Blätter; 31).

KORTE-BÖGER, Andrea: „Gestatten: Viktoria von Rauch". Das Kriegerdenkmal auf dem Markt. [Siegburg] 2010. (Siegburger Blätter; 28).

KORTE-BÖGER, Andrea: Das Haus Hohenzollern in den Straßennamen der Stadt Siegburg. Elisabeth, Augusta, Luise und Wilhelm. [Siegburg] 2011. (Siegburger Blätter; 29).

KORTE-BÖGER, Andrea: Oben auf dem Berg. [Siegburg] 2011. (Siegburger Blätter; 32).

KRÖGER, Jens: 110 Jahre Kirche St. Dreifaltigkeit in Wolsdorf. [Siegburg] 2011. (Siegburger Blätter; 30).

ROEHMER, Marion: Siegburger Steinzeug. Die Sammlung Schulte in Meschede. Mainz 2007. (Denkmalpflege und Forschung in Westfalen; 46).

Siegburger Karneval – 150 Johr wie im Märchen. Siegburger Karnevalskomitee 1861 e.V. Hg. v. Claudia Maria ARNDT u. Claudia HESS. Siegburg 2011.

Der Zug der Freischärler unter Kinkel, Schurz und Annecke behufs Plünderung des Zeughauses in Siegburg. Nebst Kinkel's Vertheidigungsrede vor den Assisen in Cöln. Hg. v. Andrea KORTE-BÖGER. Neudruck d. 2. Aufl. Bonn 1886. Daun 2009.

25 Jahre Jugendbehindertenhilfe Siegburg Rhein-Sieg e.V. 1985 – 2010. Siegburg 2010.

40 Jahre Siegburger Musikanten 1971 – 2011. Festschrift zum 40-jährigen Jubiläum der Siegburger Musikanten e.V. Siegburg 2011.

50 Jahre 3./Wachbataillon beim Bundesministerium der Verteidigung 1961 – 2011. Siegburg 2011.

100 Jahre Fußballabteilung 1910 – 2010 [im] Siegburger Turnverein 1862/92 e.V. [Siegburg] 2010.

GEMEINDE SWISTTAL

Festschrift 75 Jahre Löschgruppe Dünstekoven 1936 – 2011. Swisttal 2011.

Festschrift 100 Jahre Feuerwehr in Straßfeld 1911 – 2011. [Swisttal] 2011.

Heimatbote. Hg. v. Arbeitskreis Heimat – Ortsausschuss Heimerzhcim.
Nr. 15, April 2011.

Heimerzheim 1945 bis 1969. Hg. v. Arbeitskreis Heimat im Ortsausschuss für Heimat und Kulturpflege e. V. Heimerzheim. Swisttal o.J. (Heimerzheim; Bd. 2).

... und heute zu Hause in Buschhoven. Erinnerungen von Kriegskindern. Hg. v. Benno WILLERS in der Schriftenreihe des Heimat- und Verschönerungsverein Buschhoven e. V. Swisttal 2011.

WIßKIRCHEN, Peter: Kirche vor Ort – Fenster zu Gott. St. Petrus und Paulus in Ludendorf. Swisttal 2011.

STADT TROISDORF

DEDERICHS, Matthias: Spich. Geschichte von Kirche und Dorf 1694 – 1945 (Kriegsende). Textsammlung der Fortsetzungsreihe in den Pfarrbriefen: Sommer 1994 bis Herbst 2008 mit Ergänzungen. Hg. v. d. Katholischen Kirchengemeinde St. Mariä Himmelfahrt Troisdorf-Spich zum 150-jährigen Jubiläum der Benediction am 28. November 1860 [und] der Pfarrerhebung am 12. November 1861 der katholischen Kirche St. Mariä Himmelfahrt Spich. Bornheim 2011.

Feuer der Zeit. Brandschutz in Müllekoven. Löschgruppe Müllekoven 1911 e. V. 1911 – 2011. Troisdorf 2011.

FRANK, Thomas / HÖFS, Elisabeth / NEYSES-EIDEN, Mechthild: Auenhölzer aus Troisdorf als missing link zwischen Spätantike und Frühmittelalter. In: Archäologie im Rheinland 2010 (2011), S. 135ff.

Heimat und Geschichte. Zeitschrift für Mitglieder und Freunde des Heimat- und Geschichtsvereins Troisdorf e.V. Nr. 51 – Juni 2011.

Die Kriegstoten der Stadt Troisdorf. „Für Volk und Vaterland". Kriege vor 1914 – I. Weltkrieg 1914-1918 – II. Weltkrieg 1939-1945. Zusammengestellt u. bearb. v. Peter HÖNGESBERG. Troisdorf 2011. (Schriftenreihe des Archivs der Stadt Troisdorf; 30).

Sagen und Geschichten von der Wahner Heide bis zur unteren Sieg. Sagen und Geschichten rund um die Wahner Heide – Sagen und Geschichten rund um Altenrath – Sagen und Geschichten rund um Troisdorf – Die untere Sieg bei Bergheim und Mondorf. Literarisches aus den Jahren 1840 bis 1850 von Gottfried und Johanna Kinkel und weiteren Mitgliedern des Bonner „Maikäferbundes". Hg., bearb. u. erzählt v. Marianne OVER. Illustrationen v. Francesca MAILANDT u. Niels HANISCH. Lohmar 2011.

Troisdorfer Jahreshefte. Jahrgang XLI. Hg v. Heimat- und Geschichtsverein Troisdorf. Troisdorf 2011.

50 Jahre Gymnasium Zum Altenforst Troisdorf 1961 – 2011. Troisdorf 2011.

90 Jahre AWO-Ortsverein Friedrich-Wilhelms-Hütte e.V. 1921 – 2011. [Troisdorf] 2011.

100 Jahre 1. FC Spich 1911 – 2011. Tradition Leidenschaft Emotionen. Fußball · Volleyball · Turnen · Badminton · Lauftreff. Troisdorf 2011.

100 Jahre Löschgruppe Troisdorf-Eschmar 1910 bis 2010. Hg. v. d. Freiwilligen Feuerwehr Troisdorf durch Heinz Günter ENGELSKIRCHEN. Troisdorf 2010.

700 Jahre Altenrath 1311 – 2011. Festschrift zum 700-jährigen Jubiläum der ersten urkundlichen Erwähnung des Ortsnamens Altenrath 1311. Hg.: Ortsring Altenrath. Red.: Achim TÜTTENBERG u. Frank RADERMACHER. Troisdorf 2011.

1100 Jahre Müllekoven 911 – 2011. [Hg.: Ortsring Müllekoven. Troisdorf 2011.]

GEMEINDE WACHTBERG

Evangelisch zwischen Rhein, Swist und Erft. Ein Jubiläumsbuch. 450 Jahre Evangelische Kirchengemeinde Flamersheim – 150 Jahre Evangelische Gemeinde Godesberg – 60 Jahre Evangelische Kirchengemeinde Rheinbach – 50 Jahre Evangelische Erlöser-Kirchengemeinde Bad Godesberg – 50 Jahre Evangelische Heiland-Kirchengemeinde Bad Godesberg – 50 Jahre Evangelische Johannes-Kirchengemeinde Bad Godesberg – 15 Jahre Evangelische Kirchengemeinde Wachtberg. Hg. v. Eberhard KENNTNER u. Uta GARBISCH im Auftrag des Evangelischen Kirchenkreises Bad Godesberg-Voreifel. Rheinbach 2011.

GIERSBERG, Paul: Die Schule Oberbachem. 42 Jahre mit Lehrer Johann Zimmermann 1913 – 1955. Wachtberg [2010].

HAUSMANNS, Barbara: Wachtberg – Aus dreizehn Dörfern wird eine Gemeinde. Ein Blick auf vier Jahrzehnte kommunale Entwicklung seit 1969. Hg.: Gemeinde Wachtberg – Der Bürgermeister. Wachtberg 2011.

Heimatbrief. 44. Jg. Nr. 117. Juni 2011. Hg. v. Heimat- und Verschönerungsverein Niederbachem e.V. Wachtberg 2011.

Heimatbrief. 44. Jg. Nr. 118. Dezember 2011. Hg. v. Heimat- und Verschönerungsverein Niederbachem e.V. Wachtberg 2011.

KLOCKE, Dieter: Arzdorf. Von Ferkestünn bis Lehrer Welsch. Über das Leben in einem rheinischen Dorf. Wachtberg 2011.

KÜNDGEN, Hans-Peter: Erinnerungen an 50 Jahre Jodokus-Pilgerschaft. [Wachtberg 2011].

VIETEN, Andreas: Ein karolingisches Einzelgehöft in Niederbachem. In: Archäologie im Rheinland 2010 (2011), S. 145ff.

GEMEINDE WINDECK

Christus liebt seine Gemeinde. 100 Jahre Evangelisch-Freikirchliche Gemeinde (Baptisten) Imhausen. Festschrift zum Gemeindejubiläum vom 30. September bis 2. Oktober 2011. Windeck 2011.

Däller Rundschau – von Dällern für Däller. Berichte, Anekdoten und Bekanntmachungen. [Zeitung der Dorfgemeinschaft Altwindeck].
Ausg. 35, April 2011.

Dorfchronik Dreisel. Hg. v. d. Dorfgemeinschaft Dreisel. Windeck 2011.

ERDMANN, Werner / DÖRING, Frieder: Die Evangelische Friedenskirche Schladern und ihre künstlerische Ausstattung. Ein kleiner Führer. Hg. v. Evangelischen Kirchbauverein Schladern. Windeck [2011].

Grube Silberhardt in Windeck. Unter Tage im Besucherbergwerk. In: KISTEMANN, Eva / SCHÄFER, Lenore: Museumsausflüge in das Bergische Land und Oberbergische Land. Köln 2002, S. 162-173.

Schladern an der Sieg in alten und neuen Ansichtskarten. Hg. v. Bürgerverein Schladern zum Anlass der 550-Jahr-Feier „Haus Schladern". Red.: Konrad HÖFFER. Windeck 2011.

WEISBACH, Wolf-Rüdiger: Herchen – Perle an der Sieg. Wege durch das ehemalige Künstlerdorf, seine Umgebung und seine spannende Geschichte. Niederhofen 2011.

90 Jahre SV Höhe 1921 e.V. Windeck [2011].

BIOGRAPHISCHES, FAMILIENGESCHICHTEN

Das Archiv von Cler. Findbuch bearb. von Ingrid SÖNNERT. Meckenheim 2011. (Beiträge zur Geschichte der Stadt Meckenheim; 2).

Heiteres und Besinnliches aus dem Leben von Pater Ludwig. 40 + 1 Jahr im Vinzenz-Pallotti-Kolleg, Rheinbach. Hg.: ViViT für Vinzenz-Pallotti-Kolleg, Rheinbach. Red.: P. Franz-Josef LUDWIG SAC. Rheinbach [2003]. (Gedankensplitter; [1]).

BUCHVORSTELLUNG

ROLF KRIEGER
ERINNERUNGEN AN MEINE ARBEIT FÜR SIEGBURG, AUCH MEINE „VIEL LIEBE STADT"

SIEGBURG 2012

Für Bundespolitiker ist es fast zur Selbstverständlichkeit geworden, bisweilen sogar noch vor Abschluss der politischen Laufbahn ihre Entscheidungen in Memoiren oder einer Autobiographie zu erklären. Nicht selten stoßen solche schriftlichen Äußerungen auf Skepsis. Den Autoren wird Eitelkeit oder Geschichtsklitterung zu ihren Gunsten vorgeworfen. Für den Historiker sind solche Erinnerungsbücher jedoch immer eine wertvolle Fundgrube, die Anlass zur neuerlichen Betrachtung bereits bekannter Quellen gibt.

Umso bedauerlicher ist es, dass Kommunalpolitiker weitaus weniger häufig zur Feder greifen. Die lokale politische Geschichte lässt sich oft nur anhand von spärlicher Presseberichterstattung, Ratsprotokollen, gegebenenfalls Zeitzeugengesprächen und nach Ablauf der Sperrfristen von Verwaltungsakten schreiben. Deshalb ist Rolf Krieger, dem Siegburger Bürgermeister von 1989 bis 2004, dafür zu danken, nun seine „Erinnerungen" an die „Arbeit für Siegburg" vorgelegt zu haben.

Tatsächlich handelt es sich fast ausschließlich um politische Memoiren. Über Kriegers Privatleben oder seine Erfahrung als Gymnasiallehrer erfahren wir an wenigen Stellen nur dann etwas, wenn diese mit der Politik in Berührung gerieten. So kam Krieger sein Geographie-Studium zugute, als baugeologische Fragen beraten wurden, oder seine Sprachkenntniss als Französisch-Lehrer, als die Beziehungen zu Siegburgs Partnerstadt Nogent-sur-Marne ging. Andererseits behinderte das bis 1995 noch ehrenamtliche Bürgermeisteramt mit seinen vielen Terminen auch immer wieder die Ausübung des Lehrerberufs.

Erinnerungen an meine Arbeit für Siegburg, auch meine „viel liebe Stadt"

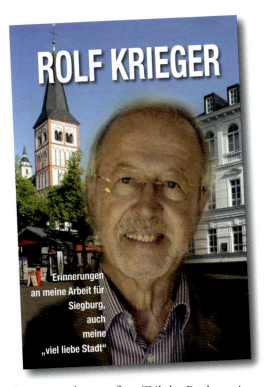

Im ersten, dem größten Teil des Buches zeigt Krieger an fast 20 Beispielen auf, wie er konkrete Projekte in Siegburg durchsetzen oder auch verhindern konnte. Dabei erfährt selbst der die Siegburger Geschichte aufmerksam begleitende Zeitgenosse noch manches neue Detail. Aus der Perspektive des Machers schildert Krieger die Geschichte des Kinos Cinelux/Cineplex über dem Busbahnhof als persönliche Idee. Zum 2004 eröffneten Bahnhofsgebäude schreibt Krieger selbstbewusst: „Ohne mich gäbe es den ICE-Bahnhof in Siegburg nicht und schon gar nicht diesen Bahnhof" (S. 84). Tatsächlich kann er plausibel erläutern, dass er die entscheidenden Ingenieure mit Kosten-, Umwelt- und Zeitargumenten überzeugen konnte, die „Bonner Lobby" ausstach und über Franz Möller schließlich Bundeskanzler Helmut Kohl zu einem vorentscheidenden Randvermerk bewegen konnte.

Aufgrund seiner Position konnte Krieger jetzt seine Vorstellungen leichter durchsetzen als in den siebziger Jahren. Damals hatte er sich als 1969 erstmals in den Rat gewählter, rasch zum Vorsitzenden des Planungsausschusses aufgestiegener Jungpolitiker vehement gegen einen autogerechten Stadtumbau einsetzt. Die von der Verwaltung favorisierten Pläne sahen unter anderem eine stadtautobahnähnliche Umfahrung des Michaelsbergs auf Stelzen vor. Krieger favorisierte hingegen eine Fußgängerzone und die Ansiedlung des Kaufhofs, um Siegburg als Einkaufsstadt attraktiv zu halten. Dies schien umso dringlicher, als sich Hertie bereits in Troisdorf angesiedelt hatte. Plastisch beschreibt Krieger, wie er unter anderem Oberkreisdirektor Paul Kieras auf seine Seite brachte und mit taktischem Geschick die für den Kaufhofbau notwendigen Grundstücke erwarb. Die für den Kölner Kaufhauskonzern überaus günstigen Konditionen verschweigt Krieger ebenso wenig wie den für den Bau notwendigen Abriss des zuvor durch Spendengelder ermöglichten Heimatmuseums. Er ist sich aber sicher, dass dies zum Wohle der gesamten Stadt nötig war. Wenn Krieger davon spricht, heute sei „eine solche Vorgehensweise" kaum noch möglich, erinnert sich der Leser an den 2010 gescheiterten Versuch von Kriegers Nachfolger Franz Huhn, die Innenstadt durch ein größeres Einkaufszentrum zu beleben.

Weitere Kapitel beschäftigen sich mit dem abgewendeten Vorhaben eines überdimensionierten Hochwasserpumpwerks nahe Kaldauen, der Rettung des Siegburger Krankenhauses mit Hilfe von Wolfgang Overath, der Einführung von Verkehrskreiseln, dem Anwerben der Firma Dohle mit Hilfe von Stadtdirektor Konrad Machens missfallenden unkonventionellen Methoden sowie der Ansiedlung von Obi, Thales, C & A und Wehmeyer.

Im zweiten Teil des Buchs kommt zur Sprache, was auf den ersten 120 Seiten bereits angedeutet wird. Krieger hatte politische Gegner, die manche seiner Ziele vorübergehend gefährdeten. Zu diesen zählte sein Vorgänger Adolf Herkenrath, der für die autofreundliche Stadt stand und dem zunehmend auch mangelnde Distanz zur chilenischen Folterstätte Colonia Dignidad mit ihren Siegburger Wurzeln vorgeworfen wurde. Problematisch war auch das Verhältnis Kriegers zu Konrad Machens, der 1980 gegen den Willen der CDU-Mehrheit von der Opposition und Freunden aus dem katholischen Cartellverband zum Stadtdirektor gewählt wurde. Als das hauptamtliche Bürgermeisteramt eingeführt wurde, war Machens ohne Chance.

Die Fronten waren während der Tonbandaffäre von 1976 deutlich geworden. Krieger als Vorsitzender des Planungsausschusses wollte – durchaus rechtmäßig – eine Ausschusssitzung aufzeichnen, damit deren Teilnehmer auf ihre „Aussage festgenagelt werden" könnten (S. 129). Konrad Machens, damals noch Erster Beigeordneter, wusste dies zu verhindern. Nach einem kriegerkritischen Kommentar im Rhein-Sieg-Anzeiger sprangen dem Ausschussvorsitzenden der später zu den Grünen gewechselte Charly Halft und der spätere CDU-Fraktionsvorsitzende Jürgen Becker in Leserbriefen bei. Adolf Herkenrath warf daraufhin den „Fehdehandschuh" (S. 131). Doch Herkenraths Machtbasis wurde immer

Café Felders, Wilhelmstraße und Hotel Herting, Europaplatz

schwächer. Als 1979 die Kandidaten für die Kommunalwahl aufgestellt wurden, siegten die Reformer auf breiter Front. Adolf Herkenrath wurde zwar erneut zum Bürgermeister gewählt, doch beschränkte er sich als im Jahr darauf in den Bundestag entsandter Abgeordneter weitgehend auf repräsentative Aufgaben und ließ die Jungen gewähren.

Diese Freiheiten eröffneten auch neue Möglichkeiten im Wahlkampf. Krieger schildert die Gründe für die lokalpatriotische Gefühle ansprechende Titulierung der CDU als „Siegburgpartei" und unter der Überschrift „Wie man ganz sicher Wahlen gewinnt" die Strategie, möglichst mit jedem Siegburger durch das Überreichen von Primeln, Ostereiern und ähnlichem in direkten Kontakt zu kommen. Seit 1994 gewann die CDU alle Kommunal- und Bürgermeisterwahlen mit absoluter Mehrheit. Dieses Modell der Bürgernähe wurde von Siegburg in die brandenburgische Stadt Werder exportiert: Werder wurde zur einzigen CDU-regierten Stadt in Brandenburg.

Nachdem Krieger und seine jungen Mitstreiter aus den siebziger Jahren Siegburg zu einer Hochburg der CDU ausgebaut hatten, wusste man die eigenen Leute in einflussreiche Positionen zu bringen. Michael Solf zog in den Landtag, Lisa Winkelmeier-Becker in den Bundestag. Dass auch hier innerparteiliche Taktik erforderlich war – bis hin zum Bustransfer der Siegburger Parteimitglieder zu den Wahlparteitagen in Nachbarkommunen mit ihren eigenen Kandidaten – beschreibt Krieger so eindringlich, dass man sich bei der Lektüre eines Schmunzelns kaum erwehren kann.

Kriegers politische Erinnerungen sind eine wichtige historische Quelle, sollen zur politischen Bildung aber auch all denen empfohlen sein, die nicht an Einflussmöglichkeiten des einzelnen zum Wohle der Gemeinschaft glauben. Kriegers deutliche Betonung der eigenen Rolle möge andere Akteure jener Zeit zur Niederschrift ihrer Erinnerungen bewegen. Dies kann der geschichtswissenschaftlichen Auseinandersetzung mit jener Zeit nur dienlich sein. Dabei wäre es freilich hilfreich, wenn dem reich bebilderten und vom Rheinlandia-Verlag ansonsten in bewährter Weise gut ausgestatteten Buch in einer Folgeauflage ein Personenregister beigefügt würde.

Ralf Forsbach/Siegburg

SIEGBURGER BLÄTTER

Geschichte und Geschichten aus Siegburg

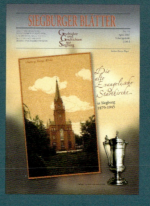

DIE SIEGBURGER BLÄTTER

... erscheinen in unregelmäßiger Folge, voraussichtlich 4-5 mal im Jahr und sind so angelegt, dass man sie in einem Ordner sammeln kann.

Die Siegburger Blätter geben Informationen zur Stadtgeschichte, zu aktuellen Ereignissen, zu bedeutenden Persönlichkeiten aus Siegburg; sie begleiten Ausstellungen und beschreiben besondere Sehenswürdigkeiten der Stadt.

Sie können die Siegburger Blätter beim Stadtarchiv Siegburg, Rathaus, Nogenter Platz, beim Stadtmuseum, Markt 48 und bei der Touristinformation, Europaplatz 3 kaufen, oder im Abo beim Stadtarchiv bestellen.

Der Preis beträgt 3,00 Euro, wenn wir Ihnen die Siegburger Blätter zusenden zuzüglich Versandkosten.

Die Siegburger Blätter werden herausgegeben von der Museums- und Archivdienste GmbH Siegburg.

Dr. Andrea Korte-Böger,
Tel. 02241 10 23 25,
e-mail: andrea.korte-boeger@siegburg.de
copyrights bei den Autoren.

Idee und Gestaltung:
Edition Blattwelt - Reinhard Zado, Niederhofen,
www.blattwelt.de